JN039126

ウォールストリート伝説のブローカーが弟に教えた

負けない投資術

The Wolf of Investing

ジョーダン・ベルフォート　訳: 久保田敦子

My Insider's Playbook for Making a Fortune on Wall Street

Jordan Belfort

KADOKAWA

ウォールストリート伝説のブローカーが弟に教えた

負けない投資術

Published by arrangement with the original publisher,
Gallery Books, a Division of Simon & Schuster, Inc.,
through Japan UNI Agency, Inc., Tokyo

素晴らしい妻、クリスティーナに。
君のサポートと忍耐に感謝します。

負けない投資術　もくじ

THE WOLF OF INVESTING

CONTENTS

第1章 フェルナンドとゴルディータの話

The Story of Fernando and Gordita

嘘だろ！　と私は思った。

私の妻の妹の夫フェルナンドが、魔法の手を持っていたとは。

それも、触れるものすべてを黄金ではなくゴミクズに変えてしまう魔法の手を。株もオプションも暗号資産もＮＦＴも何もかも、彼が触った途端に腐臭を放つ。

午後九時過ぎ、私はブエノスアイレスにあるフェルナンドの洒落たマンションの居間で、義弟の投資報告書をパラパラとめくり、悲しい現実が次々と迫ってくるのを感じていた。

端的に言って、義弟のポートフォリオは最悪だった。

愚かな取引やタイミングのずれまくった投資を繰り返した結果、フェルナンドは過去2か月間で、投資額の97パーセントを失い、残高はたったの３０００ドル。その他の9万７０００ドル余りはまるで屁のように風に乗って消えてしまった。さらに悪いことに、これらの損失は、義弟が主に投資をしていた株式や暗号資産の市場が比較的穏やかで安定していた時期に生じていた。つまり、義弟は誰のことも責められない、ということだ。

もしフェルナンドが投資した市場が大暴落したとか、そこまでいかなくとも投資した直後に大幅に値下がりしたなら話は別だ。それなら、義弟が被った損失の少なくとも一部は理解できる。

実際、まさにそのような状況についてウォール街でよく聞く格言がある。

「上げ潮はすべての船を持ち上げる」

つまり、株式市場が上昇しているなら、その市場にあるすべての株の価格は市場とともに上昇する傾向にあり、株式市場が下落しているなら、その市場にあるすべての株の価格は市場とともに下落する傾向にある。もちろん、債券やコモディティ、暗号資産、不動産、美術品、保険など、あらゆる市場で言えることだ。

結局、その市場が非常に好調ならば、当てずっぽうで投資しても儲かるとほぼ期待できる。天賦の才や、ひらめき、特殊な訓練などはいらない。市場があなたに代わって99パーセントの仕事をしてくれる。とてもシンプルだろう？

ただひとつの問題は、普段ならシンプル極まりないこの原則が、長期にわたる好景気の最中には、なんとも複雑になってしまうことだ。過度な好景気のとき——市場が沸き、チャットルームやツイッター［訳注：現X］などのアカウントや評論家たちが、この上り調子に終わりは見えないと異口同音にはしゃいでいるとき——。

人間というのは、それが永遠に続くと思ってしまう。

突如、株式市場と野菜市場の区別もつかない素人投資家が自分を専門家だと思い込み、猛烈な速度で売買を繰り返し始める。投資の世界で初めて手にした儲けを自身の天賦の才のおかげだと固く信じ、その信念に勇気づけられ、彼らの自信は日を追うごとに強固なものになる。

このような素人投資家の投資戦略は必ずと言っていいほど短期に限られる。

賭けが当たれば、すぐに利益を確定して脳内をドーパミンで満たして気持ち良くなる（株価がその後も上がり続けたとしても、気にしない。「利益は利益じゃないか。利益を得ている限り、破産することはあり得ない」と言って）。そして賭けが外れれば、ひたすら難平（ナンピン）買い［高い価格で買って保有している株をさらに買い増すことで、平均購入単価を下げ、株価が再び上がったときの利益を増大させようとすること。「押し目買い」とも言う］を続け、上げ潮ですべてが救済されるのを待つ。彼らにはそれしか道がない。だって、ツイッター界ではみんなそうするよう勧めるから。それに、今までずっとそれでうまくいってきたし。市場ってものは必ず戻ってくるって言うじゃないか。

いやいやいや、必ずしもそうとは限らない。

実際、市場は上がったり下がったりを繰り返す。そして市場が下がるとき、つまり、一九九九年のドットコム・バブル崩壊や二〇〇八年の住宅バブル崩壊みたいに本当に暴落するときは、上がるときとは比べ物にならないくらい急激に、そして大幅に下落する。幾年かの経験を有するプロの投資家は誰でも、これに同意するはずだ。

このことはひとまず置いておいて、フェルナンドの話に戻ろう。義弟の無惨なポートフォリオは市場のせいじゃない。少なくとも表面上は。

細かく見ていこう。

損失が発生した六十日間、つまり二〇二二年二月八日から二〇二二年四月八日までのあいだ、義弟が投資していた二つの市場はほぼ平坦で、大きな動きはなかった。

具体的には、米国の株式市場の指標であるＳ＆Ｐ５００は、二〇二二年二月八日時点で４５２１・54、二〇二二年四月八日時点で４４８８・28と、たった０・７パーセントの緩やかな下落であり、暗号資産市場の指標であるビットコインの価格は、二〇二二年二月八日時点で４万４３４０ドル、二〇二二年四月八日時点で４万２７１５ドルと、たった３・７パーセントのこれもまた小幅な下落であった。義弟の97パーセントの損失と比較すると、ほんのわずかである。

ただ、義弟の名誉のために言うと、単に投資初日と六十日目だけを比較するのは誤解を招く。義弟が、一旦買ったものを保持する長期投資戦略をとり、すべての投資を少なくとも六十日目まで売らずに保持していたならば、投資初日と六十日目の数字には大きな意味がある。

しかし、義弟のケースは明らかにそうではない。

長期保有戦略をとるならば、ある程度の期間持ち続け、厳選した投資の潜在成長能力を活かそうとする。しかし、ざっと目を通しただけでも、義弟の取引明細書は何十もの売り注文で埋め尽くされていた。実際のところ事態をもっと詳しく知るには、投資初日と六十日目に注目するだけではなく、その間に何が起こっていたのかにも目を向けなければならない。

米国株式市場も、特に先行きの見えないときやブラックスワン的な事象［株式市場や経済に壊滅的な衝撃を与える、予測不能な非常に稀な出来事］に直面したときなど、それなりに大きな動きを見せることはあるが、暗号資産市場は米国株式市場よりもずっと変動が大きい。義弟の投資行動がどれほどアグレッシブだったかによっては、彼の損失は、日々の激しい変動とタイミングの悪さの合わせワザによるものだった可能性がある。

つまり、「安いときに買い、高いときに売る」という昔ながらの投資の鉄則に従うかわりに我が愚かな義弟は、高いときに買い、安いときに売るのを、有り金をほとんど失うまで、何度も何度も繰り返したということだ。

これらのことを心に留め、ここで先ほどの二つの指標を、日々の変動を考慮してもう一度見てみよう。おそらく今度は、先ほどは安定しているように見えた期間に生じた義弟の巨額の損失の理由がわかるだろう。次の表は、二〇二一年二月八日から二〇二一年四月八日までの各指標の日々の変動を視覚化したものである。

この表によれば、ビットコインは三月十六日に3万7023ドルの最安値を、三月三十日に4万7078ドルの最高値を計上し、六十日間の変動幅は21パーセントである。一方、一般的に変動性がずっと少ないS&P500は、三月八日に4170ドルの最安値を、三月三十日に4631ドルの最高値を計上し、その変動幅はたった9パーセントである。

この新たなデータをもとに、9万7000ドルの損失の謎に迫ろう。

日々の変動を考慮すると、投資初日と六十日目だけを抜き取れば安定的に見えた裏の隠されていた実態が明らかになるだろうか？　つまり、義弟は、あまりにも急激な下げ潮の罪のない犠牲者のひとりに過ぎないということか？　面白い仮説だが、私は直感的に違うと思った。

もしそれが正しいなら、義弟は冬将軍が訪れようとするロシアに侵攻したナポレオン顔負けのタイミングの悪さで、毎回有り金を突っ込んでいないと計算が合わない。

手掛かりを探して取引明細書を精査した。殺人現場を嗅ぎ回る刑事になった気分で。唯一の違いは、血の海のかわりに、赤インクの絶望の海をかき分けていることくらいだ。

事実、最初の七日間の一握りの勝ち――ビットコインを4万1000ドルで買い、四日後に4万5000ドルで売り、そして暗号資産イーサリアムを2900ドルで買い、一週間後に3350ドルで売った。そしてテスラの株とオプションを買ってどちらも数日後に売り、合わせて2万ドル超の利益を得た――を除き、彼が触れるものはすべてがたちまちゴミクズと化した。

さらに悪いことに、彼は日を追うごとに投資頻度を増し、三週目の末には、デイトレーダー［日々の価格変動を利用して利益を得ようと多額の取引を行う者のこと。通常、夜間に市場の暴落やブラックスワン事象が生じることを恐れて、すべての未決済のポジションを一日の終わりに決済する］気取りになっていたようだ。

初期の成功に自信を得た義弟は、どんどん大胆になり、より頻繁により多額の賭けをするようになった。その後の血の海は当然の結末である。

二週目の半ばまでには、勝ちは見当たらなくなった。あるのは負けに次ぐ負けだけで、損失が積み重なっていった。

三週目の頭には、彼の魔法の手は黒魔術を働くようになり、地獄が垣間見えてきた。残高が5万ドルを下回った頃、投機的なクズ株や無価値なクズコインに多額の賭けをしていた形跡に、義弟の必死さが伝わってきた。

六週目の末までに、勝負は決まっていた。丸々一か月以上、勝ちがひとつもなく、残高は1万ドルを切り、3000ドルに向かっていた。

どうやったらここまで一貫してヘタを打ち続けることができるのだろうか？

ほかの面で義弟がどんな人物かを知っている身としては、本当に不思議だった。彼はまさに絵に描いたような成功者であり、立身出世の鑑（かがみ）だ。ブーツにまで気を配る洒落者でもある。彼の本業は金属業であり、ブエノスアイレスの郊外に大きな工場を所有している。結婚したばかりで、若い妻ゴルディータと可愛い2歳の息子ヴィットリオと共に、内装がピカピカに整えられた寝室が三つもあるマンションに住んでいる。そこはブエノスアイレス屈指の高級で安全な地域にそびえる46階建てのミラーガラス張りのタワーで、その33階をワンフロア占有している。

その夜、白い麻のホルタートップを着たゴルディータは困り顔で私の左隣に座っていた。可哀想なゴルディータは、夫の無残な投資報告書を理解できないでいた。私は心から同情していたが、こんなに緊迫した瞬間にも、私は笑わずに、彼女の顔を直視して名前を呼ぶことができなかった。ゴルディータはスペイン語で「太っちょの女の子」という意味だが、彼女自身は身長165センチ、体重45キロのブロンド美女だ。だから、アルゼンチンでは「太っちょの女の子」が愛情を込めた呼び名だと聞かされても、彼女がみんなからゴルディータと呼ばれていることの違和感が拭えない。もちろん、私にはこんなジョークがすぐさま頭に浮かんだけど。

「やあゴルディータ、調子はどうだい。体重のことはさておき。最近もホットドッグの早食い競争に出場しているかい？」

もっとも、本当にゴルディータな女の子をゴルディータとは呼ばないという暗黙の了解はあるらしい。それはさておき、私の義理の妹は、矛盾が服を着て歩いているようなものだ。彼女にはオルネーラという本名があるが、誰もそう呼ばないし、ゴルディータと瓜二つの姉クリスティーナ――何を隠そう私の四番目の妻だ――を含む誰もが不釣り合いなあだ名で呼ぶ。

このとき、ゴルディータは座ったまま前に身を乗り出し、驚愕を露わにした。頭を抱え込み両肘をテーブルにつき、上半身を45度の角度にかがめて「いつになったらこの悪夢から覚めるの」とでも言うように頭をゆっくり前後に振った。

そりゃそうだろう、と私は思った。

フェルナンドの投資にはほとんど関わっておらず、事後報告を受けただけのゴルディータは、夫婦共有の証券口座を空っぽにした夫が献身的な妻からかけられて然るべき言葉をかけた。

「何考えてんのよフェルナンド！　あんたバカなの？　よく知りもしないことに手を出して。ロビンフッド［訳注：投資アプリ］のアカウントなんかさっさと削除して、金属工場に戻れっつーの。そうすりゃあ少なくとも一文無しになることはないだろうから！」

ゴルディータが有能な秘書タイプだったことで、事態はフェルナンドにとってさらに厄介になった。何でも管理したがり、どんな細かいことも見逃さないタイプで、私やクリスティーナを含む家族全員の運転免許の失効日やパスポート番号を記憶するのが自分の役目だと思い込んでいる。つまり、誰も彼女を誤魔化すことはできないのだ。

しかし、その夜は形勢が逆転していた。

ゴルディータがクリスティーナに頼る、滅多にない場面だった。それも通訳として。そのため、クリスティーナはフェルナンドとゴルディータと向き合う形で、私の右隣に座った。しかし、その夜の通訳で、クリスティーナには大きな障害があった。ゴルディータが早口すぎるのだ。実際、彼女が平静なときでも、話そうと口を開くと、スペイン製のガトリング銃が弾丸の代わりに言葉を連射しているかのようだった。そしてその夜の彼女は平静どころではなかった。

「信じられない！　どうやったらこんなあっという間に私たちのお金をなくせるの？　あんな大金を！　株式市場は下落してないのに。今朝私もチェックしてみたのよ、ほらこれ」

ゴルディータはスペイン語でまくし立てながら自分のスマホの画面を掲げた。そこには、株式市場のアプリが開いていた。

「見てよ。彼が投資を始めたときより上がってるじゃない。それなのに、私たちはすっからかんよ！　どうしてこんなことになっちゃったのよ。こんなはずない。絶対、絶対おかしい」

スペイン語はある程度できるはずの私でも、最初の数語――信じられない――しか聞き取れなかった。ほかの言葉はみんな、突風のように私の前を吹き抜けていった。私はクリスティーナの方を向いて、「ほら、俺がいつも言っているとおりだろう。君の妹の言っていることは誰にもわからない」と言わんばかりに両手のひらを上に向けてひらひらさせ、眉を上げた。

クリスティーナは肩をすくめて言った。

「彼女は不満なんだって」

「ああ、それなら俺にもわかる。どこかで『不可能』と聞こえた気がしたけど」

私はゴルディータに向き直り、ゆっくりと英語で言った。

「あなた、『不可能』と、言いましたか。ゴルディータ」

「はい。不可能」

彼女は訛りのきつい英語で答えた。

「でも、フェルナンド、これをやった」

義弟はゴルディータの左隣に座り、頭をゆっくり振りながら投資報告書の写しをじっと見下ろしていた。彼はまっさらなポロシャツを着て「そうさ、確かにやっちまったよ。でも俺はまだまだ金持ちだし、何もこの世の終わりってわけじゃないだろ?」と言わんばかりの、うっすらと皮肉な笑みを浮かべていた。

それは、世の亭主諸君がこのような状況で必死に押し殺そうとするタイプの笑みだった。なぜなら、それを妻に見られようものなら「何がそんなに可笑しいの。あんたがなくしたお金でシャネルのハンドバッグがいくつ買えたと思ってんの?」とかみつかれるのがオチだからだ。

私はクリスティーナに聞いた。

「ほかには何て?」

「どうしてこんなにあっという間に二人のお金がなくなったのか理解できないって。彼女自身、スマホにアプリをダウンロードしたけど、そのアプリによると、株式市場は上昇しているから、二人はお金を増やしたはずだって。なくすんじゃなくて。なんでこんなことになったのかわけがわからないって」

　そして彼女はフェルナンドとゴルディータの方を向いて、彼女が今言ったことをスペイン語で繰り返した。

「そのとおり」

　とゴルディータは叫んだ。

「わけわかんない」

「何がわかんないんだよ」

　とフェルナンドが口を挟んだ。

「株で金を失う奴は大勢いるじゃないか。今回は俺がそのひとりになっただけで、別に世界が終わるわけでもないさ」

　ゴルディータは胴体をほとんど動かさずに、頭だけをフェルナンドのほうにゆっくりと向け、凍り付くような視線で彼を射貫いた。言葉は必要なかった。

「なんだよ。俺、何か変なこと言った？」

　フェルナンドは無邪気に答えた。そして私を見て彼なりに精一杯の英語で付け加えた。

「俺のせいじゃないよ！　みんな、株で金をスってるじゃないか。君は違うけどね。俺は普通の人の話をしているんだ。わかるよね」

「もちろん」

と私は答えた。

「100パーセント理解したよ。『普通』に『俺』が含まれることなんて滅多にないからね。ごもっともだよ」

「彼はそんな意味で言ったんじゃないわ」

と通訳が口を挟んだ。

「フェルナンドはあなたを愛しているわよ」

「わかってる」

私は心を込めて答えた。

「冗談だよ。いずれにせよ、俺の言うとおりに訳してくれ。こんなふうに細切れだと、話がややこしくてしょうがない」

「わかったわ。じゃあ、どうぞ」

とクリスティーナが促した。

私は深く息を吸い込んでから言った。

「えっと、まあ、君が言うことには一理あるよ、フェルナンド。株で金をスる奴は大勢いる。しまいには破産する奴だってね。だがしかし！　みんながみんな、大損するわけじゃない。儲ける奴らだって大勢いる。プロに限らず、素人の投資家だってね」

「ただし、君の投資のやり方でじゃない。君のやり方は、雄叫びをあげて突撃するような……」

「オタケビ？　何それ」

通訳が口を挟んだ。

「俺が言いたいのは、素人投資家が四六時中売ったり買ったりして金儲けするのは不可能だってこと。時間の問題で、しまいには必ずすっからかんになる。株式市場でも暗号資産市場でも同じこと。たいてい、暗号資産のほうが幾分早くそうなるけど。暗号資産市場のほうが投資コストが高額で、詐欺まがいのものも山ほどあるからね。だから、この世界のことをちゃんと理解していないなら、遅かれ早かれ地雷を踏んで、吹き飛ばされることになる。絶対に」

私が通訳を待って一息つくと、クリスティーナは頷き、訳し始めた。

その間、私は再び投資報告書をパラパラとめくり、手掛かりを探した。何か見落としてるんじゃないかという気がした。市場が比較的穏やかだった六十日間に義弟が投資したお金を丸ごと失った理由が、どこかに隠されているのではないか。

もちろん、今まで挙げたこと——義弟は初心者なのに、最初の成功で欲に火がつき、その閃光に目が眩んで、普段のまともな意思決定プロセスが、大金を儲けられるはずのアグレッシブな投資メンタルに比べて古臭く時代遅れに思えてしまった——は明白な理由である。

しかし、もっと直接的な真犯人がいるはずだ。そのとき、クリスティーナが私を見て言った。

「二人とも全部わかったって。それで、やり直したいって。今度は正しいやり方で。二人が何を買うべきか教えてほしいって。株？　それとも暗号資産？」

そして思い出したように付け加えた。

「それから銘柄も。ゴルディータははっきりと名指ししてほしいって」

「まず、最初の質問から。二人の年齢からすると絶対、資産の大部分を株式に投資するべきだ。なぜなら長期的には、これまで株式で継続的に最も高いリターンが得られてきたからだ。そのためにほぼ確実と言えるすごい裏ワザもある。だが、君たちは暗号資産で大損したのだから、まずそこから話を始めよう。そのほうが君たちがどこで間違ったのかわかってもらえるだろうから」

妻に通訳を託した。

「暗号資産の世界では、君たちみたいな初心者でも大きなリスクを取らずに金儲けができる方法が二つある」

「ひとつは、ビットコインを買って、持ち続けること。ここでの『持ち続ける』とは、短期で価格がどんなに上下しても関係なく持ち続ける、ということ。そのためには、価格変動を丸ごと無視しなきゃならない。それらは騒音以外の何ものでもないからね」

「一度買ったら、少なくとも五年は持ち続けてほしい。これが最低ラインだ。七年ならもっと良い。十年ならさらに良い」

「この簡単なアドバイスに従うなら、暗号資産で儲けるチャンスがある。特に五年目から七年目には儲かっている可能性が高い。だが、『可能性』という言葉に要注意だ。保証されているわけではは絶対にないからな。株や暗号資産はもちろん、どんな市場にも保証なんてものはない。それでも、暗号資産に関して言えば、ビットコインを長期で保有することは最善の策だと思う」

私はゴルディータのスマホを指差した。

「ゴルディータに今言ったことをメモするように伝えて」

クリスティーナはわかった、と言って通訳を続けた。

「それから、短期投資はダメだと伝えて。絶対絶対ダメだってね。買ったら保有、それだけ」

数秒後、ゴルディータはスマホを手に取り、両手の親指を駆使してすごいスピードで打ち込み始めた。打ち終わると、私に感謝の笑みを向けた。

「ありがとう、ジョルディ〔訳注：著者の愛称〕。どうぞ続けて」

「どういたしまして。ビットコインをいくら買うかについては、ほかの戦略について説明したあとにしよう。特に、最終的にポートフォリオの大部分を占めることになる株式を先に取り上げよう。暗号資産は最大でもせいぜいポートフォリオ全体の5パーセント以下に抑えるべきなんだ。それ以上は絶対にお勧めしない」

「いずれにせよ、どれだけの金額を投資に回すべきかについてはあとで検討する。そのときに、リターンを最大化しリスクを最小限に抑えるため、どの資産にどう配分するのが最善かを考えよう」

「だがここでは、ビットコインを長期で保有することを覚えておいてくれ。ここで重要なのは、この方法で儲かるとある程度確信できるのは、それが長期だからということだ。それこそがすべてのパワーの源泉なんだ」

「ビットコインが数週間後や一年後にいくらになっているかと聞かれて、知っていると答えたらそれは嘘だ。俺にはわからない。誰にもわからない。少なくともある程度の確度では。知っていると言う奴がいたらそいつは大嘘つきだ」

「だが、長期では――本当に長い期間では――俺はビットコインは上がると確信している。どうしてか説明しよう」

「短期では、ビットコインの価格に影響を与え得る偶発的な出来事が数多く存在し、それらの出来事を予測することは不可能だ。例えば、イーロン・マスクがある朝寝覚めが悪くて、なぜかビットコインに八つ当たりしたくなったとか、中国の習近平国家主席が、国の政策に合わなくなったからとビットコインの取引を中止するとか、大勢の大口投資家が大儲けするために、手持ちのビットコインを投げ売りして価格を下げ、その数日後に買い戻すとか、連邦準備制度理事会がインフレに対処しようと金利を上げ、通貨供給を引き締めるとか(これはすでに始まりつつあるけど)」

「君たちはアルゼンチンで二桁のインフレに慣れっこだろうが、米国では連邦準備制度理事会が放っておかない。なんとか抑え込もうとするだろうが、それがビットコインや株式市場には、少なくとも短期的には悪影響を及ぼす」

「いずれにせよ大事なことは、これらの偶発的な出来事は短期的にはビットコインの価格に甚大な影響を及ぼすが、長期的にはほとんど影響を及ぼさないってこと。これらの出来事を予測するのは不可能だから、ビットコインを短期で取引するのは博打でしかない」

「だが一方で、ビットコインに長期で投資するのはまったく話が別で、ファンダメンタルズが関わってくる。ビットコインの価値を支える要因すべてをじっくり検討しよう。例えば、希少性とか、ビットコインが解決する問題とか、ビットコインを使い始める人がどんどん増えていることとか。その上で、ビットコインが現在の市場価格と比較して、実際に価値があるかについて根拠に基づいて判断する」

「過小評価されているか、過大評価されているか、考えるんだ。過小評価されていると思うなら、買えばいい。だって安く買えるってことだからね。過大評価されていると思うなら、関わらないほうがいい。だって高くつかまされるのは嫌だろう？(「評価」についてはこの本のあとの章で詳しく扱うので、お楽しみに)」

「苦労して稼いだ大事なお金を投資するのに、イーロン・マスクや習近平の機嫌を気にしながらタイミングを見計らって短期で投資するより、こっちのほうが断然賢いと、普段クレイジーだと言われる俺でもさすがに思うね。投資とギャンブルほどの違いがある」

「ここまで説明すれば、俺が今、ビットコインを保有しているとしたら、その理由がすぐにわかるよね。現在の価格では過小評価されていて、非常に長期的な視野では価格が上がるはずだと考えているから、だね」

「それから、俺がいつビットコインを売るつもりかも、すぐにわかるよね。当分は売らない。最低でも五年後、おそらくそれより先だ」

「それじゃあ、ビットコインは今後一年間で大幅に値下がりする可能性はあるか？　もちろんその可能性はある。過去の例に倣えば、どこかの時点でそうなることはあり得る。ビットコインは、いわゆる『暗号資産の冬の時代（クリプトウィンター）』のあいだに、何度も急激な値下がりを経てきた。でもそんなのはただの騒音だ。気にしなくていい。超長期で保有するという戦略に従えばいいだけだ」

「全部理解できた？」

私はクリスティーナに聞いた。

「二人に説明できる？」

「もちろん！　すべて納得したわ」

そんなふうにしてクリスティーナは、フェルナンドとゴルディータへの最初の投資アドバイスの通訳を見事にこなした。ほんの二年前まで片言の英語しか話せなかったとは信じられないほどだった。このアドバイスは、二人がそれまで頼っていた怪しげな即席投資講座とは違い、正しいことが証明された投資原則に基づく、堅実で理に適ったものだ。

だが、これはまだ序の口だ。

ここまで話題にしてきたことはすべて、ビットコインに投資する際の基本戦略のひとつであり、二人のポートフォリオの大部分を占めていた株式には、まだ触れてもいない。株式市場に関しては、非常に強力ですぐに実践できる、とっておきの戦略がある。私がそれをざっと一通り説明をするだけで、フェルナンドとゴルディータは、世界有数の腕利き資産運用家の99パーセントを継続的に打ち負かすのに必要なすべての情報を手に入れることができる。

二人にとって、これは人生を変えるチャンスだ。

この一晩で、私は二人に、リターンを最大化しリスクを最小化する、最強のポートフォリオを作成するための方法を順を追って伝授することになる。それは、急激なインフレと度重なる通貨の切り下げというアルゼンチン経済を襲う双頭の怪物から蓄えを守るのにも役立つ。

これから、ニューヨーク証券取引所やテック企業が集まるナスダックで最良の株を素早く見つける方法から、一切手間を掛けずにそれらの株を組み合わせたポートフォリオを作り、情勢に合わせてそれを自動的にアップデートさせる方法まで、様々なことをお教えする。

フェルナンドとゴルディータがこれまで見聞きしてきたどんなテクニックとも違う、内部関係者からの情報だ。ウォール街のプロのやり方を紹介するだけでなく、ウォール街関係者のやり口に疎(うと)い素人投資家が騙されて払わされる、高額の手数料や管理費、業績報酬――これらはリターンを侵食し、結果的に投資家から財産を奪う――を簡単に回避する方法も伝授する。

実際、夜が更けるにつれ、「けっして種明かしをしてはならない」という前職の最も大切なルールを破る、引退した手品師の気分になってきた。まさに、それこそがここで私がやっていることだ。

私は、金融サービス業界全体を覆い隠すカーテンを開け、最も大切な手口を曝露する。それは、最も優れた投資戦略は簡単に学べてすぐに実行できるので、ウォール街そのもの、そしてウォール街に支払う手数料や管理費、業績報酬は、実は不要だという、醜いが否定できない真実を隠すためにウォール街が駆使する様々なやり口である。

ここで必要なのは、ウォール街の虎の巻を解読した手引き書である。

私がこの本であなたに贈るのは、まさにそれだ。

ウォール街が過去六十年にわたり、一般の投資家からひた隠しにしてきた内部関係者の虎の巻の解読書。この虎の巻に、私は社会に出てからずっと親しんできた。ウォール街での最初の何年かは、それを悪用した。私はそれを使って巨万の富を築く一方で、人から金を奪ってきた。このことは反省しているし、何年もかけて償ってきた。現在私は営業とトーク術、そして有能な起業家になる方法を教えることで、世界中で数千万人の人々が幸福で豊かで、経済的に自立した人生を送る手助けをしている。

だがこの本は新たな次元へと飛躍するものである。

この本は、あなた自身の豊かな王国をつくるためのターンキー・ソリューション［訳注：キーを一度回すだけですべてが解決するシステム。通常は、納品後に即時に使用可能な状態で受け渡される情報システムのことを指す］を、ただ単に渡すだけではなく、すべてをお膳立てして進呈するものだ。私は一週間もあれば1冊の本を書き上げられるほど熟知している戦略について、三年を超える年月をかけた。問題はたったひとつ。このテーマは、眠気を誘うということだ。だから、最後までページをめくり続けられるよう、退屈にならないように細心の注意を払った。

そうして、楽しく、わかり易く、簡単に実行できるようにウォール街の虎の巻を解読するという骨の折れる作業が始まった。時には「あのウォール街の狼（ウルフ）がこんなことを言うなんて！」と大笑いできるように。

投資の初心者や、これから投資を始めようと思っている人にとって、この本は大逆転をもたらすものとなるだろう。苦労して稼いだお金を安全・確実に計画的に運用する方法がわかるだろう。その方法で、世界有数のヘッジファンド・マネージャーや投資信託会社の95パーセントに継続して勝ち続けられる世界トップクラスの株式ポートフォリオを素早く設定することができる。

実績のあるベテラン投資家にとっても、この本は価値がある。これまでの投資戦略がなぜうまくいっていたのかが明快に理解でき、これからも、幼馴染みやCNBCの投資番組、職場の同僚、TikTokやインスタグラムに潜むペテン師などから得た最新の株情報に惑わされず、コースを外れないための強力なリマインダーとしても役立つだろう。

さらに、たとえこれまで投資がうまくいっていたとしても、誰のアドバイスを聞いていたかによっては、リターンのかなりの割合が毎年、手数料や管理費、業績報酬などの名目で不必要に差し引かれている可能性が大いにある。この本は、それらのほとんどを回避し、リターンがウォール街ではなくあなたの財布に確実に入るように指南する。

最後に、投資をしない超保守派の人――おそらく、ウォール街とそこで働く貪欲な奴らを心底軽蔑しているのだろう――にとっても、この本はとても役に立つ。この本はまず手始めに、ウォール街が作ったゲームで、奴らが生み出した富の分け前をいただき、それを最後まで奪い返されないようにすることで、奴らを出し抜く方法を指南する。

ご存じのとおり、ウォール街は実際、世界の経済を機能させるという重大で不可欠な役割を担っており、その過程で莫大な富を生み出している。ただ問題なのは、世界の金融システムのトップに密かに巨大な吸血鬼を据え、手数料や管理費を過度に中抜きし、様々な金融的混乱を引き起こしていることである。

私はこの巨大な吸血鬼を「ウォール街手数料搾取マシーン」と名付け、あとの章で深く掘り下げ、安全にそれを回避する簡単で効果的な方法を教える。

しかしここでは、あなたの住んでいる場所、年齢、年収、職業、預金残高、ヘソクリの額は関係ないということを肝に銘じてほしい。経済的に自立した人生を送るために最も大事なのは、勤労と倹約によって貯めたお金を、少なくともインフレや通貨切り下げの影響から守り、なおかつそれが増えるように慎重に運用することである。

この本は、あなたがいつの日か誇りと尊厳を持って引退し、好きなことを好きなときに好きな人と好きなだけできる経済的自由を持てるようなバランスのとれたポートフォリオを作成するお手伝いをする。

これが私の心からの願いだ。

第2章

売るべきか売らざるべきか、それが問題だ

Shakespeare with a Twist

夜が更けると、フェルナンドは私にとても深い質問——そのときは彼自身その深さに気づいていなかったが——を投げかけた。

「売るべきか、売らざるべきか」

この先どうすればいいかばっかり気にして、過去の過ちを一切振り返ろうとしない義弟はその夜ずっと即効性のあるヒントばかりを求めてきたが、この質問もその一環だった。義弟のこの態度は私には馴染みがある。痛みを避け快楽だけを求めるという人間の本質だ。こんなやり方を続けるのは、義弟のためにならないと私は確信していた。

投資についてアドバイスをするのはこれが初めてじゃない。

過去三十年間、投資のコツを求めて大勢が私のもとにやってきた。そこで私が骨身に染みて理解したのは、「なぜそうなのか」を説明せずにコツだけを教えても、何の役にも立たないということだ。

本当に変えるためには——つまり、継続的な変化を求めるなら——深い理解が欠かせないのだ。すなわち、なぜこの投資は良くて、あの投資がダメなのか、その理由を学ぶ必要がある。そうでなければ、同じ破滅パターン——アグレッシブな短期売買や、損失を取り戻すためにさらに金をつぎ込むこと、ペテン師のアドバイスを鵜呑みにすることなど——にすぐに舞い戻ってしまう。そしてフェルナンドのように、ゴミクズで構成されたひどい投資ポートフォリオを手に、年度末の請求書の山に頭を抱える羽目になる。

義弟のこの質問が重要なのは、まさにそのような結果を招くからだけではない。「資産をいつ売るか判断する際に、購入時に払った価格を判断基準とする」という素人投資家がやりがちなミスの核心に触れるからでもある。

例えば、義弟のケースでは、10万ドルの投資の大部分が煙のように消えてしまったが、まだわずかにポジションが残っていた。細かく言うと、総額3000ドルに満たない、3件のクズ株、4件のクズコイン［何の価値もないクズのような暗号資産］、そして2件のほぼ無価値のNFT［非代替性トークンの略語で、特定の希少な品の所有権を表象するデジタル資産。現在のところ多くはデジタル化された芸術作品の所有権として用いられているが、収集価値の高い物品や不動産にも活用できる］から構成されていた。特にNFTは、義弟がこれらを買うとき、一時的に正気を失っていたのではないかと問わずにいられないほどひどい芸術作品だった。猿がコンピューターとコラボしてデジタル化されたゲロを撒き散らしたとしか私には思えなかった。いくらNFTでも、ここまでひどいのにはなかなかお目にかかれない。

フェルナンドのように、賢く教養もあり、機知に富む人物が、なぜこんなあからさまなガラクタを買おうと思ったのか。その答えは端的に言うと、こうだ。買うときはいつも——最初にテスラの株を買ったときから、生かじりの知識で暗号資産の海に乗り出すまで一貫して——友達やオンラインからの情報、はたまた直感を信じたからかは問わず、実際に何かを買ったときはいつでも、その価値は上がると彼は考えていた。

いずれにせよ、義弟のポートフォリオには合計9件のポジションが残っていて、その市場価値の合計は3000ドルに満たなかった。

それら9件のお宝のために支払った金額は?

およそ4万9000ドルだ。

それら9件のうち一番の失敗は?

一株18ドルで1000株買い、現在の取引価格が一株35セントの株だ。

一番マシなのは?

1トークン当たり1ドルで1万トークン買い、現在の取引価格が1トークン当たり40セントのクズコインだ。

残りの7件は、その間にあり、現在の取引価格が購入価格に近いものはひとつもない。

ここで、フェルナンドとゴルディータはひとつの決断を迫られた。

「売るべきか、売らざるべきか。それが問題だ」

唯一の問題は、この二人の意見が一致しないことだった。

「それじゃあ」と我が通訳者は仲裁人の口ぶりで言った。

「二人はどうすればいいの? フェルナンドはすべてがすごく下がったから何も売りたくない、今はそのまま持ち続けて、価格が戻るのを待つべきだと考えている。フェルナンドが言うには、単なる……」

「単なる紙の上のこと」

と義弟が助け舟を出すと、クリスティーナが応じた。

「それそれ。紙の上のこと。今のところ損失は紙の上だけだけど、一旦売却すれば、それでおしまい。お金は戻ってこない」

妻は彼女自身、最後の言葉に半信半疑な様子で肩をすくめた。そして今度はもっと勢い良く付け足した。

「でもゴルディータはこう考えているの」

そのときゴルディータは私の方を向いて、目を細めて視線を投げかけた。まるで「自分が可愛いなら、あたしの味方をするべきよ」とでも言いたげに。

「全部売り払って、一からやり直すべきだって。えっと、英語でなんて言えばいいの？『丸ごと清算する』かな。あなた、どう思う？」

私はしばらく考えた。

面白い、と私は思った。価格に関係なくすべてを売り払って悪夢を過去のものにし、最初からやり直したい、というゴルディータの欲求は、私にも充分すぎるほど覚えがある。つらい経験に区切りをつけて過去のものとしたい、それにまつわるあらゆるネガティブな暗い感情と縁を切りたい、という身を切るような欲求。それこそ、何年も前に私自身が体験した欲求だった。私が逮捕されてから数年間の暗黒時代のことだ。スローモーションで死に向かうような、息苦しい感覚だった。富の象徴がひとつ、またひとつと我が身からゆっくりと引き剝がされるような苦しみ。なまくらの剣で緩慢に殺されるようなものだった。

いっそのこと、すべてを一気に失い、牢屋に入り、服役するほうがどれだけマシかと思ったことを覚えている。つらい経験の痕跡──私の場合は車、家、船、服、お金、妻、時計、宝石。義弟夫婦の場合はクズ株、クズコイン、ゲロNFT──がすべてなくなるまで、嫌な記憶に埋もれて、新しい一歩を踏み出すための深呼吸ができなかった。だから、ゴルディータの言うことも一理あった。

一方で、フェルナンドの考えもよくわかる。

終わりにしたいという一時の感情に負けるよりも、理性的で論理的なアプローチのほうが最終的には得だ。結局のところ、みんな余りにも値下がりしてしまったのだから、売ったとしてもたかが知れている。3000ドルを取り戻したところで、焼け石に水だ。たったそれっぽっちなら、売っても売らなくても大して変わらないじゃないか。紙の上の損失を現実の損失にして、お金を取り戻すチャンスを失うことに何の意味があるのか。

ここで、一見シンプルだがなかなか深い質問が登場する。

いつ売るべきか。そして何に基づいてその決定を下すべきか。

値上がり額？　値下がり額？　それとも買うときに払った金額？

先述のとおり、この一見なんてことない質問は、素人投資家が最も陥りやすい、破滅的な誤りの核心に迫るものである。

例を挙げよう。

一株当たり40ドルで１０００株買うとする。数か月後に株価が10ドルに下がったら、いくら損したことになるか。

当然、３万ドルである。

計算してみよう。初めに１０００株買い、その後、それぞれの株の価値が購入時より30ドル下がった。だから、いくら損をしたかを計算するためには、買った株数に、一株当たりの損した額である30ドルを掛けるだけで、合計３万ドルと算定できる。この計算は明らかだろう？

確かにそうかもしれないが、この数値は本当に意味があるのだろうか。本当に、損したのは３万ドルなのだろうか。

証券口座の時価残高は確かに３万ドルとなる。しかし義弟の考えたとおり、まだ持ち株を売却していないのだから、実際はまだ損をしていないのではないか？　つまり「紙の上で」損をしているだけではないか。義弟のしたように、しばらく考えてみてほしい。

株を本当に売るまで、価格が戻り、少なくとも幾らかのお金が戻ってくる可能性は常にある、だろう？　実際、本当に辛抱強くなれるなら、購入時の株価まで回復するのを待ってから売ることも可能だ。その場合、結果はトントンで、損失はまったくないことになる。

なかなか説得力のある説だ。

それではさらに一歩話を進めよう。二年間この戦略をとり続けた株式ポートフォリオを保有していると想像してみてほしい。

言い換えると、株価が下がった場合、売らないでおく。

そしてフェルナンドのやり方に従って、忍耐強く保有し続け、株価が戻るのを待つ。

反対に、株価が上がった場合、売ってしまう。

そして再びフェルナンドのやり方に従って（投資を始めてから二週間、義弟が負けなしだった頃のように）売却して利益を確定し、別の取引を始める。

もちろん、これらの利益について税金を払わなければならないが、それに文句はないだろう？　ベンジャミン・フランクリンが言ったとおり「世の中には確実なものが二つだけある。死と税金だ」。「利益を得ている限り破産することはない」という株式ブローカー御用達の言葉もあわせると、この戦略は成功が約束された、長期的に見て勝者のレシピだと思われるかもしれない。

そうなのか？

もうちょっとよく考えてみよう。

値上がりした株は売って利益を確定し、値下がりした株は保有し続けて損失が確定するのを回避するという投資戦略で本当にうまくいくのか？

それを解明するために、先ほどの、二年間この戦略をとり続けた株式ポートフォリオがどうなったのか見てみよう。どんな株が残っているだろう？

その答えは「負け犬揃い」だ。義弟のポートフォリオと同じく、全部が全部、負け犬だ。確実にそうなる。

この戦略には二つの大きな欠陥がある。

1　勝手に抱いた幻想に基づいている。

2　売るべきか否かを判断する際に何よりも重要な要素である「あなたが上げ潮に乗っているのか下げ潮に乗っているのか」を考慮していない。

この戦略が基づいている幻想とは何か？

ズバリ言わせてもらうと、現実を直視し状況に対処することから逃げ回る限り危険はないと思っている、頭を砂に突っ込んでいるダチョウだ。株式市場の言い回しでは「株が下落しても、売らない限りは本当に損したことにならない」という幻想だ。

わかりきったことかもしれないが、絶対に忘れないように言っておこう。

株を手放していないからといって、損していないということにはならない。実際、損したのだ。もう絶対に戻ってこない。アンコールもなしだ。

「お前は、完全に、負けている」

疑わしいと思うなら、投資信託会社について少し考えてみれば、納得できるはずだ。ウォール街が個人投資家に売り出す何千もの金融商品のなかで、投資信託は特に会計面で最も厳格に規制されていて、「マーク・トゥ・マーケット」と呼ばれる画一化された会計処理がすべての投資信託に法的に義務付けられている。

投資信託は「マーク・トゥ・マーケット」に基づき、取引日の締めごとに、それを構成するすべての株式のそれぞれについて、現在の株価を現在保有する株式数で掛け合わせ、その日の市場に基づく現在価値でそのポートフォリオ上の各株式が計上される。

投資信託のポートフォリオすべてについてこの作業が完了すると、それらの現仕価値をすべて足し合わせ、さらに手持ちの現金があればそれを加えて、当該投資信託の流動資産の総額が算定される。

投資信託の一口当たりの価値を知るには、総資産から総負債（マージン・ローン、手数料、管理費、

日々の価格変動

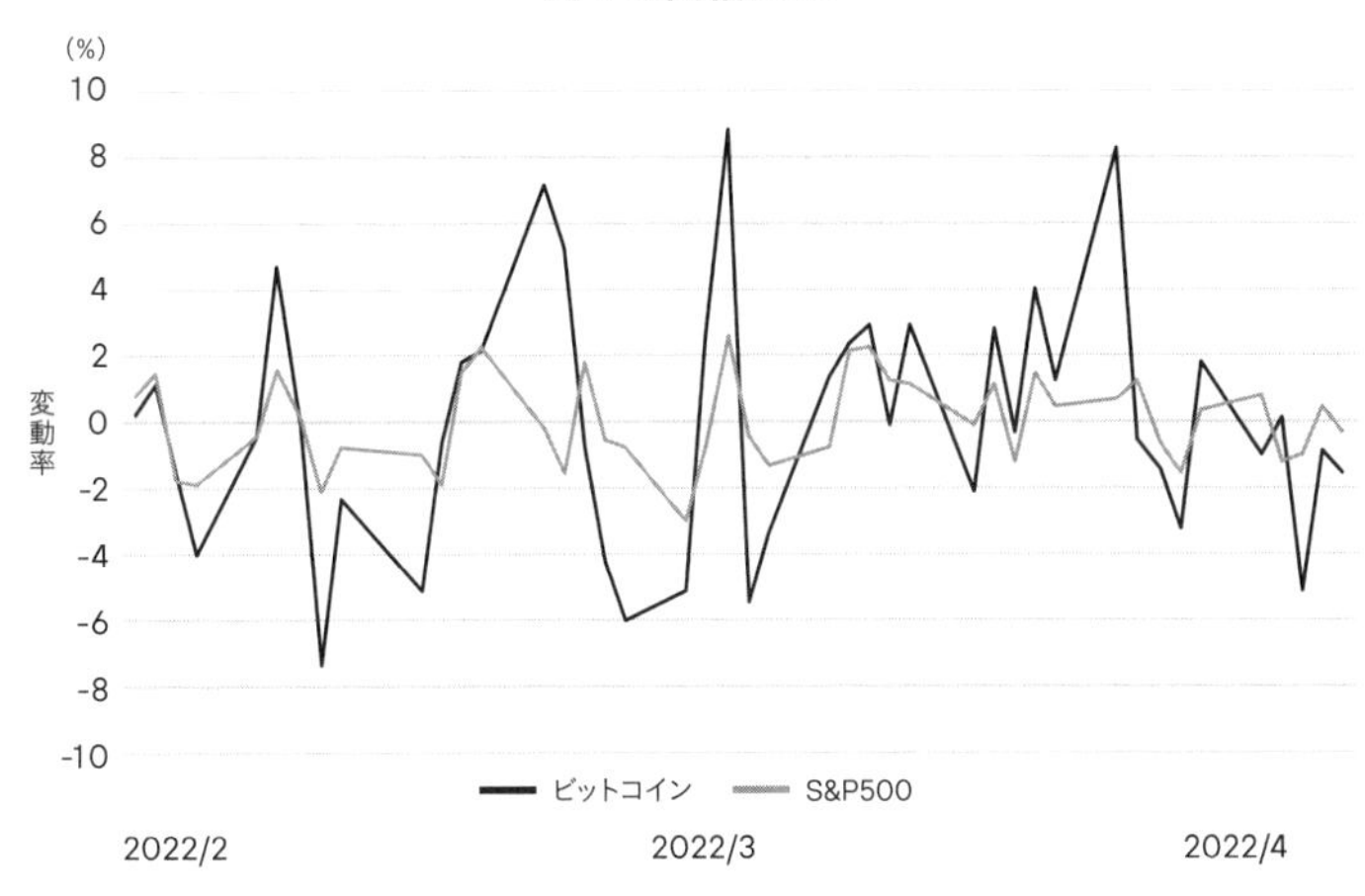

人件費、営業費等）を差し引き、その数値を投資信託の総口数で割ると、投資信託の「基準価格（NAV）」が算定できる。これが、特定の取引日の終了時における投資信託の一口当たりの価値を表す。

投資信託の流動資産の総額＝現金＋Σ（株価×保有株式数）

基準価格（NAV）＝（投資信託の総資産−投資信託の総負債）／総口数

何が言いたいのかというと、つまり、あの無能な米国証券取引委員会（SEC）でさえ、投資信託がNAVを計算する際に、株式を買うときに支払った価格を用いることを認めていないのだ。なぜか。

明らかに的外れだからだ。

その上、人の目を欺くからだ。

おわかりいただけただろうか。投資信託がポートフォリオを構成するすべての株を時価で計上しないと、まだ売却されていないだけの負け犬のみで構成された投資信託を投資家は見分けることができない。

これは、あなた自身のポートフォリオでも同じだ。値下がりした株をまだ売却していないからといって、まだ損をしていない、ということにはならない。

もう損をしたのだ。そのカネはなくなった。

ただし、そのカネが永遠に返ってこないか、といえば、それはまったく別の話で、保有する株を日々、時価で把握しないことのもうひとつの欠点と深く関わる。それは、売るべきか否かを決定する際に最も重要な要素――すなわち「なぜ」――を見落とすことだ。

つまり、なぜ株価が下がったのか、ということだ。その背景となる理由は何か。そして逆に、なぜ株価が上がったのか、その背景となる理由もだ。

例えば、あなたが40ドルで買った株が現在、市場で70ドルになっているとして、売ることが理に適っているか知りたいとする。

ここでひとつ目の質問が登場する。

なぜそもそもその株を40ドルで買ったのか。

お金に興味がない場合は別として、その株が値上がりすると考えたからだろう？　それ以外の理由などあるだろうか？　値下がりすると思って買う奴はいない。

そう。当たり前のことに思われるかもしれないが、これが最初の重要なポイントだ。

株でも他のどんな資産でも、それを投資家が買う理由は、それが値上がりすると考えるからだ。

そこで、次の質問だ。

なぜ、その株が値上がりすると思ったのか？

意外に思われるかもしれないが、株価は魔法や呪術のような不思議な力によって上がったり下がったりするわけではない。いくつかの明確な理由があるはずだ。

ここで、それらの理由を見ていこう。まずは、最もわかり易い理由、それは需要と供給の法則である。

例えば、ある株の需要が供給を上回る――つまり、買い手のほうが売り手よりも多い――と、一般的に株価は上がる。反対に、株の供給が需要を上回る――つまり、売り手のほうが買い手よりも多い――と、一般的に株価は下がる。

大丈夫かな？

実際、この説明はこれまでも聞いたことがあるかもしれない。

問題は、あまりにも簡単すぎて、重要には思えないことだ。なぜか。

結局のところ、需要と供給は何かの結果であり、それら自身が理由ではないからだ。

「需要が上がったから株価が上がった」と言われたところで、実際に何が起こったのかについて何の情報も得られない。そうした情報を得るためには、一歩下がって、そもそも何が需要を増大させたのかを考えなければならない。それがわかれば、賢い投資判断を行えるようになる。

例えば、40ドルで買った株が70ドルで売買されていて、どうするべきか知りたいとする。その株を売却して利益を得るべきか、保有し続けて、さらに値上がりするのを待つべきか。

再び、ハムレットの台詞みたいな疑問に舞い戻った。

「売るべきか、売らざるべきか。それが問題だ！」

売るべきか否かについてアドバイスするにはまず、あなたがそもそもなぜその株を買ったのかを知らなければならない。そのとき、目標価格としていくらを思い描いていたのか？　そして何よりもまず、どうして株価が上がったのか？　言い換えると、需要が増大した理由は何か？

株の需要が増大する理由は四つある。

需要が増大する理由その1、その企業は過小評価されていると投資家が考えたから。

ある企業の株が過小評価されていると思われると、投資家は市場で、彼らが特売価格と思う価格で買おうとする。ウォール街用語で、このような投資家たちを「バリュー投資家」と呼ぶ。彼らのうち最も有名なのは、オマハの賢人として知られるウォーレン・バフェットである。

バフェットは一九六〇年代半ばからバリュー投資戦略を使って、２０００億ドルを超える個人資産を蓄えて歴史に残る富豪になると同時に、投資会社バークシャー・ハサウェイの株を買った投資家のために、さらに数千億ドルを稼いだ。

ウォーレン・バフェットが投資家としてどれほどの成功をおさめたかをわかり易く説明しよう。もしあなたかあなたの両親、もしくは祖父母（そう。確かにバフェットはあなたの祖父母の世代かもしれないが、いまだに冴え渡っている）が、バフェットが実権を握り始めた一九六四年にバークシャー・ハサウェイに1万ドル投資していたら、現在それは4億１０００万ドルになっている。明らかに常識を超えたリターンだ。

しかし、バリュー投資を裏付ける理論は極めてシンプルだ。

バリュー投資家は、企業の本質的価値——企業の売上高、利益、資産、負債、貸借対照表等——を測定し、その企業の現在の株価と比較することで投資判断を行う。もし株価が本質的価値よりも安ければ、バリュー投資家は企業が過小評価されていると考え、市場でその株を買う。逆に、もし株価が本質的価値よりも高ければ、バリュー投資家は企業が過大評価されていると考え、その株を買わない。

おわかりいただけただろうか？

重要なのは、企業の本質的価値をどのように計算するか、だ。

その方法は、二つある。

難しい方法と、簡単な方法だ。

まずは簡単な方法から紹介しよう。というのも、これはあっけないほど簡単なので、説明し終われば、難しいほうには興味がなくなるだろうから。

簡単な方法でやることはただ、ネットで調べるだけだ。

そう、企業の本質的価値を知るのはこんなに簡単なのだ。

ウォール街の代表的な投資調査会社――これらの会社は、貸借対照表、キャッシュフロー、ニュースリリース、収益報告などの情報を収集し、企業の本質的価値の見積りを高い精度で計算することを専門とした精鋭の分析家軍団を雇っている――が出すリサーチ結果（簡単に見つけられる）にアクセスするだけだ。

調査会社は主に割引キャッシュフロー（ＤＣＦ）と呼ばれる方法を用いて、その他の様々な要因――企業の財務状況、将来の成長の可能性、現在そして今後一定期間のリスク特性、お金の時間的価値――も考慮して本質的価値を見積もる。その際、将来見込まれる成長から得られるであろう利益は、現在の価値に「割り引き」されなければならない［訳注：現在の価値とは「将来得られる利益を現在受け取れるとしたら、どれくらいになるか」であり、将来の価値から時間による価値の変動分を割り引いて求める］。ではどの調査会社を選ぶべきかについてだが、この種のサービスを提供する会社は何十社もある。しかし、次の４社が特に信頼されている。

バリュー・ライン（www.valueline.com）

バリュー・ライン社は一九三一年以降、数多くの株式、債券、オプション、投資信託について、財務諸表、収益予想、本質的価値の見積り、テクニカル分析を含む研究・分析結果を提供している。当社は現在、１７００社以上の上場企業について情報提供を行っている。

ムーディーズ（www.moodys.com）

一九〇九年創業のムーディーズ社は、世界有数の信用格付け機関に成長した。アルファベットで表す格付けシステム――「Ａａａ」を信用度最高ランクの企業、「Ｃ」を最低のクズとする――を用いたムーディーズ社の格付けは、世界中の投資家や金融機関、企業などが使用している。

ＣＦＲＡ（www.cfraresearch.com）

かつてＳ＆Ｐグローバル・マーケット・インテリジェンスの名で知られていたＣＦＲＡは独立系調査会社として、株式や債券等の多岐にわたる金融商品についての財務調査とデータを提供する。ＣＦＲＡは過小評価されている株式や魅力的な投資機会を特定する能力を誇っている。

モーニングスター（www.morningstar.com）

一九八四年設立のモーニングスター社は、株式、債券、投資信託、ＥＴＦ（上場投資信託）等の多岐にわたる金融商品についての財務データと財務分析を提供する独立系投資調査会社である。モーニングスターの特色のひとつは、投資信託やＥＴＦを過去の実績やリスクに基づいて格付けする、星の数による独自の格付けシステムである。

これらの調査会社は、様々なサブスク制度やポータルサイトを用意しており、株式の本質的価値のような基礎的な情報は無料でアクセスできる。そのため、本質的価値は無料で入手できる。もしくは、同じ情報を、ゴールドマン・サックス、モルガン・スタンレー、ＪＰモルガン・チェースといったウォール街の巨大銀行や証券会社のアナリスト・レポートをくまなく読むことで断片的ではあるが収集できる。これらの組織は、強力な調査能力と特定の業種への専門性で定評がある（それゆえ、断片的となるのだが）。

どの情報源を選ぶにせよ、株式の本質的価値を突き止めたら、あとは簡単だ。当該企業の現在の株価をその本質的価値と比較し、バリューに基づく投資判断をすればよい。

本当に、そんなに簡単なのか？

Apple社を例に見ていこう。

前述の割引キャッシュフロー・モデルを使って算定したApple社の本質的価値はおよそ一株当たり１３５・13ドルと見積もられ、現在の株価は１４１・86ドルである。これをどう解釈すればいいいか。パッと見たところ、Apple社は現在やや過大評価——ちょうど４・９パーセントだけ——されているように見える。

なるほどねえ。

私が何と言いたいか、わかるかな？

デタラメだ。

勘弁してくれ！　Apple社ほどのリソースと実績、経営知識を持つ会社に対して本質的価値を用いて今後五年間で株価がどうなるかまともな投資判断ができると思うか？

私からしたら、まったくバカバカしい。その理由をお教えしよう。

まず、この本質的価値と称する135・13ドルは、ウォール街有数の調査会社が独自のモデルに基づきApple社について算定した様々な本質的価値の平均に過ぎない。どの調査会社を選ぶかにより、この見積りは235ドルから99ドルまでばらつきがあり、Apple社の本質的価値についての正確なコンセンサスは得られない。

なぜか。各アナリスト間で結論が一致するには、余りにも多くの不確実性が伴い、また個人的なバイアスが多く介在するからだ。その結果、それぞれの結論は客観的というよりむしろ主観的なものとなり、情報に基づく投資判断をしようとするバリュー投資家にとって、意味のないものとなる。

これと同じことが、多くの巨大上場企業――特に複数のビジネスを展開し、自社の純損益に劇的な影響を与え得る新製品をいくつも並行して開発している企業――の本質的価値の平均値に言える。その理由だけでも、そのような企業の本質的価値を、合理的な投資判断を行うための根拠とするのに充分な精度で入手するのは非常に困難である。

しかし、もっと単純な企業については、これと正反対のことが言える。

単純なビジネスモデルの、成長見込みが予測可能な企業のケースでは、本質的価値を正確に算定し、それに従ってバリューに基づく投資判断を行うことがはるかに容易である。

いずれにせよ、ここで是非とも覚えておいてほしいのは、最も適した状況であったとしても、企業の本質的価値を算定するプロセスには必ず曖昧さが伴うということだ。アナリスト個人のバイアスや当該企業の将来の業績についての先入観、経営陣に対する信頼度、そしてアナリスト自身の専門分野によって、いわゆる人的要因が常に何らかの形でつきまとい、最終的な算定値が、絶対的に客観的なものというより、主観的要素を含んだものになってしまう。

したがって、Apple社については、当社の保有する莫大な無形資産――有能な経営陣や、大ヒット商品を生み出してきた長い歴史、発展を続ける利益を生み出す金融エコシステム――を考慮することなく、本質的価値と言われるものを唯一の判断材料とするのは明らかに馬鹿げている。

色々書いてきたが、**「ネットで調べろ」**。これが企業の本質的価値を算定する簡単な方法だ。

それでは、難しい方法に取り掛かろう。こちらは、本当にクソみたいに面倒だ。実際、余りに面倒臭いので、あなたが退屈な計算を延々とすることに至上の喜びを感じるマゾじゃない限り、やらないことを強くお勧めする。しかもその結果得られるのは、ネットで調べれば出てくる数字とまったく同じなのだ。

それでも、このややこしい計算について、ウォール街のアナリストたちが計算に使う主な用語や変数に絞ってざっと説明する必要があると思う。そうすれば、ＣＮＢＣに出演する投資評論家が、自分が算定した本質的価値に基づいてある企業が過大評価（または過小評価）されているかを自信たっぷりに延々と論じているのを聞いても、何を言っているのか理解できるようになるし、（滅多にないが）価値のある情報を得ることもできる。

この前提のもと、企業の本質的価値の算定には、現在の発行済み株式総数や、現在及び将来の利益とキャッシュフロー（将来の数値は、将来得るお金は現在得るお金よりも価値が低いという事実を反映して割り引く必要がある）、その他いくつもの変数――それぞれについて、アナリストごとの独自のモデルに従って適切に加重する必要がある――を扱う一連の複雑な計算を伴うことをお伝えする。

ざっくり言うと、頭がおかしくなるほど複雑だ。数十もの評価の高い機関（ウォール街にそんなものがあるとすれば）が面倒なことをすべてやった上で最終的な数値を手渡してくれるのだから、自分で計算しようなんて酔狂なマネをしたい人はいないだろう。しかしいずれにせよ、市場の仕組みと上場企業をどのように評価するかについて一通り理解するためには、いくつかの簡単な用語を知っておくべきだ。

知っておくべき「用語」は全部で四つある。

●発行済み株式総数

投資家と企業関係者が現在保有する当該企業の株式の持分総数のことであり、企業関係者に

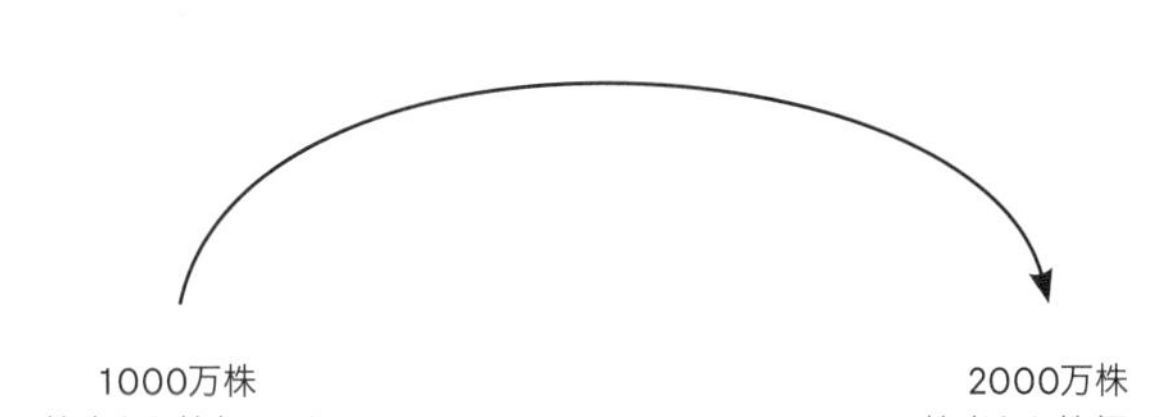

は、企業の創業者や初期の投資家、現在の経営陣が含まれる。企業の持分はそれぞれ、企業の所有権を表し、保有者に企業の利益の配分と特定の事項に関する投票権を与える。

発行済み株式総数を計算するには、個人投資家、機関投資家(投資信託や年金ファンド)、そして企業の経営陣が現在保有している企業の株式の持分をすべて足し合わせ、企業自身が株式買い戻しプログラムを通じて保有している持分を差し引く。例えば、企業がすでに発行した株式が1000万株とし、そのうち200万株を企業自身が株式買い戻しプログラムを通じて買い戻していた場合、現在の発行済み株式総数は800万株となる。簡単な計算だろう?

さらに、発行済み株式総数は株式分割によっても変化し得る。この場合、企業は既存の株主に対し追加的に株式を発行することによって、発行済み株式総数が増加する。例えば、1対2の株式分割の場合、既存の株主はそれぞれ、現在保有している一株当たり、追加的に一株受け取る。これにより、発行済み株式総数は倍になる。そして、企業の総価値は変わらないため、現在の一株当たりの株価は50パーセント下がる。1対2の株式分割のメカニズムは前ページの図のとおりである。

株式分割前と株式分割後で、企業の総価値が変わらないことに注意してほしい。言い換えると、株式分割の前と後で大して何も変わらず、名目上の違いだけである。だが、その株が投資家からどう見えるかに大きな影響を与えることもある。例えば、株価が余りに上がりすぎると、小口の投資家は乗り遅れた気分になったり、高額なために株を一定数手に入れるチャンスが非常に限定されると感じたりするようになる。その結果、企業は1対2や1対3の株式分割をアナウンスし、小口の投資家が魅力的に感じるレベルまで株価を下げることがよく行われている。

さらに、その反対も同じプロセスで行われる。例えば、株価が余りに下がりすぎると企業の取締役会は逆株式分割の実施を決定することができる。この場合、発行済み株式総数は特定の割合で減少し、株価は上昇する。例えば、ある企業の発行済み株式総数が1億株、株価が50セントだったとする。この企業は10対1の逆株式分割をアナウンスし、発行済み株式総数を1000万株に減らし、株価を5ドルに上げることができる。

もちろん結局のところ、株式分割も逆株式分割も名目上のことなので、企業の価値は変わらない。しかし、50セントの株式よりも5ドルの株式のほうが投資家から好まれやすい。なぜなら、50セントの株式はその株価そのものにより、ペニー株に区分され、マイナスのイメージを持たれるからだ。

●時価総額

時価総額は、企業の発行済み株式の価値の総額をドル建てで測定した指標である。時価総額を算定するには、現在の株価に発行済み株式総数を掛け合わせるだけである。

例えば、ある企業の発行済み株式総数が１００万株で現在の株価が50ドルとすると、その企業の時価総額は５０００万ドルとなる。また、企業の発行済み株式総数が２０００万株で現在の株価が１００ドルとすると、その企業の時価総額は20億ドルとなる。この簡単な計算式は次のように示される。

時価総額＝現在の株価×発行済み株式総数

企業Ａ：
発行済み株式総数＝１００万株
現在の株価＝50ドル
時価総額＝50ドル／１株×１００万株＝５０００万ドル

企業B：
発行済み株式総数＝２０００万株
現在の株価＝１００ドル
時価総額＝１００ドル／１株×２０００万株＝20億ドル

一般的に、時価総額の高い企業は低い企業よりも安定していて、リスクが少ないと見做される。そのため、投資家が潜在的な投資機会を識別するのに企業の時価総額を用いるのは一般的である。例えば、一部の投資家は、潜在成長力が高く、より高いリターンを生み出す可能性があるため、時価総額の小さな企業（時価総額3億ドルから20億ドル）に投資することを好む。一方で、定評があり、利益を安定的に生み出していることがすでに実績から証明されているため、時価総額の大きな企業（時価総額１００億ドル以上）に投資することを好む投資家もいる。

いずれにせよ、企業の時価総額は、発行済み株式すべての価値の総額のみを考慮していて、あなたの最終的な投資判断に大きな影響を与えるに違いない他の重要な要素は無視していることを覚えておいてほしい。

●一株当たり利益（EPS）

この指標は、企業の一株当たりの収益性を示し、企業の総純利益［企業の純利益は、企業が四半期や一年等の特定の期間に稼いだ税引後利益の金額］を発行済み株式総数で割ることで算定することができる。この数値は、企業が発行済み株式それぞれにつき利益がどれだけあるかの明確な指標として役立つ。

例えば、ある企業の純利益が１０００万ドル、現在の発行済み株式総数が５００万株だとすると、この企業のＥＰＳは2ドルとなる。また、別の企業の純利益が１００億ドル、現在の発行済み株式総数が5億株だとすると、この企業のＥＰＳは20ドルとなる。これらの計算式は次のように示せる。

ＥＰＳ＝純利益÷発行済み株式総数

企業Ａ：
純利益＝１０００万ドル
発行済み株式総数＝５００万株
ＥＰＳ＝１０００万ドル÷５００万株＝2ドル／１株

企業Ｂ：

純利益＝１００億ドル
発行済み株式総数＝5億株
ＥＰＳ＝１００億ドル÷5億株＝20ドル／1株

企業の一株当たり利益が高い場合は実質的に、発行済み株式それぞれについて多額の利益を稼いでいるということになる。また、企業の一株当たり利益が低い場合はその逆となる。投資判断を行う際にこの数値が重要なのは何よりも、企業の前年の利益（四半期のＥＰＳを分析している場合は前四半期の利益）やウォール街のアナリストたちが過去に出した見解と比較できることだ。

いずれにせよ、ＥＰＳは企業の本質的価値を算定する際に重要な要素となるが、本質的価値という巨大なパズルにとっては小さなひとつのピースに過ぎないことは覚えておくべきだ。

●株価収益率（P／E）

株価収益率は、最も一般的に使用される財務指標のひとつであり、ある企業の一株当たり利益に対し投資家が与える価値を測定するものである。

Ｐ／Ｅを算定するには、現在の株価を年間の一株当たり利益で割るだけで良い。例えば、企業の年間の一株当たり利益が４ドルで現在の株価が48ドルだった場合、投資家はその企業に12のＰ

／Ｅを「付与」していることになる。反対に、この企業の将来の成長予測や年間利益の増加について ウォール街がとても強気な場合、その企業に著しく高いＰ／Ｅ比率を付与するだろう。例えば、年間の一株当たり利益が同じく４ドルの企業に、ウォール街が25のＰ／Ｅを付与する場合、株価は現在１００ドルで取引されていることになる。この単純な計算式は次のとおりである。

Ｐ／Ｅ＝現在の株価÷１株当たり利益

シナリオ１：
株価＝48ドル
1株当たり利益＝４ドル
Ｐ／Ｅ＝48ドル÷４ドル＝12

株価＝株価収益率×１株当たり利益

シナリオ２：
1株当たり利益＝４ドル
合意されたＰ／Ｅ＝25
株価＝４ドル×25＝１００ドル

実際のところ、P／Eが高いことは、投資家たちが、その企業の将来の成長予測について強気であるため、企業の年間利益に非常に高い数値を掛けた額を支払う気があることを示す。反対に、P／Eが低いことは、企業の将来の成長能力について比較的弱気である、もしくは少なくとも消極的であるため、企業の年間利益に対しずっと低い数値を掛けた額しか払う気はないことを示す。

例えば、成長スピードが極端に速く、高い粗利と競争に強いビジネスモデルを有している企業は、成長スピードが遅く、粗利もわずかで、利益を素早く成長させる方策が見当たらない企業と比べて、一般的により高いP／Eが付与される。実際のところ、P／Eが投資家にとって重宝されているのは、特定の企業のP／Eをそれが属する業種のP／E平均と比較することで、投資家が、当該企業の収益に対し市場が付与する価値を同じ業種の他の企業と簡単に比較できるからである。

ある企業のP／Eが業種平均よりも高い場合、その企業の将来の潜在的成長力について同業種の他の企業に対するよりも投資家たちが強気であることを示す。反対に、P／Eが業種平均よりも低い場合、その企業の将来の潜在的成長力について同業種の他の企業に対するよりも投資家たちが弱気であることを示す。

さらに話を進めよう。株式市場を構成する他の業種と比較した総合的な潜在的成長力を投資家

ニューヨーク証券取引所における平均P／E

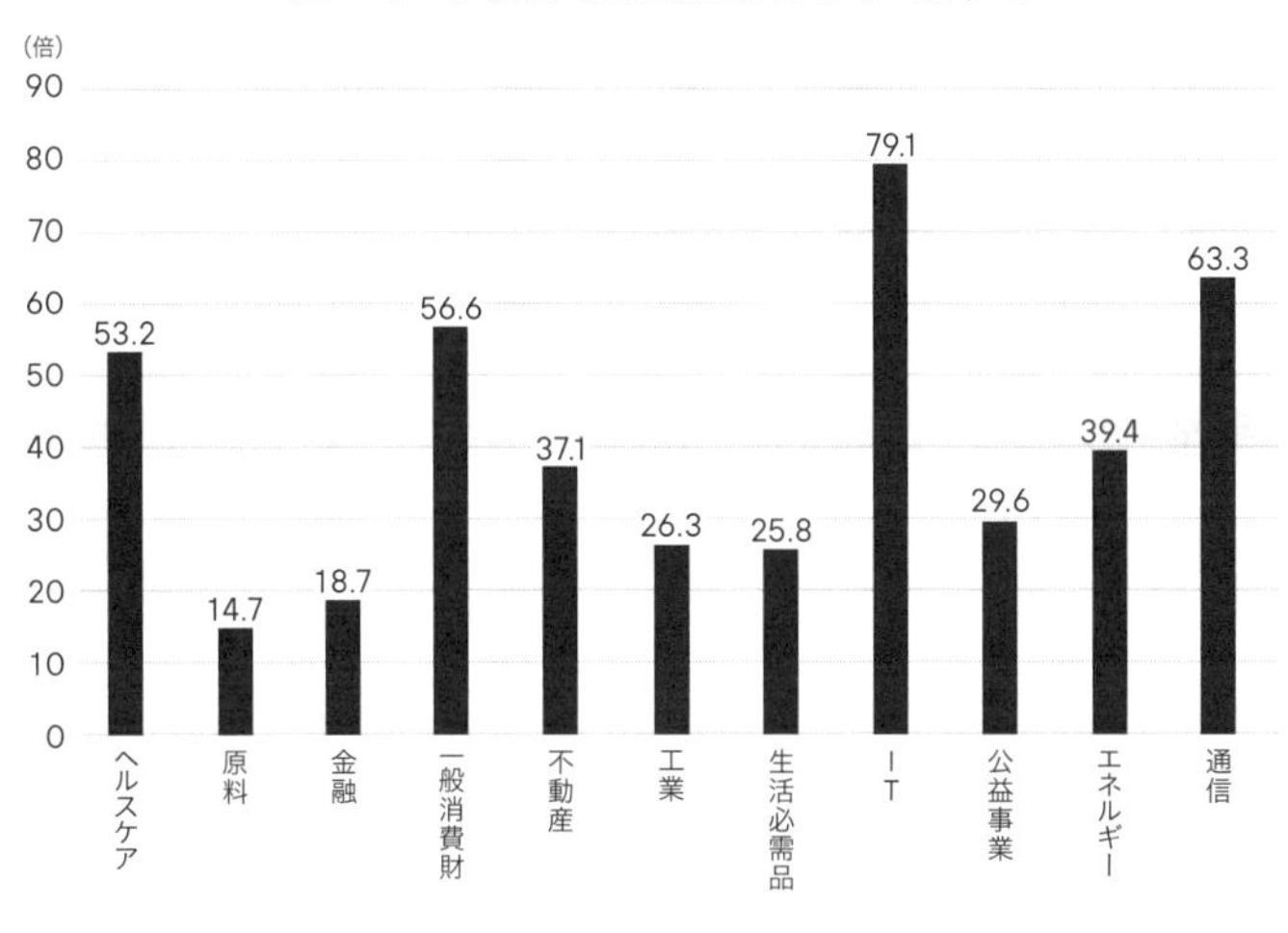

たちがどのように考えるかに基づき、業種ごとにP／E平均が市場で定められている。上の表は米国株式市場で最も大きく最も頻繁に取引されている業種の平均P／Eを比較したものである。

市場が現在、企業をどのように評価しているか、そしてその評価が今後どうなると投資家たちが考えているかについて全体像をつかむために、アナリストたちは2種類のP／Eを用いて現在と将来の潜在的成長力を評価する。

①**実績P／E**　その名のとおり、この指標は、過去12か月の企業の一株当たり利益を用いてP／Eを算定する。この場合投資家は、将来の成長についての潜在能力を測るのに、その企業の過去の業績という実績値を用いることができるため、こ

のＰ／Ｅは企業の価値を高い精度で測定するものとなる。ただし、ここには危険も潜んでいる。この指標は企業の次年度の成長を考慮していないため、企業の株価に著しい影響を及ぼし得る来年の大きな成長によるチャンスを投資家が逃す危険性がある。その危険性に対処するため、賢い投資家は投資判断をする前に次に挙げるもうひとつのＰ／Ｅにも気を配る。

②予想Ｐ／Ｅ　これにより、投資家は企業の過去の実績利益と今後12か月の利益予測とを比較することができる。すなわち、予想Ｐ／Ｅは、次年度の予測が当たると仮定した場合の企業の価値がどれだけになるかという見積りに基づく。これにより投資家が、将来その予測を達成したとしたら企業の価値がどうなるかについて、過去の実績データを超えてヒントを得ることが可能となる点でこの指標は有用である。

これらの四つの重要な指標に加えて、企業の本質的価値を算定するためにアナリストが考慮する数値は他にもたくさんある。しかし、それらについて私が長々と説明するよりも（そしてその過程であなたを死ぬほど退屈させるよりも）ベンジャミン・グレアムにその役目を譲ろう。彼の革新的な著作『賢明なる投資家』（パンローリング、土光篤洋訳）では、企業の本質的価値の算定方法についいて私などよりずっとうまく解説している。唯一の欠点は、最初の数章を読むのに、少なくとも5杯のコーヒーと特に強力な中枢神経興奮剤を1錠摂取する必要に迫られる点だ。

言い換えると、『賢明なる投資家』はためにはなるが、死ぬほど退屈で、ほとんどのバリュー投資家は居眠りしてしまうはずだ。しかしそれでも、ウォーレン・バフェットが世界有数の富豪になるための投資哲学を編み出す際にその基礎としたという事実から、バリュー投資の哲学の真髄を学びたい人にとって『賢明なる投資家』は必読の書である。

需要が増大する理由その2、良いニュースがもうすぐ出ると投資家が考えるから。

これは少し微妙な言い方である。なぜなら、「良いニュースがもうすぐ出ると投資家が考える」と「良いニュースがもうすぐ出ると投資家が知っている」とでは明確な違いがあるからだ。

「考える」場合、この投資戦略は完全に合法であるだけでなく、株式の需要が急増する一般的な理由のひとつでもある。「知っている」場合、この投資戦略は完全に違法であるだけでなく、投資家が三年から五年、刑務所に収監される一般的な理由のひとつでもある。

いずれにせよ、合法的バージョンのよくある例として、ウォール街のアナリストの予測を出し抜けると考えて、業績をもうすぐ発表する企業の株式を買うケースが挙げられる。投資家が正しければ、業績はアナリストの予測よりも良く、買い手が市場に殺到してその企業の株式を買うことになる。要は、アナリストの予測が外れることで株式が突如安売り状態となり、素早い投資家たちが市場に押し寄せ、急に過小評価状態となった企業の株を買うということだ。

投資家たちが宗教的とも言える熱心さで追いかける経済ニュースの種類はたくさんある。その一部として、初めての配当や増配の発表、買収の噂、買収の発表、新薬の治験の成功、重要な訴訟の決着、ウォーレン・バフェットやイーロン・マスクといった有名投資家の急な関与、形勢をがらりと変える契約の締結、新たな特許の承認、サブスク会員の急増などが挙げられる。他にも、様々な種類のマクロ経済的ニュース――インフレ率や失業率、金利、GDP、貿易赤字、住宅着工件数などの変動――が挙げられる。

ちょっと多すぎるかな？　もしそうだとしても心配することはない。

こんなに多様な経済ニュースがあるにもかかわらず、それらは株式に、次の2種類の方法でしか影響を与えない。

①良いニュースが出るとき　この場合、企業の価値が急増し、今や過小評価された企業の株を買うために目ざとい投資家が市場に殺到し、その結果、株価が上がる。

②**悪いニュースが出るとき**　この場合、企業の価値が急落し、今や過大評価された企業の株を売るために目ざとい投資家が市場に殺到し、その結果、株価が下がる。

株を買うタイミングについては、二つの戦略がある。

●良いニュースが世に出る前に買う

ここで重要なのは、良いニュースの影響がすでに株価に織り込み済みとなることを避けるために、そのニュースが世に出るずっと前に株を買うことである。良いニュースが出るのが近づけば近づくほど、他の投資家がそれを嗅ぎつけて買い始める可能性が高くなる。絶対的な決まりはないが、一般的な経験則として、ニュースが出る一週間前を切ると、少なくとも影響の一部がすでに株価に織り込み済みとなっている可能性が高い。

●良いニュースが世に出た後で買う

この場合、あなたと同じことをしようとする他の投資家たちと比べて、より早く市場に到着することが成功のカギとなる。モメンタム・トレードと呼ばれる競争が非常に激しいやり方で、比較的少額で短期の利益を辛うじて稼ごうとする戦略である。つまり、モメンタム・トレーダーは素早い株価の変動のほんの一部を捕まえようとする。この種の動きの素早い状況で一般の投資家たちが無一文になる傾向にあるため、私個人としては、あなたが実績のあるプロの投資家でもない限り、このタイプの短期投資戦略はお勧めしない。この典型例として二〇二一年一月に起こったゲームストップ株騒動〔オンライン掲示板Redditのフォーラム「ウォールストリートベッツ」上に集まった個人投資家たちが協力してコンピューターゲーム小売店であるゲームストップ社の株価を急上昇させた〕が挙げられる。このケースでは騒ぎに乗じた一般の投資家たちの多くが大金を失い、短期的な株式売買のリスクと市場の騒動に巻き込まれることの危険性についての反面教師となった。

需要が増大する理由その3、投資家が大馬鹿理論に従うから。

「大馬鹿理論」によれば、企業の株式の価値は、市場における最大の愚か者がその対価として支払おうとする金額である。言い換えると、ある株を買うべきか判断する際に、自分が支払ったよりも高い価格を支払おうとする他者が市場にいる限り、企業の本質的価値を考慮する必要はない、ということである。

例えば、現在20ドルで取引されている株を買おうか迷っているとする。調査の結果、企業の本質的価値を一株当たり15ドルと算定したが、市場には30ドルまで出そうという買い手がいる。あなたはこの株を買うか？

答えは、あなたがどの投資戦略を採用するかによる。

バリュー投資戦略を採用するなら、買う可能性は非常に低い。本質的価値の15ドルと現在の株価20ドルを比較し、当該企業は一株当たり5ドル過大評価されていると結論付け、この株はパスするだろう。

しかし、大馬鹿理論を採用するなら、買う可能性は非常に高い。

現在の株価20ドルと市場にいる最大の愚か者が支払っても良いと考えている価格（一株当たり30ドル）を比較し、当該企業は一株当たり10ドル過小評価されていると結論付ける。それでもまだ不安だったら、「一株当たり15ドルの価値しかない企業の株に、一株当たり20ドル支払うなんて馬鹿げているのはわかっているけれど、一株当たり30ドルを支払おうというもっと馬鹿な奴がいるとわかっているのだから、私はそれほど馬鹿じゃない。というか、むしろ賢い」と自分に言い聞かせて購入を正当化するだろう。

これが「大馬鹿理論」のあらましだ。

実際のところ、株価が急激に上がっているとき、この理論はしばしば、最大の需要喚起装置として働き、新たな買い手――馬鹿の記録を更新する馬鹿と称される――の波を次から次へと引き込む。

結果として自分が最大の愚か者にならない限り、実際に愚かではないことになる。最後の愚か者が飛び込んできて自らの運命を決する前に、参入して退出するのだから、タイミングを見る目のある機敏なモメンタム・トレーダーだということになる。しかし、自分の後を引き受けてくれる愚か者がいない場合、株価が、最初はゆっくりと、次第に、残りの愚か者たちが同時に出口に向かって殺到するのに合わせて急激に下落し始める。そして株価は本質的価値にまで落ち、そこでようやく止まる。

まるで高額を賭けた椅子取りゲームだ。音楽が鳴り止んだときに座れなかった者は、みんなの中で一番の愚か者という嬉しくない称号を頂戴する。

私はこのゲームに参加することをお勧めしないが、あなたがどうしてもやりたいというのなら、一番良いポジションを取るためのアドバイス（ウォール街の古い警句）を差し上げよう。

「牛（強気筋）も熊（弱気筋）も勝つが、豚（欲張り）は食べられる」

すなわち、急激に値上がりしている株を買おうとしているとき、始まりの終わりに参入し、終わりの始まりに退出するよう心懸けるべきだ。底値で買おうとしたり、最高値で売ろうとしたりするな。その中間を目指せば、すべてを失うことなくお金を増やすための可能な限り最適なポジションを取ることができるだろう。この具体的なやり方については、本書の第11章で解説するので、お楽しみに。

需要が増大する理由その4、投資家のセンチメントが上昇傾向にあるから。

第1章で引用した「上げ潮はすべての船を持ち上げる」というウォール街の古い格言を覚えているだろうか。

投資家のセンチメントとは、株式市場の将来の行方についての投資家の総合的な感情や態度である。つまり、投資家は市場が上がると考えているか、下がると考えているか、ということだ。経済状況、石油価格、誰と誰が戦争しているのか、数週間後に迫る決算報告、原料費の高騰、夜のニュースで聞いたことなど、他にも様々なことが背景として組み合わさり、投資家のセンチメントと呼ばれる集合意識を形作る。

市場が上昇傾向であるという総意がある場合、ウォール街はブル相場（強気）と呼び、市場が下降傾向であるという総意がある場合、ベア相場（弱気）と呼ぶ。

投資家のセンチメントを理解すると、特定の市場の出来事やニュースの発表に投資家がどのように反応するのかわかるようになり、市場で何が起こっているのかを理解し易くなる。例えば、投資家のセンチメントがポジティブだということは、投資家が将来について楽観的で、資産を買う可能性が高いことを意味し、その結果価格が上がる。反対に、例えば、投資家のセンチメントがネガティブだということは、投資家が将来について悲観的で、資産を売る可能性が高いことを意味し、その結果価格が下がる。

したがって、投資家のセンチメントが上昇傾向にある場合、「ショットガン効果」のようなものが生じ、それにより放たれた需要の大波が、文字通り数千種の株式の価格をその価値があるか否かに関係なく押し上げる。そして投資家のセンチメントが下降傾向にある場合、再びショットガン効果が、今度は逆方向に生じ、数千種の株式で売却の大波が放たれる。

この一連のショーは、家の居間のテレビでソファに座ったまま鑑賞することができる。株価の変動が特に激しい取引日にCNBCにチャンネルを合わせるだけでいい。市場が3パーセント以上急落したら、画面下部に表示されるほぼすべての銘柄の横に小さな赤い下向き矢印が付いているのが見えるだろう。そして市場が3パーセント以上急騰したら、小さな緑の上向き矢印に取って代わる。

つまり、こういうことだ。

投資家のセンチメントを知ることで、その日の市場を動かす陰の力をより深く理解することができ、それにより、より良い投資判断をするための情報が得られる。もし投資家のセンチメントを知らなければ、あなたが所有する株がなぜ上がったり下がったりしたのかわからずに、その株に対する投資家の感情が変化したせいに過ぎない場合であっても、その価格変動が企業の何らかの出来事と関係があるに違いないと考え途方に暮れることになる。

残る疑問はただひとつ。投資家のセンチメントは実際にはどのように作用するのか？

つまり、これらの余分な需要は、一体どこからやってくるのか？

これらの需要の波の裏には現実のお金があって、それらはどこかからやってくるに違いないだろう？　それは一体どこだ？　この新たなお金の出処はどこなのだろうか。

簡単に言うと、それは別の市場からやってくる。

ご存じのとおり、米国株式市場だけがウォール街の遊び場ではない。投資資本をどこで運用すべきか投資家が検討する際に選択肢となる市場は他にも無数にある。ちょっと想像力を働かせてくれ。

誰が保有しているのか（個人、企業、政府または金融機関等）、どの国にあるのか、現物として存在するか否か、などに関係なく、世界中の資産の総額を表す数値を想像してみてほしい。株式、債券、現金、年金基金、投資信託、銀行預金といった金融資産から、不動産、一次産品、貴金属、機械、家畜、サプライチェーンにあるすべての製品といった実物資産、金融機関が財とサービスを世界中で容易に流通できるようにするために創出した多様な資産（ノート、信用状〈LC〉、バンクギャランティー、サプライチェーン・ファイナンス）まで、すべての総額だ。マッキンゼー・アンド・カンパニー（一流コンサルティング会社。米政府と国内の巨大企業を説得し、アメリカ国内の製造拠点を骨抜きにし、職をすべて中国に追いやった張本人。その結果、数年間は安い労働力の恩恵を得る一方で、世界を中国に明け渡す土台づくりをした）の天才たちによれば、その額はおよそ１５００兆ドルだそうだ。

これがどれだけバカでかい数値かわかるだろうか。15の後にゼロが14個。

１５０００００００００００００００ドル。

とてつもなく大きな数だろう？

しかし、１５００兆ドルすべてがいわゆる「稼働中」の状態にあるわけではない。ざっくり言って、３分の１はすぐに売却して現金に換えられる状態にない。そこで、１５００兆ドルから３分の１を差し引くと１０００兆ドルが残る。それでもまだバカでかい数字であることに変わりはないが、これが世界の稼働中の資産の総額ということになる。

すなわち、どの時点でも、世界中の数千の銀行、証券会社、年金基金、投資信託に、１０００兆ドルが散らばっていて、これらの資産の一部を支配するお金に目ざといすべての人たちは皆、同じ目標を達成しようと頑張っている。すなわち、「支配する資産に対し最大の年間収益率を上げ、その過程で資産を失わないこと」だ。

現代では、金融システムが世界的に相互に連結していて、これらの資産は、信じられないほどの速度で常に世界中を自由に飛び交っている。毎日、何兆ドルもの資産が金融システムを通じて移動し、銀行や資産運用会社、プロの投資家などが世界中の市場でリターンが最大でリスクが最小の投資先を探し回っている。大まかに言えば、二つのチームに分かれて綱引きをしているようなものだ。それぞれのチームは、独自の投資哲学とリスク許容度を持っている。

一方は**「株式チーム」**だ。

このチームは、世界中のすべての証券取引所で取引されているすべての上場企業の株式から構成される。ニューヨーク証券取引所やロンドン証券取引所、ナスダック証券取引所、ヨハネスブルク証券取引所から、モスクワ、ポーランド、ドイツ、韓国など各地の証券取引所まで、それらで取引されている株式はすべてこのチームに入る。

あなたがどこかの企業の株を保有しているとすると、それは、その企業の「所有権」を持っていることに等しい。投資の観点から、このことは、もしその企業が好調で株価が上がれば、プラスの大きな可能性を、もしその企業が不調で株価が下がったり、倒産したりすれば、マイナスの大きなリスクを、それぞれあなたにもたらす。株主は、うまくいけば大儲けでき、失敗したら大損する。そのため、株式チームは高リスク高リターンのチームと見做される。これが株式チームだ。

そして、もう一方は**「債券チーム」**だ。

このチームは、世界中のあらゆる政府、地方自治体、企業、金融機関が発行したすべての債券から構成される。ただし債券は、発行者の所有権を表象する株式とは違い、発行者の所有権を表象しない。その代わり、将来の特定の時点（債券の償還日という）に、債券の額面金額で発行者は債券の保有者に払い戻すことを約束する。さらに、所定の金額の利息が一定期間ごとに支払われる。

投資の観点から、儲けが利息に限られるため、債券への投資は株式への投資に比べて、儲けが著しく少ない。反対に、債券が満期を迎えたら投資額をすべて払い戻すことを発行者は法的に義務付けられているため、株式よりリスクがずっと小さい。さらにほとんどの債券で、発行者は定期的に利息を支払うことが義務付けられていて、もし支払い損ねたら、保有者は発行者を訴え、破産させることもできる。

それでも、滅多にないことだが、債務不履行が実際に起こったら、裁判所は債券の保有者を優遇し、債権者の列の先頭に入れてくれるため、債券の保有者が最初に支払いを受ける。一方で株主に対して裁判所は中指を上げ、債権者の列の最後尾に回す。そのため、株主はほとんど何も受け取れない。したがって、債券チームは低リスク低リターンと見做される。発行者が何をしようと、債券によるリターンは最初から決まっていて、元本をすべて失うリスクもずっと低い。

さあ、ここで金融版綱引き大会に戻ろう。世界で今何が起こっているか――経済的、金融的、地政学的、軍事的、疫病学的に――そしてそれらの出来事がすべて組み合わさって総合的に金融システムにどんな影響を及ぼすのかにより、一方のチームの綱を引っ張る味方が一時的に増え、不公平なアドバンテージを得る。その結果、彼らが綱引きゲームの勝者となり、資産の津波がそちらの方向になだれ込む。

例えば、金利が上がるとする。債券チームはアドバンテージを得て、お金が株式市場から債券市場に流れ込む。なぜなら、投資家にとって債券の利息がより魅力的になる一方で、低リスクの恩恵は維持し続けるからだ。反対に、金利が下がると、お金は債券市場から株式市場へ流れ込む。投資家にとって債券のリターンの魅力が減り、株式市場のほうがリスクを加味しても儲かると考えるためだ。

だから、金利が上昇傾向にあるとき、お金が株式市場から債券市場に流れ込むため株式市場は下がり、金利が下降するとお金が債券市場から株式市場に流れ込むため株式市場は上がる。これは専門用語では逆相関と言われ、二つの変数の間で、一方の変数が増加すると、他方が減少し、逆に一方の変数が減少すると、他方が増加するという関係にあるということだ。

突き詰めれば、金利と全般的な投資家のセンチメントは一般的に逆相関にある。金利が下降すると、投資家のセンチメントは一般的に上昇する。逆に、金利が上昇すると、投資家のセンチメントは下降する。さらに一歩進めると、投資家のセンチメントが上向きであることは、市場のほぼ大多数の投資家が「株式のほうが債券よりも儲かりそうだぞ」と異口同音に言っていることになる。そうして、お金が債券市場から株式市場に流出し始め、その価値があるか否かを問わず数千銘柄にわたって需要の波が押し寄せる。

一般的に、投資家のセンチメントは二つのセンチメント、すなわちリスクオンかリスクオフのどちらかに行き着く。

金利が上昇し、経済の先行きが不透明で、世界全体が崩壊しそうな不況のとき、投資家はリスクオフのメンタリティを取る傾向にある。その結果、株式市場からお金が流出し、債券市場に流れ込むことになる。さらに、株式市場に留まるお金も、リスクが高く不安定な企業から、より安全な、安定した企業に動く傾向にある。

反対に、不安が少なく、経済が強く、金利が下落し、世界が全般的に安定しているとき、投資家はリスクオンのメンタリティを進め、お金が債券市場から、よりリスクが高いとしてもより高いリターンが望める株式市場に流れ込む。

株式や債券のような正反対の方向に動く、つまり一方が上がるともう一方が下がる傾向にある二つの資産クラスは、ウォール街の用語で、低相関にあると言われる。

このトピックについては、あなたの投資目標に合ったリスクとリターンのバランスを構築する際の資産配分のプロセスについて解説する後の章で、再び説明する。

以上のことを念頭に置いて、購入後40ドルから10ドルに下落した株式の問題に戻ろう。これからどうするべきか。それには三つの選択肢がある。

①株を売って損失を計上する。
②株を保有し株価が戻るのを待つ。
③さらに買い増し、難平買いをする。

答えは、場合による。

賢い判断をするためには、あなたがその株を最初に40ドルで買った時点に立ち返り、なぜそうしたのか自問することが必要となる。換言すれば、その株は現在負け犬かもしれないが、買った当初はこうなるとは思っていなかったはずだ。

その購入はバリュー投資に基づくものだったのか？　当該企業の一株当たりの本質的価値が40ドルよりずっと高いと思って、安売りに飛びついたのだろうか。

または、良いニュースが出ると思って買ったのか？

当該企業が予想以上の利益を報告したり、画期的な契約を締結したり、他の企業から買収の提案を受けたりということが行われると予想したのだろうか。

それとも、市場の気運があなたにとって逆風となり、自分自身が一番の大馬鹿の座にいるのではないかと徐々に気付き始めたところかもしれない。

この投資家版ハムレットの台詞「売るべきか、売らざるべきか」に答えるためには、「なぜそもそもその株を買ったのか」に立ち返り、次の簡単な質問を自分に問いかけよう。

「その理由は今でもまだ有効か？」

もしまだ有効なら、当初の購入理由をかき消すような他の問題が当該企業や市場全般にない限り、保有し続けたいと思うだろう。当初の理由がもう有効でないなら、同じくらい重みのある代わりの理由があるだろうか？

例えば、バリュー投資戦略に基づき一株当たり40ドルの株を購入したが、30ドル値下がりしたとする。まずすべきことは、企業のファンダメンタルズに立ち返り、本質的価値の算定が間違っていなかったか確認する。

言い換えると、本質的価値を一株当たり75ドルと考えていたのに、株価が現在一株当たり10ドルまで下落していたとすると、企業のファンダメンタルズを再検討した結果、まだ本質的価値が75ドルであると確信しているか、ということだ。

もしそう確信しているなら、さらにバーゲン価格になっているということだから、一株当たり10ドルでさらに買い増しすることを強くお勧めする。反対に、再検討の結果、企業のファンダメンタルズが最初に計算したよりもずっと低いことが判明した場合や、悪いニュースが出たせいで本質的価値が現在の株価まで下落した場合は、その株式を売却し損失を計上して、これを教訓に今後はもっと慎重に投資することを強くお勧めする。

また、その株を買った理由が、良いニュースが出ると考えたからだったら、「そのニュースが報じられたとき、何が起こったか？」と自問してほしい。プラスの影響がすでに株価に織り込み済みだったか？　または、あなたが勘違いしていただけで、そのニュースは思っていたよりも実際には悪く、その結果株価が下落したのではないか？

いずれにせよ、買った当初の理由はもう有効ではないので、その株を引き続き保有すべき他の理由がないか検討するべきだ。例えば、株価があまりにも大きく下落した結果、バリュー投資戦略に基づきその株を保有し続けるほうが良いと判断できることもある。

しかし、バリューを検討した結果、過小評価されているわけではなく、新しい良いニュースもない場合は、そんな株を保有すべき理由など、この世のどこを探してもない。その株を売り、教訓を得て、もっと良い投資先を探すべきだ。最後に、あなたがもし大馬鹿理論に基づいて株を買い、現在一株当たり10ドルまで値下がりしているとしたら、あなた自身が最大の愚か者である可能性が高まっているということだ。すぐに株を売り、出直すべきだ。

どっちにしても、「ほんの六か月前にずっと高い価格で買ったのだから、損失を確定したくない」と思うことだけはやめよう。この考え方こそが、一文無しへの一番の近道だからだ。代わりに、「新しい情報に基づいて方向転換する」というシンプルなやり方でいこう。これは人類共通の生存戦略であるだけでなく、この世界を渡り歩いていくための重要なカギである。新しいことに挑戦すれば、最初はつまずくこともある。そんなときは新たな情報に基づいてアプローチを変え、再びチャレンジすればいい。

この手順を何度も繰り返せば、きっといつかは成功するはずだ。このプロセスは、自分が今何をしようとしているのか、そこでは物事がどのように動いているのか、なぜそうなのか、どのようにそうなったのか、それらを理解することから始まる。

そのためにも、これから狼流（ウルフ）の歴史の授業を手短にやりたいと思う。

第3章 アメリカ版バブル製造機

The Great American Bubble Machine

ウォール街の狼(ウルフ)である私が、本当に頭に血がのぼると、思わず牙を剝いてしまいたい衝動にかられると言っても驚かれないだろう。今回私が怒りに我を忘れ、野生の血を蘇らせた原因は、ローリングストーン誌で読んだ1本の記事だった。

投資ジャーナリストであるマット・タイビが二〇一〇年に書いた「アメリカ版バブル製造機」(原題「The Great American Bubble Machine」)という記事［https://www.rollingstone.com/politics/politics-news/the-great-american-bubble-machine-195229/amp/］は、世界最大で最強、そして最も冷酷な投資銀行ゴールドマン・サックスの悪事を暴くものだった。この記事はゴールドマン・サックスを「金の匂いのするものなら手当たり次第に触手を伸ばす人間の皮を被った巨大吸血イカ」になぞらえている。

9800語にわたるこの記事は、衝撃的で冷徹で、そして徹底的に怒りを誘うものである。余りにも怒りを催すため、この記事をきっかけに当然行われるべきである刑事告発はさておき、小説『フランケンシュタイン』ばりに怒れる庶民が松明(たいまつ)と鋤(すき)を掲げて貪欲な奴らをリンチするためウォール街を行進する、といった光景が誘発されなかったことが未だに不思議だ。この記事は、貪欲さと腐敗がいかにレベル違いで、システム化され、そして巨大なスケールだったかを記しており、証券詐欺と資金洗浄の罪で牢屋に入った『ウルフ・オブ・ウォールストリート』のウルフである私でも、この記事に書いてあるようなことが現実にあり得るのかすら想像できなかった。

私はこの記事が出てすぐに読んだが、皮肉なことにそのときはこうした感情は起こらなかった。なぜかは説明し難いが、当時はまだ私自身がウォール街でやらかしたことと折り合いをつける最中であり、正当な怒りを持てる状態でなかったせいでもあるだろう。しかし十二年が経ち、十年以上善行を重ね、俯瞰的に物事を見られるようになった今、まったく違う感情を抱いている。私がかつてやらかしたことは確かにひどいが、それでも私は、ゴールドマン・サックスという大ボス狼から横取りしようとする、いや彼らの残飯を漁る青二才の狼に過ぎなかった。

ローリングストーン誌の記事を半分も読まないうちに、私はウォール街版『ゲーム・オブ・スローンズ』を読んでいるような気がした。

ウォール街版では、慈悲深いタイレル家のオレナが世界全体を表している。一方、ゴールドマン・サックスは邪悪なラニスター家のサーセイ王妃である。物語が進むと、ずる賢くて抜け目のない、世界有数の策略家であるオレナは、自分の家を守るために思いつく限りのことを何でもやったが、最終的に最もずる賢く、抜け目のない、誰よりも悪女のサーセイ王妃に敗れる。

オレナはなぜ負けたのか。

彼女が独特の語り口で言うとおりだ。

「想像力が足りなかった」

つまり、裏切りと策略、そして不正に満ちたオレナの暗黒の想像力をもってしても、サーセイ王妃が体現する純度１００パーセントの悪を想定することはできなかったのだ。

そして、オレナはサーセイ王妃の双子の弟、ジェイミー・ラニスターの手で殺される。

ドラマの喩えはさておき、ここでひとつ重要な点をあなたと共有しておきたい。私はあなたにウォール街を今以上に憎んでほしいと思っているわけではない。また、ウォール街で働いている個人を憎んでほしいわけでもない。実際、私にはウォール街で働いている親しい友人が今でもいる。彼らは信頼できるとても良い人たちだ。もちろん、だからといって彼らに私のお金を管理させる気はさらさらない。この本を読み終えればあなたも、彼らにお金を管理してもらう必要はなくなるだろう。

ここで強調したいのは、この種の巨大でコントロール不能な組織は大抵の場合、末端の従業員ではなく、自分たちは法の適用外だと思っている倫理的に破綻した少数のトップのリーダーたちに問題があるということだ。

このことを念頭に、これから数ページにわたって、ウォール街がいかにして、一般の投資家をこれまで百年間カモにし、今もなおそれを続けているのかお見せする。ウォール街がどのように始まったのか、そしてどこで道を踏み外したのかに遡り、どのようにして今でもウォール街があなたのお財布からお金を抜き取り続けているのか、それを簡単に回避する方法と最終的にウォール街が仕掛けたゲームで彼らを打ち負かす方法を提示する。

なんとも悲しい話だが、過去四十年にわたり、ウォール街は一度ならず二度、いや四度も世界を崩壊の淵に追いやっている。そう、四度もだ。そして彼らはこれからも何度も何度もやるつもりだ。

彼らは絶対にやめようとはしない。

なぜか。

彼らを止められる者がいないからだ。

「巨大吸血イカ」ことゴールドマン・サックスをはじめとするウォール街の大銀行の幹部連中は、ワシントンの政治家たちとの不適切な関係を強固にしている。これらの政治家たちは、自分たちの金庫に何十億ドルもの大金が流れ込む限り、ウォール街の幹部たちが世界の金融をめちゃくちゃにしても、お咎めなしでいる。これは互いにウィンウィンの関係だ。

私が大げさに言い立てていると思うだろうか?

過去四十年間に彼らは、アイスランドを破産させ、ノルウェーを危機に陥れ、ギリシャを破壊し、ポーランドを荒らし、アルゼンチンを略奪し、ヨーロッパを骨抜きにし、ウクライナのはらわたを抜いて、メキシコを辱め、英国を裏切り、商品市場を腐敗させ、ナスダックをつり上げたうえで売り逃げ、貯蓄貸付組合危機をもたらし、地球温暖化をマネタイズし、中国に味方した。

そして何より、二〇〇八年には、誰もが鉄壁で守られていると思っていた国――そう、アメリカ合衆国だ――が破壊されるとき、その現場のすぐそばに居合わせた。なぜなら、彼らこそがその破壊を行った張本人だったからだ。

ここで大真面目に問わなければならないのは、「世界中のどの国がウォール街でデモ行進しようとしても阻止するだけの強力な軍事力がある国を破壊しようと試みるとは、一体どんな邪悪な奴らか?」ということだ。

まったく常軌を逸している。

しかし事実、二〇〇八年九月十六日、リーマン・ブラザーズが破綻し、1兆ドル相当の住宅ローンが轟音とともに弾けて蒸発してしまったその翌日、お金を引き出そうと近所のATMに行ってキャッシュカードを差し込み、暗証番号を打ち込んでも、プッという気の抜けた音とともに次のような身代金要求の手紙が出てくるだけ、という状況にあとちょっとのところで行くところだった。

親愛なるマヌケな預金者さんへ

そう、噂は本当でした。我々、ウォール街の欲深い奴ら、すなわちあなたが愚かにも大事なお金を預けた銀行のCEO連中はとうとうやっちまいました。

我々はぜーんぶ盗んじゃいました。

あなたの、そしてすべてのアメリカ人の銀行口座にはもう何も残っていません。なぜなら、あなたの懐から我々の懐へ、ごっそり全部移してしまったからです。

そして我々、ウォール街のすべての欲深い銀行幹部たちはあなたとあなたが愛する人々から豊かな将来を奪い、高級リゾート地の別荘や高級ヨット、自室に飾るための超高額な芸術作品、そして地球温暖化会議に出席するための燃料を大量に食うプライベート・ジェットに使い果たしたため、あなたにお返しできるのは、我々がおっ立てた中指だけです。

だからおとなしくおうちに帰って、ショットガンに弾を込め、来るべき略奪に備えなさい。

もしくは。

受話器を取り、電話番号を打ち込みなさい。

下院議員、上院議員そしてアメリカ合衆国大統領ジョージ・W・ブッシュに電話して彼らに伝えなさい。腰巾着ハンク・ポールソン「訳注：世界金融危機当時の米財務長官ヘンリー・ポールソン」や金刷り議長ベン・バーナンキ「訳注：世界金融危機当時の連邦準備制度理事会（FRB）議長」を締め上げて財務省や連邦準備制度理事会に圧力をかけ、我々を救済させるように、ってね。さもなくば、あなたの生活は一変してしまうだろう。

我々は1兆ドルを要求する。結果に責任を負うことなく、電信振替で。さらに、連邦準備制度理事会から無条件で特別融資を受けられるようにすること。秘密の割引窓口を通じて四六時中、我々の好きなだけ、我々の好きな期間、利息ゼロで借りられるように。そしてもうひとつ。世界の金融システム全体を破綻に追いやったのは我々のせいだということは重々承知しているが、今後も我々はいかなる支配も受けるつもりはない。特に、我々の桁外れの高額な報酬を制限するなんてことは、断じて受け入れるつもりはない。我々の年間報酬を1ペニーでも減らそうなんて気を起こさぬよう。

敬意も悔恨もこれっぽっちも持ち合わせてないCEOより

追伸
ハンク・ポールソンやベン・バーナンキがこれらの法外な要求に応じないかも、などという懸念は無用です。彼らは我々と同じようにかつてゴールドマン・サックスに勤務しておりまして、いわばお仲間なのです。彼らは、嫌々やっているように見えたらそれでいいのです。そして、二人は議会に行き、自分たちは救済には不本意だと議員たちに言えばいい。彼らは崖っぷちに立たされていて、救済するほか道はないのだと、みんなに思わせればそれでいいのです。

良くも悪くも、事態はこうはならなかった。
こんな身代金要求の手紙の出番はなく、連邦政府の要人たち――米財務省のハンク・ポールソン、連邦準備制度理事会のベン・バーナンキ、そしてブッシュ大統領とそのホワイトハウスの取り巻きたち――が密室で集まり、汚れ仕事をやってのけたのだ。結果、少なくとも一時的にウォール街を救済し、世界の金融システムを正常化するために全米の納税者が1兆ドル超を支払った。

それでウォール街は礼を言ったか?

まさか!

実際、彼らの貪欲に歪んだ身勝手な観点からすると、あなた方庶民こそが、彼らに礼を言うべきなのだ! 結局のところ、彼らが日々ウォール街で大変な骨折り仕事(当時ゴールドマン・サックスのCEOだったロイド・ブランクファインはこれを「神の御業(みわざ)」と呼んだ)をしていなければ、この我らのちっぽけな資本主義ユートピアは、今あるような豊かさと繁栄にまったく到達できていなかっただろう。確かにそうなのだ。資本主義経済が繁栄するためには、きちんと稼働している株式市場と、返済能力がある借り手に貸し付けを行う信用できる銀行システムが必要である。だがしかし、ある大きな組織で重要な役割を担っているからといって、その組織自体が弱体化して死ぬまで内側からゆっくり蝕(むしば)む権利があるわけではない。

これとよく似た病気がある。身体のある重要なシステムのひとつの細胞が、普通ならコントロール不能に成長するのを阻止する正常な免疫システムを、なんとかして侵食する。癌だ。切除しなければ、最後には命取りになる。

残念なことに、ウォール街の免疫システムの役割を果たすべき連邦取引委員会（ＦＴＣ）でさえ、過去五十年間、裏金による献金と政治的内紛の組み合わせで懐柔されてきた。大げさだと思うなら、議会中継を十五分ほど見てほしい。アメリカ社会を守ろうとするほんの一握りの正直な政治家でさえ、さんざん買収され金のためなら何でもする党員たちの大声に圧倒されている。ウォール街のロビイストから膨大な裏金を得て、議論は極論に差し替えられる。極左が極右を非難し、極右が極左を非難する。そして結局、90パーセントの国民の総意はその中間にあるにもかかわらず、現状が維持され、ウォール街が勝つ。

あなたが言いたいことはわかる。

「ＦＢＩはどうした？　彼らは悪者を捕まえられるはずだ。だって、ジョーダン、君自身もＦＢＩに捕まえられたじゃないか。ひとりの特別捜査官の粘り強い信念で君を懲らしめることができたんだから、ＦＢＩのトップが弱腰だとしても、誠実な現場の捜査官はこんなこと、決して許さないはずだ！」

部分的にはそのとおり。確かに現場の捜査官は立派な人たちだ。しかし残念ながら、彼らは力が足りない。

ウォール街の巨大金融機関が献金によって想像をはるかに超えたレベルの政治的な影響を及ぼすことを許す腐敗した選挙システムと、その盗みの手口の複雑さ——底深さと幅広さ、そしてそれが何年にもわたって行われてきたということ――が組み合わさって、どんなに情熱的な検察官でも、ウォール街の犯罪を陪審員に合理的な疑い以上に立証することは不可能なのだ。

アメリカ政府も財務省も連邦準備制度理事会も、成長しきった吸血イカの子供たちなのだ。訓練を受け、母イカに利益を回すために野に放たれ、戦略的に権力の座に据え置かれている。悪者が司法制度を含むすべてを支配しているなんて、B級映画の安っぽいシナリオみたいだ。でもB級映画だったら、ひとりの勇者が真実を明らかにしたり、悪者を退治したりするはずだ。

皮肉なことに、ここで立ち上がったのはひとりの「勇者」ではなかった。数千人の人々が立ち上がり、「ウォール街を占拠せよ」と呼ばれる運動が巻き起こったのだ。

実際、二〇一一年に2万人の怒れる市民がウォール街を行進して変化を要求した。彼らはそこで寝泊まりし、バーベキューをし、音楽を演奏し、ウォール街を非難する気の利いたプラカードやスローガンを作った。そのすべてが報道された。

しかし残念ながら、五十九日後、事態が何も変わらないまま彼らは飽きてウォール街を去った。「勇敢な」占拠者たちが怠惰で統率が取れていなかったため変化を起こせなかったのか、ウォール街の悪者たちが余りにも強く、またワシントンの仲間たちから手厚く守られていたせいなのか、すべてが終わった後、何事もなかったかのように現在に至る［占拠者たちの名誉のために言い添えると、ニューヨーク市警は公園の規則に反するテントを排除することができるため、一時的に立ち退かせるだけだと主張して彼らが寝泊まりしていた公園に奇襲をかけた。数時間後には戻れると占拠者たちは警察から伝えられていたが、テントは奪われ、祭りは終わった。それと同時に、アメリカ国内の別の場所に住む人々にとっても、抗議を続けるのは難しくなった。これが主な原因となり占拠運動は終わった］。

30兆ドルもの記録破りの公的債務残高、徹底的に骨抜きにされた製造拠点、一九七〇年代以来最高のインフレ率、そして竜巻のスピードで回転して人事交流が行われているワシントンとウォール街の間の回転ドアなど、アメリカは、借りたお金で残りわずかな余生を辛うじて生きているステージ4の癌患者に見える。

しかし、私はまだアメリカを諦めるつもりはない。

アメリカで生活し、働き、ビジネスを始める一般市民はへこたれない力があるだけではなく、(50か国以上で企業家の個人指導を行ってきた私が)世界中どの国でも見たことのない起業家精神も持ち合わせている。アメリカ人は戦わずして負けることはないと信じていい。彼らは必死で叫んだり暴れたりするだろう。その上、組織が大きければその分、滅びるのにも時間がかかる。ローマ帝国が完全に消滅するのに五百年かかったことを考えると、最盛期のローマ帝国に比べてもずっと巨大で豊かなアメリカ合衆国は、本当にヤバいことになるまで、優に数百年は猶予があるだろう。

いずれにせよ、それがいつか正確にはわかりようがないのだから、あなたへの最善のアドバイスは、そのときが来るまで、法を破ることなくできるだけたくさんのお金を稼ぎ、この本に書かれている戦略に従って賢くそのお金を投資することだ。

それを念頭に置いて、狼(ウルフ)流のウォール街の歴史に飛び込もう。

第4章

ウォール街の歴史

A Brief History of Wall Street

映画『マトリックス』をご覧になったことがあるだろうか。

もしまだなら、名作なので是非観ることをお勧めする。

開始三十分程度のところで、主人公ネオがそれまで現実だと思っていた世界は実際にはすでに存在しないという事実を納得させるために、モーフィアスがネオを仮想現実の中に案内する強烈なシーンがある。暴走した人工知能によって引き起こされたディストピア的な悪夢の中で、世界はロボットの軍隊により破壊されていたのだ。機械が賢くなり、人間に歯向かったところから問題が始まった。そのうち、機械は核兵器を発射し、世界を滅茶苦茶にした。

結局、機械が人間に勝利し、世界は住めない状態になってしまった。さらに悪いことに、数少ない残された人類は、これらの邪悪な機械に無慈悲に狩られていた。

なんとも悲惨としか言いようがない状況だ。

とにかく、この場面の終わりにかけて、モーフィアスはネオに、映画のタイトルの由来となる答えが自明なあの問いを投げかける。

「マトリックスとは何か？」

モーフィアスは続けて言う。

「支配だ。マトリックスは我々人間を支配するためにコンピューターが作りあげた夢の世界だ。人類を『これ』にしてしまうために」

彼はデュラセル製単2電池を掲げ、機械に電力を供給するための巨大なバッテリーに人類を改造してしまったという悲しい現実を示した。

繰り返すが、なんとも悲惨としか言いようがない状況だ。

ここで、モーフィアスがネオに投げかけた問いのウォール街版をあなたにたずねよう。

「ウォール街手数料搾取マシーンとは何か？」

私の答えは、モーフィアスと同じ単語、「支配」から始まる。

しかし、そこからが映画とは違う。

自らの帝国の電力源とするために我々を電池に変えようとする機械が悪役である『マトリックス』と異なり、ウォール街手数料搾取マシーンはウォール街と政界、そして経済メディアがグルになって、我々をおとなしい羊に変えてゆっくりと皮を剝ぎ、最後は切り刻んでラムチョップにしようとしている。

これがウォール街手数料搾取マシーンの正体だ。

マトリックスと同様、このシステムは我々の周囲に張り巡らされている。

CNBCやブルームバーグ・ニュースといった主要なテレビ・ネットワーク、ウォールストリート・ジャーナル紙やフォーブス誌といった高名な経済専門の紙媒体、ロイターやザ・ストリート・ドットコムといった人気金融ウェブサイト、イー・トレードやチャールズ・シュワブ、インタラクティブ・ブローカーズのようなオンライン証券取引プラットフォーム、銀行、証券会社、ファイナンシャル・プランニング事務所、保険代理店、ヘッジファンド、投資信託、そしてそれらに雇われてそれらを機能させている人たちから構成されるウォール街手数料搾取マシーンは四六時中、あなたの耳元に真実交じりの嘘やまったくのデタラメを浴びせ続けている。しかも、厳しく監視しているはずの米国証券取引委員会は白昼堂々と行われているこの盗みに目をつぶり、好き勝手にさせ続けている。

この排他的な関係がどのように発展していったのかを理解するためには、そもそもの始まり――一六〇〇年代、アメリカがまだ植民地だった頃――に時を戻す必要がある。今のおぞましい姿から容易に想像できるように、ウォール街の歴史は長く醜いものである。まずはマンハッタン南端部の長く狭いこの通りの名前の由来から始めよう。

一六四二年、キーフという名の邪悪なオランダ人が友好的なアメリカ原住民の村で虐殺を行おうと決意する。その日の朝、キーフは友好のしるしとして彼らと同じパイプで煙草を吸ったばかりだというのに。その結果、キーフは「恐ろしい」原住民の報復を防ぐために砦（とりで）となる壁を築かざるを得なくなった。表面を粘土で固めた木製の要塞の姿をしたこの壁は、マンハッタン最南端に位置し、東西約700フィートにわたって海岸から海岸へとそびえていた。

その後五十年間、ニューアムステルダムのこの「壁沿いの通り（ウォールド・ストリート）」は比較的平穏だった。この壁によりオランダの支配地域が区切られ、オランダ人はそこに広場や集会場、そしてもちろん売春宿を建てた。

一六七六年にイギリスが支配権を獲得すると、この都市の名をニューアムステルダムからニューヨークに変え、「ウォールド・ストリート」をウォール街（ウォールストリート）と呼んだ。

それからこの街がダークサイドへと舵を切るのに長くはかからなかった。

始まりは一七一一年、ウォール街は新世界で初めて開かれる奴隷オークションの会場に選ばれ、その分け前を得た。その後間もなく、地元の投機家たちが奴隷オークションに参加し、壁に守られる形で互いに株式を取引し始めた。彼らが何を投機していたのかは定かではないが、それらの取引のほとんどは、オランダ西インド会社、ニューヨークの大手銀行や大手保険会社といったほんのわずかな企業の株式に限定されていた。

その後、百年間、そこで取引される企業はどんどん増えていったが、きちんとした統制はなく混沌としていて、統率する機関も公の規則もなかった。

そして一七九二年、ニューヨークで最も豊かな株式ブローカーと商人の小さなグループが、排他的なクラブを作って、人気のある企業の株式を買いたい者は必ずそこを通さなければならないようにすれば大金が手に入ると気付いた。

公正を期して言うならば、彼らがそれを閉鎖的なグループに組織したのには、金儲けだけでなく合理的な理由もあった。

今でさえウォール街に不正があるのだから、一七〇〇年代のように規制やコンピューター、電話、電報など何もなく、大西洋の向こう側から来た移民が毎日1000人も下船してくるような、誰が善人で誰が悪人かわかりようがない状況を想像してみてほしい。

そのため一七九二年、旧世界である欧州のやり方を踏襲し、ニューヨークで最も裕福な商人と株式ブローカーの24人からなる小さなグループが秘密の会議を行い、単純な計画を練った。この計画は短い手書きの協定書に結実した。しかし、この簡潔な協定はそれでも充分すぎるほどだった。

我々、この公開株式を売買する署名者、ブローカーは、本契約書によって、互いに厳粛に約束し誓約する。我々はこの日以降、誰であろうとどんな株式であろうと、正金価値の0・25パーセント以下の手数料で取引は行わないこと、そして交渉によって互いに優先権を与えること。

一七九二年五月十七日、ニューヨークにおいて、この証言に署名する。

興味深いことに、この協定はそこに書かれていることのせいではなく、故意に書かれなかったことのせいで、力を持つことになった。つまり、今後、彼ら24人のメンバーが取引する価値があると見做すすべての企業の株式の市場を、彼ら自身が独占するということだ。

実際、この協定は「みなさんには悪いけど、我々は株式市場全体を公的に乗っ取ったよ。買う価値のあるあらゆる企業の株式はすべて、我々の仲間内の支配下にあるので、みなさんは手も足も出せない。今後、これらの株式を売買したいなら、我々メンバーを通じ、手数料を支払え」と言っているのも同然だった。

この合意はそこに書かれている二つの事項に加え、三つのことを規定している。

①クラブのメンバー間でのみ取引を行うこと。
②クラブのメンバーは他のメンバーに対し、あらかじめ定められた同一の手数料を課さなければならない。
③クラブが管理するいかなる株式も、それらを売買したい者は常に、クラブのメンバーの誰かを通じて行い、より高い手数料が課される。
④この部外者に課されるより高い手数料は、利益を最大化し、競争を回避するよう定められた一定の比率で固定されている。
⑤既存のメンバー全員の合意がない限り、新たなメンバーのクラブへの加入は認められない。

ウォール街68番地に立つスズカケの木の前で調印されたため「スズカケ協定」の名で知られるこの短い協定は、一八一七年にニューヨーク証券取引所理事会（New York Stock and Exchange Board）となるものの基礎を築いた。その後一八六三年に名前が短縮されニューヨーク証券取引所（New York Stock Exchange）となり、現在に至る。

スズカケ協定の調印からニューヨーク証券取引所に正式に改名されるまでの七十一年間に、アメリカ合衆国は青二才国家から工業大国へと変貌し、ウォール街はその金融の中心となった。ウォーバーグ家やロスチャイルド家といった旧世界の名家の莫大な富をヴァンダービルト家やロックフェラー家が率いる新世界の実業家に繋げることで、新しいタイプの特権階級が突如生み出された。

出自により階級が決まるという数世紀前のルールが残る旧態依然とした旧世界と違い、ウォール街の銀行家と生き馬の目を抜く企業家が支配するこの素晴らしき新世界では、ルールその1は「そもそもルールなどない」ということである。そして、ルールその2は「善悪を分けるのは、捕まるか捕まらないか」だった。

例えば、違法であるにもかかわらず、ニューヨーク証券取引所のフロアでは、インサイダー取引や市場の買い占め、偽造した株式証書の販売、役人の買収、株価を操作するためのニセのプレスリリースなどは日常茶飯事で、本当に大変なことにならない限り、お咎めなしだった。言い換えると、市場がクラッシュし不況に突入してしまうほどの大パニックを引き起こすほど盛大にやらかさない限り、法は執行されず、株式市場の詐欺はうやむやにされてきた。滅多にないことだが盛大な大失態が行われたときは、責任をおっ被せる生贄（いけにえ）が差し出された。

確かに、この生贄には罪があり、罰金や収監などを科されるだけのことはした。しかし、スズカケ協定の規定により、彼らが単独でそれらの罪を犯すのは不可能だったはずだ。ニューヨーク証券取引所のメンバーが積極的に関与しない限り、詐欺を行えるはずがないのだ。関与したメンバーはその犯罪で生贄よりもずっとたくさん儲けたにもかかわらず、数年間投獄され名声も失う生贄とは違い、軽いお仕置きもされず、名声に傷が付くこともなく済んでしまう。

企業について言えば、猛烈な速度で事業を立ち上げる起業家たちの非道徳的な行為は、ウォール街の奴らと同程度にひどかった。しかし、彼らは二つの点でウォール街の連中とは違う。

- 他人のアイデアに乗っかり株の売買で手数料を稼ぐのではなく、彼らは実際に国を創った。
- 彼らは莫大な価値を生み出し、その恩恵の大部分は彼ら自身が享受したものの、その一部は国民全員が享受した。

企業家たちが彼らの帝国をどのように築き上げたかについて、あなたがどう思うかは別として、アメリカという国を創ったのは、彼らだ。蒸気船から鉄道、油田、製鉄所に至るまで、これらの新しい産業の事業主たちは、新しいタイプの無慈悲な起業家であり、数百万もの職を創出し、莫大な価値を生み出した。そして事業の拡大や研究開発、雇用の拡大、競合他社の買収などのため彼らが融資を必要とするときは必ず、ウォール街23番地にやってきて、すべてを支配するひとりの強大な銀行家と面会した。

彼の名前はJ・P・モルガン。

恐竜を絶滅させて人類が繁栄するきっかけとなった、地球に激突した巨大な隕石のように、J・P・モルガンは、他の腐敗した銀行家や政治家、そして貪欲な株式ブローカーを全員合わせたよりもずっと大きな影響をアメリカの金融システムに与えた。

連邦準備制度創設の陰の立役者であるほか、鉄や石油、鉄道の分野で巨大独占企業を築き、市場でパニックを起こしてはそこに介入して救済するという離れ業を芸術の域にまで高めたJ・P・モルガンは、状況によって、最大の友にもなれば、最悪な敵ともなった。

だが、J・P・モルガンの素晴らしい業績をもってしても、ちょうど同時代の、ある二人の若者のほうが、結果的に現代により重要な影響を及ぼすこととなった。彼らの名はチャールズ・ダウとエドワード・ジョーンズだ。

信じられないかもしれないが、一八八八年までは、株式市場や経済の大まかな状況を簡単に知るすべはなかった。例えば、市場がどうなっているか知るためには、ニューヨーク証券取引所で取引されている企業の個々の株価をいちいち調べなければならなかった。当時、上場企業は全部で１２０社あり、これは容易ではなかった。

当時のテクノロジー――ストックティッカーと呼ばれる機械により電信線を介して株価が送信され、紙テープに印字された――では、たとえ1社分でさえ最新の株価を知るのは一苦労だった。そんな状態なのに、すべての企業の株価をいっぺんに知り、市場がどこに向いているのか、そして今は投資するのに良い時期なのかを理解しようとするのは、難しいなんてものではない。絶対に不可能だった。

一八八八年までは。

チャールズ・ダウとエドワード・ジョーンズはアメリカの大企業から選んだ数社の株価の平均値を計算し、市場全体の動きの指標とすることで、この問題を解決した。この指標にアメリカ全体の経済を反映させるため、二人は、原材料を供給する工業会社を選んだ。

ゼネラル・エレクトリック、アメリカン・タバコ、アメリカン・シュガー、USラバー（ゴム）、テネシー・コール・アンド・アイロン（石炭製鉄）、USレザー（皮革）、アメリカン・コットン・

オイル（綿実油）、ノース・アメリカン、シカゴ・ガス、ラクレード・ガス、ナショナル・リード（鉛）、ディスティリング・アンド・カトル・フィーディング（蒸留と畜産飼料）の12社の株価を足し、12で割ることで平均値を算出した。

チャールズ・ダウとエドワード・ジョーンズは「慎ましい」男たちだったので、この新しい指標に自らの名を冠し、「ダウ・ジョーンズ工業株価平均」（略してダウ）とした。

各取引日の終わりに、彼らはこの簡単な計算を行い、その結果をその日の市場の出来事の簡単なまとめを付して、まだ始めたばかりの通信社ダウ・ジョーンズ社を通じて報じた。

その日ダウが上がったら市場は強気、ダウが下がったら市場は弱気だとした。

創刊したばかりの新聞が、市場の状況を示すひとつの簡単な数字を掲載するだけで利益を生むようになるまでそれほど時間はかからなかった。そして一八九六年にはウォールストリート・ジャーナル紙が朝刊の第一面に前日のダウの終値を掲載するようになる。このようにして世界初の広く活用される株価指数が誕生した。

ダウ・ジョーンズ社にとって、絶好のタイミングだった。

南北戦争後の数年で合衆国は農業国から工業大国へと様変わりし、十九世紀の終わりが近付くにつれ、ウォール街と米国経済はどちらもかつてないほどの好景気に沸いた。

それは発明の時代だった。

トーマス・エジソンやニコラ・テスラらが現代の魔法使いとして活躍し、電気の驚異が何もかもを変えた。電灯や電話、ラジオ、冷蔵庫、自動車など、アメリカがビジネスのやり方を変えていた。また人口も驚異的に急増した。一八〇〇年代初頭以降、移民の波は何度かあったが、当時はかつてない勢いの大波が押し寄せていた。

それはシンプルな選択の結果だった。抑圧的な階級制度がはびこり、経済的に成功するチャンスに乏しい旧世界に留まるか、もしくは健康と幸福そして利益の追求を約束する新世界に夢を抱いてウォール街のすぐ南のエリス島［訳注：かつて合衆国移民局が置かれていた］に上陸するか。

ウォール街はいつもの両義的なやり方で、次の二つの相反するように見える活動を同時に行うことで、かつてないスケールで荒稼ぎした。

- 好景気に沸く国家の成長に融資し、アメリカンドリームの基礎を築いた。
- 自身が築くのを助けているまさにその国家から金を吸い上げて、財政を滅茶苦茶にした。

その結果、にわか景気と不景気のサイクルを繰り返すのが日常と化し、ウォール街の銀行のトップはそれらを陰で指揮していた。操り人形の人形遣いのように、彼らは国家の上空に漂って糸を引いていた。アメリカンドリームをその舞台に、起業家をスターに、新株を小道具に、投資家をエキストラに、そして株式市場と銀行システムを見えない糸にして。

あらゆることが起こるのに絶対に何も変わらない、いつまでも続くお昼のメロドラマのように、この人形劇の二人の主役、好景気君と不景気ちゃんは永遠に追いかけっこをしている。同じ間違いを何度も何度も繰り返しながら。

この人形劇はひどい悲劇だとも言える。

幕が開くと、急激な発展を遂げている国が登場する。国民が望むあらゆる利点――莫大な天然資源、肥沃な土地、過ごしやすい気候、外国による侵略から守られた地形、自由と資本主義を保障する憲法――に恵まれた国。もっとよく見ると、経済成長や株式市場の興隆、そして将来はもっと良くなるという雰囲気を、みんな楽しんでいるようだ。

そして、どこからともなく、何の明確な理由もなく、突然みんなが不合理な活力にみなぎり、乱暴な投機に走る。その結果、株式市場にバブルが生まれ、それがどんどん成長して新たなペテンが仕掛けられると突然弾ける。投資家たちは自分がペテンに取り囲まれていたことに突如気付き、一斉にパニック状態になり、株式市場は急降下し、富は蒸発する。それらが引き金となり、絶望に満ちた不況が始まる。

その間、いったい何がまずかったのか、人形遣いを除いて誰にもわからない。ある日突然、銀行が貸し渋り、消費者は買い控え、店がつぶれ、そして日に日に経済が悪くなっていく。暗い雲が国を覆い、霧のように重くのしかかる。終末の到来だ！　金融版アルマゲドンだ！　街は血まみれだ！

しかし、この国が希望を失いそうになり、この資本主義の実験に降参しようとしたところで、何の理由もなく突然回復が始まり、経済は成長し、商売が繁盛し、消費者は気前が良くなり、株式市場は興隆し、未来が明るいと国民は思い始める。素晴らしい時代の到来だ！　万事解決！すべては良くなる一方で、後戻りすることは絶対にない！

そして再び、何の明確な理由もなく、突然みんなが不合理な活力にみなぎり、乱暴な投機に走る。その結果、株式市場にバブルが生まれ、それがどんどん成長して新たなペテンが仕掛けられると突然弾け、大パニックが起こり、株式市場はクラッシュし、再びひどい不況に陥る。これが何度も何度も繰り返される。

このサイクルのどの時点でも程度の差はあれ常にペテンが行われているが、バブルには、ペテン師たちをつけ上がらせ、数の点でも手口の大胆さの点でも倍増させる何かがある。控えめに言っても悪循環である。

ただ、当時はひとつだけ救いがあった。概して一般のアメリカ人は株式市場には縁がなく、そのように財産を消滅させられるのはお金持ちに限られていた。もちろん結果的には、工場の閉鎖や失業、経済の停滞など国全体が何らかの痛みを被った。しかしそれでも、ニューヨーク証券取引所が引き続き自治に任されるよう人形遣いたちが政界のお仲間を説得するのに必要な、平均的なアメリカ人は株式には投資していないという事実は、そのまま維持されていた。

それが重大な誤りであったことがのちに証明される。

問題は一九二〇年代初頭、個人投資家がこのゲームに参加し始めたときに始まった。好景気、株式市場の高騰、そして国中で長距離電話が整備され始めたことが重なり、全米中の市民たちが自身の蓄えをウォール街の株式ブローカーに送り始め、ブローカーはリスクの高い株に投資するようになった。

これぞ狂騒の二〇年代だ。

第一次世界大戦後、個人消費はうなぎのぼりで、新製品や新たなサービスへの臭大な需要が生み出された。これにより、上場企業の数は爆発的に増え、それらの価値が上がり始め、チャンスを逃してはならないという焦りが生まれた。ラジオや新聞といった新形態のマスメディアの興隆も加熱の一助となり、株式市場でのチャンスを世に知らしめた。

つまり、様々な偶然が奇跡的に重なった結果だと言える。

当然、事態は間もなくコントロール不能となった。

ここにウォール街手数料搾取マシーンの胎児版が、ウォールストリートとパールストリートの間の湿った窪地にまるで魔法のように誕生した。そしてその心臓部がニューヨーク証券取引所だった。金持ちだけをカモにし、貧乏人は相手にしないという百五十年の立派な伝統をかなぐり捨て、ニューヨーク証券取引所は心変わりをし、一九二一年からはあらゆる人をカモにすることにした。

一九二五年までに、取引所のフロアは、スキート射撃場の様相を帯びるようになった。粘土の鳩の代わりに世間知らずの投資家たちが標的となった。それは、ゴルフとマウント合戦に次ぐウォール街で三番目に人気のあるスポーツだった。金持ちのスポーツの例に漏れず、これもドレスコードとルールがあった。この競技の概要は次のとおりだ。

ボウタイとサスペンダーを身につけた若い株式ブローカーが、世間知らずな投資家を特注の標的発射装置にセットし、この可哀相な人に、しっかりつかまっているように告げる。そして、シルクハットに燕尾服姿で二連式散弾銃を抱えた年季の入った銀行家が掛け声を上げると、ブローカーは投資家を空中に飛ばす。投資家はポケットからこぼれ落ちる残りわずかな紙幣を必死で捕まえようと腕をバタバタとはためかせ、高みまで順調に飛んでいく。軌道の頂点に到達すると、銀行家は平然と引き金を引く。「バン！」。投資家はミンチ肉になって一直線に墜落する。

死体が落ちると、ブローカーは銀行家に「ナイスショット！」と声を掛ける。銀行家は軽くうなずいて見せる。「ありがとう、若いの。良い的を選んでくれて、キミもなかなかやるじゃないか」とでも言うように。

そして銀行家はリングに降り立ったボクサーのようにゆっくりと首を回し、再び散弾銃を構えて掛け声を上げる。すると別の投資家が空中に飛び出す。

それが狂騒の二〇年代のウォール街の実態だった。

一九二九年の初頭までにはすでに、狂騒の二〇年代によって、初等教育しか受けていないその日暮らしの世間知らずな投資家を標的にした金融界の血みどろのスポーツが完成していただけではなく、このゲームをもっと面白く、そして底なしに儲かるものにする新たな趣向が加えられた。新たな株式の購入に適用される委託保証金の限度が、すでに危険性のある50パーセントから自滅的で道徳的にも許されない10パーセントに引き下げられたのだ。

すなわち、資産がほとんどなく、投資の経験にも乏しい世間知らずの投資家が、愚かにも買おうとした、または（こちらのほうがずっと多かったが）早口の株式ブローカーに無理矢理押し付けられた株式の価格の90パーセントまで借りることができた。

新聞広告やラジオ、（まだ黎明期であった）勧誘電話作戦を通じて、一般大衆が初めて標的にされ、90パーセントの貸付限度がそれを可能にした。

例えば、狂騒の二〇年代の株式ブローカーが見込み客に電話し、一株当たり40ドルで取引されているＸＹＺ社の株を売り込む。ブローカーが言葉巧みに説得し、客はとうとうホームランを狙ってＸＹＺ社に一生かけて貯めた蓄えを注ぎ込む気になる。そこでひとつだけ問題がある。彼には貯蓄があまりないのだ。実際、銀行預金をすべて解約し、豚の貯金箱を割っても、せいぜいかき集められるのは4000ドルだ。それ以上は1ペニーたりとも捻り出せない。

そこで客は急に意気消沈する。計算してみると、XYZ社の株価がいくら上がっても人生が変わるほどの株数は買えないことがわかる。悲しい現実だが、自分には縁のない話だったのだ。もっと株を買えるお金があれば、実現したかもしれないが、自分にはお金がない。だから株式市場はお金持ちの遊びなのだ、自分のような庶民ではなく、と彼は思う。

彼はブローカーに言う。「ごめん、俺はやめとくよ。たった100株しか買えないし、それならたとえ株価が倍になっても、俺の生活は何も変わらない。それにもしお金を失うことになれば、本当に困ったことになるからね」

「おっしゃること、よくわかります」

ブローカーは同情するような声で言う。

「実際、私のお客さんのほとんどは初めてお会いしたとき、今のあなたとまったく同じ状況でした。が、今では使いきれないほどのお金を株式市場で儲けさせてあげてます！　勘違いなさっているかもしれませんが、株式市場で大儲けするのに、そんなに大金を用意する必要はないんですよ」

「本当に？」。客は訝しげに尋ねる。「どうやるんだ？」

「実際のところ、至極シンプルなんですよ。私の事務所を通じて株を買えば、全額をお支払いいただかなくて大丈夫なんです。たった10パーセントしか払わなくていいんですよ。私の事務所が残りをお貸しします」

「10パーセント？　たったそれだけ？」

「ええ。10パーセントだけ。信用買い（バイ・オン・マージン）というやつで、今、みんなそれで大儲けしてますよ。株式市場が今どれほどアツいかご存じですよね」

「ああ、もちろん」

「市場は今まさに大盛況で、それは当分続きそうです。XYZ社みたいな企業はそのど真ん中って感じで、XYZ社は今、一番アツい株のひとつです。それに信用取引を使えば、あなたの4000ドルで100株じゃなくて1000株手に入れられるんです。つまり、株価が上がれば、10倍儲かるということです。簡単でしょ？」

「信じられない！」

客は驚いて叫ぶ。

「もし株価が倍になったら、4000ドルの投資で4万ドル手に入るってことか！　こりゃおったまげた！　今の仕事じゃ十年働いてもそんなに稼げないぞ！」

「おわかりいただけましたね」とブローカーは甲高い声でさえずる。「株価が3倍になれば（私どもはそうなると確信してますが)、４０００ドルの投資で8万ドル儲かるんですよ！　ちなみに、そんなのは市場では日常茶飯事でして。ここ数か月でそれよりずっと大儲けしたお客さんもいらっしゃいます。だから今、みんなが市場に飛び込んで信用買いしてるんです。こんなにいい儲け話、世界中探したってありゃしません。最高じゃないですか？」

「確かに！　どうやったら俺も始められるんだい？」

「簡単です。マージン口座を開設するための基本情報だけいただけたら、今すぐあなたのために株を買うことができます。その後数日中にその取引の10パーセントに当たる４０００ドルを送金してください。私の事務所が残りを自動的にお貸ししますので、あなたは何もしなくて結構です」

「へえ、そりゃ簡単そうだ」と顧客はちょっと懐疑的に言った。

「そのローンはいつ返済すりゃいいんだい？」

「そこが一番のキモでして。私どもがその株を売ってあなたが利益を獲得するまで、ローンを返済する必要はないんです」

「なるほど、それじゃあ利息は？」と顧客が聞く。「利息は払わなきゃならんだろう？」

「ええ、もちろん」とブローカーは興味なさげに答える。「でも、たった12パーセントですし、株を売るまで支払いを繰り延べることができます。だから、何も心配することはありません」

「わからんな。12パーセントなんて、俺には結構高いと思うけど。時間が経てば結構な額になるぞ。俺の取り分に随分食い込むんじゃないか」

「普通なら、確かにそうでしょうね。例えば、住宅ローンを組んだ場合などはそのとおりです。三十年かけて利息を支払うわけですから。でもXYZ社株の場合、非常に短期――多分三か月くらい、長くても六か月――の取引になるわけです。そうしたら、株を売って利益を確定します。言うまでもありませんが、値上がり幅が非常に大きいことが見込まれるため、最終的に支払うことになる利息は、儲けに比べたら微々たるものです。私個人としては、悪いようになるはずはないと思いますよ。いかがです、いい話じゃありませんか？」

「確かに」と客は同意する。「俺も仲間に入れてくれ」

「素晴らしい！　ようこそ。素晴らしいご決断です」

ガチャンと電話が切れる。

二週間後、客は株式ブローカーから至急電報を受け取る。

「至急。貴殿はご自身の証券取引口座にウエスタンユニオンの送金サービスを通じて1000ドル入金しなければならない。明日の午後十二時までに入金が確認できなければ、貴殿が愚かにも読むのを怠っていた信用取引合意書の規約に従って、XYZ社への貴殿の持分で清算することになります」

客はびっくり仰天する。彼には何が何やらさっぱりわからない。証券会社に更なるお金を払わなければならないなんて。追加の購入をしたわけでもないのに！　それに何より、彼にはもうお金がない。証券会社に説得されて、全財産をXYZ社に投入したのだ。

彼は激しい息遣いでコートを着て玄関に向かった。ほんの10マイル先に地元の薬局がある。そこの電話でウォール街に直接電話をかけられる。そこで白黒はっきりさせよう！　あいつらを逃すつもりはない。

しかし、何ということか。彼は道を塞がれ玄関から先に進むことすらできない。

「まさか！　また配達人とは！　しかも別の電報を持って！」

この配達人は封で閉じられた電報を笑顔で手渡す。彼は配達人の表情に皮肉を読み取る。

「こいつは知っているのか？　まさかそんなわけは！」

それでも配達人は笑顔で突っ立っている。きれいな丸顔がニタニタしている！「何なんだこのキザな野郎は。なんでここに突っ立ってる？」

すぐに理解した。「チップだ！　この配達人はチップを欲しがっているんだ！　こんなときにまで！　なんて奴だ！」

株式市場がクラッシュし、世界は崩壊しようというときに、この気取った野郎はチップを待っている。「なんて厚かましい！」

彼は配達人の目を見据え、一呼吸の間、瞳の奥を覗き込んだ。そして目を合わせたまま配達人の眼前で扉をゆっくりと閉めた。そうすることでいくらか気が晴れた。目を逸らしたら負けの見つめ合いゲームに彼は勝った。しかし、それは虚しい勝利だった。パニックを抑えつつ、電報を開いて読み始めた。

「至急：貴殿はご自身の証券取引口座にウエスタンユニオンの送金サービスを通じて1500ドル入金しなければならない。明日の午後十二時までに入金が確認できなければ、貴殿が愚かにも読むのを怠っていた信用取引合意書の規約に従って、XYZ社への貴殿の持分で清算することになります」

これで最後だ！　受け取るものは受け取った！　息を切らして再び玄関を出て、彼のT型フォードに向かった。事態を打開するため、エンジンを全開にして、地元の薬局へと走った。

「きっと何かの間違いだ！」

三十分後、もうもうたる土煙の帯を残して薬局にたどり着いた。何だこの天気は？　そもそもの元凶は、日照りだ。彼の作物は枯れ、ニワトリはガリガリに痩せ細り、乳牛の乳は出なくなり、子供たちは土埃にまみれた顔で走り回り、大きな音を立てて咳をしている。この世の終わりだ［訳注：一九三〇年代に中西部の大平原地帯を旱魃（かんばつ）とダストボウルと呼ばれる砂嵐が断続的に襲い、大恐慌と相まって多くの農民が離農を余儀なくされた］！

でも今はそれどころじゃない。神の怒りに対峙するのは後だ。今は、ウォール街に集中しなければ。奴らこそが敵なのだ！

彼は深く息を吸い、受話器を取り、証券会社に取り次ぐようオペレーターに頼んだ。この証券会社は、さらに追加のお金を無理やり送らせることで彼のお金を盗もうとしている。彼にはもうお金はないのに。奴らがすでに全部盗んでしまったのだから！　なぜこんなことになってしまったのか？　悪い夢を見ているようだった。目覚めることができない夢を！

間もなく、クリック音が数回聞こえた。ベルが二度鳴り、そして魔法のように、悪徳証券会社の電話交換台のオペレーターが電話に出て、鼻にかかった声で言った。

「もしもし。こちらデューイ・チータム・アンド・ホーです。どちらにおつなぎしましょうか？」

彼はオペレーターの姿を思い浮かべた。どんな女かだいたい想像がつく。ガリガリに痩せ、角縁のメガネをかけ、見下すような態度の女。ニューヨークやウォール街の臭いがプンプンする。彼はこの大惨事を引き起こした張本人につなぐよう頼んだ。

何度かクリック音がした後、奴の声が受話器から聞こえてきた。まるで隣の家にいるみたいに明瞭に聞こえる。「なんて素晴らしいテクノロジーなんだろう！　ベル電話会社の株を買うべきだった！　XYZ社なんてクソみたいな会社を買うとは、俺は何を考えていたんだ！」

彼はこれらの雑念を頭から追いやった。株式ブローカーよりも優位に立つ必要がある。どちらがボスかを思い知らせなければ。それだけがお金を取り戻す唯一の方法だった。

「こんにちは」とブローカーは上機嫌で言った。「どうされまし……」

ブローカーにしまいまで言わせずに、もっともな怒りをぶちまけた――罵詈雑言を浴びせ、聖バレンタインの虐殺［訳注：一九二九年二月十四日にシカゴで起きたギャングの抗争事件。アル・カポネが指揮していたと言われている］を除き、すべての犯罪を彼のせいにし、それでもアル・カポネと共謀することだって、この悪党ならやりかねないと思った。彼は唾を飛ばしながら言った。「あんたやあんたの事務所に俺は一銭たりとも借りはない。俺が買ったのはXYZ社の100株だけで、それ以外は……」

「まあまあ、落ち着いてください」。ブローカーは遮り返した。「そんなに興奮したら心臓発作を起こしますよ。おっしゃるとおり、あなたはXYZ社を100株買っただけです。何もおかしなことはありません。どうぞご安心ください」

農夫の彼は疑り深かった。「何もおかしなことはないって？ 本当に何もおかしなことがないなら、どうしてあんたの事務所は、2500ドル払わなければ俺の口座を清算するなんていう電報を俺に送りつけてくるんだ！ 今朝、十五分間隔で2通届いたぞ！ どういうことか聞かせてもらおうじゃないか」

「ハハーン、どういうことかわかりました。あなたが受け取ったのはマージンコールです。ここ数日、XYZ社は値下がりしましたから。実際のところ、何もかもが値下がりしたんです。市場全体が最悪でね。だから、バックオフィスのほうが自動的に送ったんです。すみませんでしたね」

農夫の彼はしばらく困惑していた。「マージンコール」なんて言葉、聞いたこともない。ブローカーはそんなこと一言も言ってない。突然、何かが彼を打った。「バン！」。ジャック・デンプシー［訳注：一九一〇年代から一九二〇年代に活躍した世界ヘビー級王者のボクサー］のボディ・ショットを腹に受けたかのようだった。膝から力が抜けていった。愚かにも自ら仕掛けた、途中で止めることができない一連の出来事の結末に直面していることに、初めて気付いたときのあの奇妙な感覚だった。「マージンコール」という言葉……どこかで聞いたことがある。どこで聞いたかは定かでないが、それが恐ろしい意味を持つことは確かだ。全財産を失ってしまうかもしれない！

彼はその言葉を聞いたことがないふりをしなければならない。なんでまわりくどい言い方をするのだろう。「バカ高い利息のついたローンの即時の返済要求」と言えばいいじゃないか。さらに悪いことに、彼が送金した4000ドルを奴らは担保にしている。こんなことになるなんて、彼には知る由もなかった。彼はただの農夫で、このような金融専門用語は彼のような善良で、正直で、勤勉な素人を誤魔化すためにあるのだ！

それに、ブローカーは「マージンコール」なんて一度も言っていない。信用買いとしか言っていない。そのことで彼は道義的に優位な立場に立てる。明らかに彼は被害者なのだ。返金を要求する権利がある。絶対に！

その考えに勇気づけられて、農夫はとぼけて言った。

「マージンコールって一体何だ？　あんた、マージンコールなんて一言も言ってなかったぞ。そんな言葉、俺は絶対に聞いたこともない！　信用買いとかいうのは聞いた覚えが……」

ブローカーは厚かましい嘘で遮った。「もちろん、マージンコールについてあなたに言いましたよ！　それについて、散々お喋りしたじゃないですか。全部説明しまし……」

「いや、言ってない！　そんなことはまったく聞いてな……」

再び厚かましい嘘で遮る。「いいえ、言いました！　その会話を全部覚えてますよ！　株価が5パーセント以上下がったら、不足分をカバーするために追加で入金することが必要になると私はあなたに言いました。それがマージンの仕組みです。あなたの株式はローンの担保なんです。だから、XYZ社の株価が40ドルから37ドル50セントに下落したら、あなたの担保は分岐点となる5パーセントを超えて下回ることになります。今回これが問題となったのです。市場はとても好調だったので、まさかそんなことが起こるとは思ってませんでした……」。ブローカーはダラダラと話し続け、農夫はそれに耳を貸さない。もうこれ以上こんなデタラメは聞いちゃいられない。ブローカーがどこに誘導しようとしているのか、すでにお見通しだった。だが、このクソ野郎が貪欲に嘘をつき続けられることが信じられなかった。

株価が37ドル50セントに落ちると、彼の1000株の価値は3万7500ドルに下落し、（憎らしいローンのせいで）彼の4000ドルの投資のうち1500ドルしか口座に残らない。それでも、3万6000ドル（そしてその利子も！）は丸ごと彼の負担となる。そしてさらに奴らは追加の担保を要求している！　株式にとって、５パーセントの下落など、日常茶飯事だ。彼はハメられた。すべて罠だったのだ。

彼は心の目で方程式が見えた。それは彼の目の前にはっきりと浮かんでいる。その二つの方程式は次のとおりだ。

投資当初

１株当たり株価＝40ドル
株数＝１０００株
投資の時価総額＝４万ドル
マージン・ローン＝90％×４万ドル＝３万６０００ドル
口座残高＝10％×４万ドル＝４０００ドル

株価下落後

１株当たり株価＝37・５ドル
株数＝１０００株

投資の時価総額＝3万7500ドル
マージン・ローン（変化なし）＝3万6000ドル
口座残高＝3万7500ドル－3万6000＝1500ドル

しばらくの間、ブローカーの貪欲な口から嘘が澱（よど）みなく流れ続けた。

「リスクがあると言いましたよ。確かに、その可能性は低いと言ったことは認めます。でも言い訳じゃありませんが、この八年間、大変な強気相場が続いていて、私はお客さんたちをバカみたいに儲けさせてきたんです。あなたにも彼らに続いてほしかった。でも今はみんなパニック状態で、XYZ社だけじゃなく市場全体が崩壊してるんです。みんなにとって悪い局面なんです。そうとしか言いようがない」

「そうとしか言いようがない？」。農夫はかみついた。「全部、とんでもないデタラメでしたと言えばいいじゃないか！　こんなこと、何も知らなかった。あんた、マージンコールなんて一度も言ってない。どっちにしろ、あんたに送ろうにもお金はまったく残ってない。最後に残った4000ドルをすべて今回のことに投じたんだから。前回会ったときにあんたに伝えたはずだ。これが俺の全財産だって。俺はすっからかんになるんだ」

「それはお気の毒に。我々としては、株価がこれ以上下落する前に、あなたのポジションを売り立てなければならなくなります。そうしなければ、あなたはさらに追加の債務を負うことになります」

農夫は信じられなかった。「私を売り立てる？　一体どういう意味だ？」

「つまり、我々の事務所はローンを清算するためにあなたの口座の株を自動的に売る、ということです。今現在、XYZ社の株は37ドルで取引されているので、あなたの株を売ったら、3万7000ドルから我々からのローン3万6000ドルと未払い分の利子――利子から逃れる方法はありませんから――50ドルを引いた額、950ドルがあなたに戻ってきます。そこから、私に手数料――2・5パーセントです――をお支払いいただきます。この比率は業界で決められていて、値引きすることは認められてないんですよ」

「まあいずれにせよ、取引総額3万7000ドルの2・5パーセント、925ドルをいただきます。それが私の手数料。925ドルを引きますと」。この瞬間、農夫は気付いた。なぜこいつが信用買いを押し付けてきたのか。奴の手数料が10倍に増えるからだ！「25ドル残ります。あ、ちょっとお待ちを。発券手数料を忘れてました。すみません。購入時と売却時でそれぞれ3ドルの発券手数料がかかります。購入時にいただいていませんので、未決済で残っています。したがって、合わせて6ドルを引くとあなたの残高は19ドルまで下がります」

「もしよろしければ、今すぐそうさせていただけますけど」とブローカーは続けた。「今の時点ではそうすることをお勧めします。事態がここまで悪化していることを鑑みると。つまり、あなたにとって最悪なのは、あなたの口座残高がマイナスになってしまうことです。そうしたら、私どもはあなたから借金を取り立てなくてはなりません。取立業者は私みたいに親切じゃ……」

「これ以上聞いちゃいられない」と農夫は怒りの声を上げた。「何を企んでるのか知らんが、あんたはマージンコールとか、株価が下がったら追加で送金しなきゃならないなんてことについて一言も言ってない。俺にはもう金がないんだ！　それに、ＸＹＺ社は3倍になるってあんたは言ったじゃないか。あんたの他のお客さんみたいに、どう使えばいいかわからないほどの大金が入るって。今ここで、全部をなかったことにしてくれ。俺の口座を閉じて、俺の４０００ドルを返してくれ。さもなければ俺は……」

ブローカーは平然と農夫を遮った。

「先ほども申しましたとおり、あなたにとって最悪なのは、あなたの口座残高がマイナスになってしまうことです。そうなると、あなたが私どもに負う債務をカバーするために、追加の送金をしていただくことになります。そうなってしまわない……」

「債務？　俺はあんたらに債務など負ってない。あんたらに借りなどない。あんたは一言だって

……」

「そうなってしまわないよう」とブローカーは言いかけた言葉を続けた。「いずれにせよ、私が何を言っているのかわからないと先ほどからおっしゃってますけど、私にはそれが理解できません。これらは全部、あなたがサインなさった口座開設の書類に記載されてます。今私の手元にございます。あなたの口座開設フォーム、マージン合意書、利子についての付記事項、全部揃ってます。だから、先ほど申し上げたとおり、あなたの口座残高がマイナスになってしまう前に、今すぐ売ることを強くお勧めします。おわかりですか」

農夫は言葉を失い、ガックリと意気消沈した。合意書を読まないなんて、なんと愚かだったんだろう？　でも文字がとても小さくて。不利な細則を小さな活字で目立たなくする裏ワザはこの頃からあったのだ！　奴らにしてやられた！　それに、彼はただの農夫である。こういったことを彼が知っているわけがない。

「俺のせいじゃない……俺のせいじゃない……俺のせいじゃない……」。彼はそう唱え続けたが、もうおしまいだとよくわかっていた。すべてを失ってしまった……。

「いずれにせよ、私からのアドバイスとしては」。ブローカーが続けた。「今は非常に厳しい時期で、誰もがあなたと同じ状況にあります。みんな、マージンコールを受けているところです。あらゆる株で同じことがアメリカ中で起こっていますから、市場に甚大な圧力がかかっています。自己成就予言となっているのです」

「市場が下落すれば、マージンコールを受けても担保を追加できないせいで、より多くの口座が清算される。それが市場でさらなる売りの圧力を生み出す。そしてさらなる下落が促され、さらに多くのマージンコールが行われることになる。それが市場でさらなる売りの圧力を生み出す、といったサイクルが延々と繰り返されます。すでに申し上げたとおり、今はとても悪い状況です。そして今後は一体どうなることやら」

農夫は言葉を失った。ウォール街はただ単に市場を法外な高値に膨らませてきただけではない。彼らは今回のダウの下落をエベレストの頂上で発生した雪崩のようなものにした。始まりがどれほど小さかろうと、底を打つまで止めることができず、どんどん大きくなり、またどんどん加速度もついて、結果としてその通り道にあったものがすべて——文字通りすべて——破壊される。

その様を思い浮かべた農夫はブローカーに短く答えた。「全部売ってくれ」

90パーセントのマージンで株を買うなんて狂気の沙汰だ。子供に火の点いた爆竹を手渡して「気をつけて、ジョニー。これはとーっても危ないんだよ!」と言うようなものだ。

もちろんジョニーは、飛び散る火花しか目に入らず、それと共に、中枢神経系を強烈な興奮が突き抜けるのを感じる。ワクワクする! ドキドキする! それが人間の本質だ。90パーセントのマージンでゴミみたいな株を買うにせよ、火の点いた爆竹を片手を吹き飛ばすまで持ち続けるにせよ、強烈な興奮に直面すると、将来の危険が目に入らなくなる。

そういうわけで、全財産を好景気の株式市場に突っ込む、大人になった片手のジョニー坊やは世界中で後を絶たない。不吉な前兆がハッキリと見えているにもかかわらず。審判の日は意外とすぐに訪れる。

一九二八年に投機熱が最高潮に達した頃、ダウ・ジョーンズ社は自社の主力指数に18社追加することにし、ダウ平均株価指数に含まれる銘柄総数は30社となり、その数は現在も変わっていない。

ただ、ダウを構成する30社は問題ではなかった。それらの会社の株価は歴史的基準から見てつり上げられてはいたものの、その頃にはニューヨーク証券取引所で取引される銘柄は７００社増え、それらの質が大きな問題だった。実際、一九二九年までにほとんどの株券は、それが印刷された紙ほどの価値もなかった。

ここで余談だが、この最大の金融版汚物を排出した主犯格はどの証券会社だったのか、当ててみてほしい。この汚物は余りにも臭く、そして余りにも毒性が高く仕組まれていたので、一旦崩壊すると、そこは放射線濃度が余りに高く、その後二十年間、投資家が住めなくなった。

そう、正解。ゴールドマン・サックスだ。

その後百年かけて完成させることになる戦略を駆使し、ゴールドマン・サックスは最初はゆっくりと始めたが、莫大な金融版棚ぼたが、その後に起こることが確実な金融版大量破壊よりも彼らにとって大切だと確信すると、全力を投入し、金融業界で最大の汚物の生産者となった。

十月が近づく頃までには、ニューヨーク証券取引所は国内トップの証券取引所から金融版核戦争爆心地への転身を完了させていた。残る疑問はただひとつ。

「いつ、爆弾が爆発するのか？」

新聞はそれを暗黒の木曜日（ブラックサーズデー）と呼んだ。

それは、一九二九年十月二十五日金曜日に、その前日ニューヨーク証券取引所で起こった大虐殺を報じる際に作られた言葉だ。

取引開始の鐘が鳴ると、ダウは11パーセント下落し、取引株数は半日で１１００万株を超えた。当時、１１００万株は前例のない数字だった。当取引所で通常一日に取引される株数の10倍を超え、当時のテクノロジーであるストックティッカーでは間に合わなかった。

正午までの三時間で、すでに国中に広がった金融パニックは深刻化した。世間知らずの投資家たち——肉屋やパン屋、ろうそく職人など——は、生涯かけて貯めた財産をリスクのある株に突っ込んでいた。しかも、愚かなことに90パーセントの信用買いで。稼働中の数少ないストックティッカーが数時間遅れで情報を伝達するため、市場がどうなっているかも、電報を受け取ることになることも、誰も知らなかった。

午後二時までに、望みは完全に消えたように思われた。

そのとき、奇跡が起こった。

なぜか投資家のセンチメントが急にUターンをし、どこからともなく莫大な買い注文が市場に流れ込み始めた。

それはいっぺんに起こった。ダウを構成する大企業の間で広がり、それらの企業の株価が急上昇した。さらに説得力を増したのは、買い注文がニューヨーク証券取引所で最も名高いメンバーから来たものだったことだ。ヴァンダービルト家やロックフェラー家などの人形遣いたちのお金を管理していたブローカーだ。彼は業界を知り尽くしていると評判の人物だった。

この種の情報通からの大量の買いを見て、ニューヨーク証券取引所の他のトレーダーたちもこの流れに飛び乗ることに決めた。結局のところ、人形遣いたちが買っているのだから、彼らは何か知っているに違いない。そのようにして、トレーダーからトレーダーへ、トレーダーから株式ブローカーへ、そして株式ブローカーから顧客へと噂が広がり始めるにつれ、市場は息を吹き返した。

実際、買い注文はどこからともなくやってきたわけではない。人形遣いたちは、パーティーをできるだけ長引かせることがみんなにとって（特に彼ら自身にとって）最善であると気付き、そこで彼らは自身の資金をプールし、一連の巨額の買い注文に投じ、それらを馴染みのブローカーを通じて行うことで、彼らの意図を広めた。

極めて古いやり口だ。株価を上げるために短期間で多額の買い注文をする――買い注文をする人物が実績のある有名な投資家であれば、特にうまくいく。

現在、この種の「意図的な買い」は株価操作とされ、お近くの刑務所で三年から五年を過ごすことになる。しかし、一九二九年当時ありふれていた株価操作や、疑うことを知らない投資家たちのレイプや略奪に関わるどんないかがわしい行為も、取り締まる連邦証券法がなかった。ジャングルの掟に基づく完全に何でもありの世界で、株価操作は大人気のゲームだった。

いずれにせよ、この作戦は素晴らしくうまくいった。

終業の鐘が鳴るまでに、ダウは午前の取引で失ったほぼすべてを取り戻し、その日は結局、たった2パーセントの下落で終わった。

金曜日は穏やかに過ぎ、投資家たちは一息ついた。すべては順調に見えた。

そして月曜日がやってくる。

この日もまた暗黒――実のところブラックサーズデーよりもさらに黒い――だった。少なくとも、翌朝お気に入りの新聞を開き、ヘッドラインを読んで茫然自失となった8000万人のアメリカ人に対し、新聞はそう記した。

どの新聞も同じだった。

「暗黒の月曜日（ブラックマンデー）！　株価大暴落！　ウォール街の死！　資本主義の終焉！」

しかし、午後遅くの反発で窮地を脱したブラックサーズデーと違い、月曜日の朝、市場で取引が開始されると、池に落ちた石のように真っ直ぐ下に沈み始め、そのままずっと沈み続けた。大虐殺はちょうど午前九時半に始まった。

突然、個人投資家全員が狂ったようにひとつしかない出口に向かって殺到し、ニューヨーク証券取引所のフロアを金融版アルマゲドンに変えた。その日が終わるまでに、ダウはその価値を11パーセント失い、終値は２４１ドルで、たった四十日前に記録した過去最高額より33パーセント低い、驚くほどの下落だった。さらに悪いことに、ロープに倒れ込んだボクサーのように、ダウは午後四時の終業の鐘に救われた。売りの集中砲火の中、その日の最低額で幕を閉じたのだ。

そして火曜日がやってくる。

その日もまた暗黒だった。ブラックサーズデーよりもずっと黒かったブラックマンデーよりもさらに黒かった。少なくとも、過去数日間の毒々しいヘッドラインをなんとか受け入れようとしていた、すでにパニックに襲われたアメリカ人に対し、この最新の一連の金融版アルマゲドンを新聞はそう記した。

どの新聞もヘッドラインは同じだった。

「暗黒の火曜日（ブラックチューズデー）！　株価さらなる大暴落！　今度こそ本当のウォール街の死だ！　今回は本当

だ！　本当に！　パーティーは終わった！　二日続けてだぞ！　窓から飛び降りる銀行マンに注意！」

今回は、ヘッドラインは正しかった。

最後のブラックデーである一九二九年十月二十九日のブラックチューズデーに、市場はさらに12パーセント下落し、その後三年間下落し続ける。ダウは一九三二年七月八日にようやく底を打つ。その日の終値は41・22ドルで一九二九年九月の過去最高値から90パーセントも下落していた。

もちろん、市場は真っ直ぐに下がりはしなかった。市場は決してそうはならない。最も猛烈な弱気相場にあっても、市場が損失を固める過程で反発――ウォール街用語で「サッカーズ・ラリー」や「デッド・キャット・バウンス」［訳注：死んだ猫でも高いところから落とせば跳ね返る、という意味］と呼ばれる――は必ずある。これらの反発は弱々しく、短命で、ボリュームも非常に小さいという特徴がある。そして反発が終わるや否や、市場は再び下落し始め、新たな最低値に到達する。

十月の崩壊の後、三年にわたってそのような状況が続き、金融システムとそれを支える経済が丸ごと危機に瀕している戦争神経症状態の国に、一連のサッカーズ・ラリーが儚（はかな）い希望を垣間見せた。そして、それらの希望はことごとく打ち砕かれた。

密集して置かれたドミノの列のように、株式市場の崩壊が銀行システムの崩壊を招き、今度はそれが全米での貸し渋りを招き、それがすでに失速した経済に波及し、それにより経済はきしみを上げて停止した。問題は根深かった。国家の金融システムは国民の信頼を完全に失い、国民は嵐を避けるため身を潜めるようになった。

これこそが究極の自己成就予言であり、その結果は大惨事だった。

株式市場での取引量はわずかとなり、銀行は取り付け騒ぎで倒れ始めた。銀行で安全に保管されていると思っていたお金が、実際には90パーセントのマージンでクズ株を買うウォール街の投機家に貸し出されていたことに国民が気付いたのだ。ビジネスは文字通り停止した。

ホーボー（渡り労働者）や炊き出しの行列、絶望的な貧困の時代だった。

すべての家財道具を今にも壊れそうなポンコツ車に積み込んだ家族が、食料や寝床、職を求めて国を横断していた。

その三つはどれも見つけるのが困難だったが、中でも職探しが一番難しかった。

失業率は33パーセントに達し、アメリカ人の実に3分の1が職にあぶれていた。そしてやっと見つけられる数少ない仕事も、非熟練労働者のためのもので、最低賃金の単純作業だった。成長は止まった。これが**「大恐慌」**だ。

この経済的大混乱に応じて、一九三四年にようやく政府はこのカオスに秩序をもたらすために介入することを決意する。とうとう、ウォール街を制御するときが来た。少なくとも、ウォール街を制御する「ふりをする」ときが。

　一九三四年、議会制定法により米国証券取引委員会（ＳＥＣ）が正式に誕生した。国家を代表する取り締まり官として、この機関は、あらゆる種類の証券——投資家に公式に付与される株、債券、オプション、投資信託、その他の金融商品——の発行と取引に関連するすべての活動を監督する権限を有する。この機関の使命は明らかだった。余りにも貪欲になったために、しまいには株式市場を破滅させ自ら大損することになったウォール街のペテン師たちに金を巻き上げられ、激怒した投資家たちでいっぱいのこの国に信頼を取り戻すこと。

　国民が信頼できる株式市場と銀行システムがなければ、経済の回復はほとんど不可能だと、議会は気付いていた。そして議会は、この機関の最初の委員長を選ぶという極めて重要な役目を、この国最高の権力者である合衆国大統領に委ねた。

　当時、大統領はあの古き良きＦＤＲ——フランクリン・デラノ・ルーズベルトだった。先見の明のある公正な男、この地位に相応しい男。少なくともそう思われていた。彼が鶏小屋の監視役に誰を選んだのか、あなたは絶対に当てられないだろう。

　それは、初代のウォール街の狼（ウルフ・オブ・ウォールストリート）だった。

第5章
オールド・ジョー・ケネディと空売りの野蛮な世界

Old Joe Kennedy and the Wild World of Short Selling

ウォール街で最も悪名高い株価操作師をSECの初代委員長に選ぶのは理に適っている面もあった。結局のところ、ウォール街からペテンを一掃したいなら、そこの一番のペテン師を雇わない理由はない。しかしそれは、羊の監視役に狼を選び、狼が自分の本性に抗い、羊をラムチョップにしてしまわないことを期待するようなものだった。

いずれにせよ、SECの初代委員長にジョセフ・P・ケネディが選ばれたのはそういうことだった。正真正銘の悪党で、唯一の功績は、のちに第35代合衆国大統領となるジョン・フィッツジェラルドを種付けしたことだけだ。たった一度幸運にも、大統領クオリティの精液を放出したことを除き、「オールド・ジョー」はウォール街の歴史で最も悪名高い株価操作師だっただけでなく、大暴落の主な原因となった非常に有害な投資戦略の専門家でもあった。

具体的に言うと、ジョー・ケネディはショートセラーだった。つまり彼は、特定の株を借りて即時に市場で売却することで、いわゆるショートポジションの状態を作り、その株価が下がることに賭けていた。もし正しいほうに賭けていれば（つまり株価が下がったら）、その株をもっと安い価格で買い戻して借り手に返し、差額をポケットに入れることができる。もし間違ったほうに賭けていれば（つまり株価が上がったら）、その株を買い戻して借り手に返した後、彼には損失が残る。

あなたは今、困惑しているだろうか？

もしそうなら、それはあなただけではない。

利益を得るために現在所有していない株を売るという概念は、ほとんどの人にとって理解しにくい。さらに、その間に利益を確定することを期待して、先に株を借りて将来のある時点でそれを返さなければならないと言われると、ますますこんがらがる。率直に言って、株価が下がることに賭けるために乗り越えなければならない試練を考えたとき、やらなければならないことがたくさんあるように思える。

例えば、どこから株を借りるのか？　それらを借りる費用はいくらか？　いつまでその株を借りられるのか？　どのように返すのか？　実際の取引にかかる費用は？　取引で損が出る場合はどうするのか？

これ以外にも様々な疑問があるが、それらのせいでほとんどの新規の投資家が空売りから尻込みすることになる。彼らから見ると、リスクがいっぱいで複雑すぎるため、プロに任せて自分たちは手を出さないのが一番だ。

果たしてそうだろうか？

空売りは本当にそんなに複雑か？　さらに言えば、リスクでいっぱいだから疫病みたいに忌避するべきなのか？　あるいは、空売りは不当に貶（おとし）められているだけで、賢明な投資家にとって価値のあるツールとなり得るのか？

人生の大抵の物事と同様に、真実はその中間にある。が、しかし、現実的に見れば、相場が上がると見るか下がると見るかはさておき、健全な投機目的で、そのために用意したわずかな額を使って何らかの短期投資戦略に興じる場合、残念な結果になることも覚悟しているはずだ。それがなぜかはもっと後になればおわかりいただけるようになるが、今のところは、利己的なブローカーやアドバイスしてくる奴らに引っかかり、一丁やってみようという気にならないように、空売りの実例を通じて、空売りを充分に理解していただく。

25歳のロビンフッダー［訳注：アメリカの企業ロビンフッドが提供する同名の個人投資家向け証券売買アプリを利用する若い投資家］を例に挙げよう。彼はコロナのパンデミックに飽き飽きし、最近給付された景気刺激策の小切手でどのように投資しようか考えている。これまで、株価の上昇を見込んでミーム株を買い転売で儲けることで驚くほどうまくいっていた。「ミーム株」という言葉に馴染みのない方のために説明すると、企業のファンダメンタルズにほとんど無関係な理由で個人投資家の間で人気となる株のことだ。大抵の場合、SNSでシェアされる文化的な要因（特定の企業やブランドへの支持を表明したいという願望）によって関心が高まる。ミーム株は当然ながら、極端に変動性が高い傾向があり、本質的価値よりもずっと高値で長期間取引され、その後ド派手に墜落する。

それでもこの六か月、この若きロビンフッダーはミーム株で2万5000ドルを元手に15万ドルも儲け、自信にみなぎっていた。過去の多くの投資家と同じように、彼は手に入れたばかりの成功を、鋭い第六感と自分だけが持つ特殊な能力によるものだと思い込んでいた。超強気相場が、彼の高すぎるミーム株を含むすべての船を持ち上げていただけなのは明らかなのだが。

自信をつけすぎた彼は、もう一段階ステップアップし、市場の両面――ロングとショート［訳注：単純化すると、ロングとは、株価が上がることを見越して売る機会を待つことで、ショートとは、株価が下がることを見越して空売りをし、買い戻す機会を待つことといえる］――で勝負を始めようとしていた。しかもラッキーなことに、彼はすでに空売りすべき最初の株を見つけていた。

完璧な状況だと彼は信じていた。つまり、その企業は実際にはゴミで、株価は必ず下がると彼は確信していた。現在、その株はナスダック株式市場で、一株当たり40ドルで取引されていて、それが必ずゼロになると彼は信じていた。彼がその株の空売りに踏み出せないただひとつの理由は、彼が空売りについてすべてを知り尽くしているわけではなかったからだ。空売りの基本的なことについては理解していたが、いまだにややこしいと思うところもあり、プロのアドバイスを何より欲していた。

そのため彼は、ロビンフッド社のアカウントは最初の空売りをする場所としてふさわしくないと考えた。その代わり、電話を手に取り、彼の株式ブローカー、ジンボ・ジョーンズにかけた。ジンボはウォール街の一流証券会社に勤務していて、ここ数年は彼の株式ブローカーを務めていたが、あまり取引していなかった。楽しくてワクワクするロビンフッド社のアカウントと違い、ジンボのところは死ぬほど退屈だった。その上、ジンボ・ジョーンズは（友達ではあるが）気取ったイヤミな奴だった。

「ところで、ヤング・ロビンフッド君」とジンボは甲高い声で言った。「どのようなご用件で？」

ヤング・ロビンフッド！　ジンボみたいなウォール街の奴らは彼みたいな者をそう思っている。

(俺たちはどうせ儚い打ち上げ花火！　パンデミックの落とし子！　増額された失業手当と政府からもらった景気刺激策の小切手で暮らす社会の寄生虫ですよ)

「それって褒めてるんだよね」とロビンフッド君は答えた。「でも、俺は金持ちから盗んで貧乏人に分け与えたりしない。俺は政府からお金をもらってミーム株に投資するだけだ。何の問題がある［訳注：ロビンフッドとは本来、中世イングランドの伝説上の義賊の名前］？」

「何の問題もないさ、ヤング・ロビンフッド君。君は大いに誇りを持つべきだ」

「俺は誇りを持っている……大いに。ところで、ウォール街は最近どう？　今日はもう未亡人や孤児から騙し取ったのか？」

「まだだよ。でも今日はまだ時間がある。望みはあるな」

「幸運を祈るよ。きっとうまくいくさ。ところで、今日は君にお願いしたいことがあって。空売りをやりたいんだけど、これまでやったことがなくて」

「それで、どの株を空売りしたいんだ？」

ロビンフッド君はしばらくためらった。「えっと、それを言う前に、俺はこの件について充分調べたってことをわかってほしい。だから、やめさせようとしないでくれ。やめることはないから」

「わかった。大丈夫だよ。それでどの株を空売りしたいんだ？」

ここで、ロビンフッド君はジンボに、なぜこの会社が歴史上最大の空売りとなるかを細々と説明した。彼はすべてをあげつらった。貸借対照表、過去十二か月の取引歴、売上の下落、膨らんだ経費、時代遅れなビジネスモデル、利己的な経営陣。そして彼は話題を変え、自身の素晴らしい実績と神がかったタイミングの良さをジンボに声高にまくし立てた。数秒我慢した後、ジンボは聞いているふりをすることにした。

「生兵法は大怪我のもと」という昔の諺がジンボの脳内に浮かんだ。この株で空売りをするのは極めてリスクが高く、この取引はうまくいかないとかなりの精度で見込まれた。ロビンフッド君を説得してやめさせるべきか？　すでに大勢の投資家がこの株で空売りを仕掛けており、そのことは大規模なショートスクイズのリスクを生み出すのだ！　ヤング・ロビンフッド君はうっかりしていたら、一文無しでシャーウッドの森［訳注：ロビンフッドが隠れ住んだとされる森］に帰る羽目になるだろう。

ショートスクイズは株式（または何らかの資産）の価格が急激に上昇するときに発生する。価格の上昇が空売りを仕掛けた者に大きな損失をもたらし、その多くはマージンコールに応じるために株を買い戻さざるを得なくなる。今度は、この需要の増加が価格をさらに引き上げ、まだ買い戻していない者の損失はさらに増大する。彼らには、損切りをするために株を買い戻さなければならないというプレッシャーがますます強まる。このことが、さらなる株価の大幅上昇につながり、数少ない残りの者たちにはさらに強いプレッシャーがかかる。それが何度も繰り返されるうちに、最後は押しつぶされる。

ショートスクイズの有名な例として、一九八〇年代初頭のケースがある。テキサスに拠点を置くハント兄弟が銀の市場を独占しようとした。六か月にわたって、兄弟は銀の先物やオプションの莫大なポジションを静かに買い集め、世界最大の銀の保有者のひとりになりおおせた。兄弟がさらに多くの銀を買い続けるにつれ、銀の価格はどんどん上がり、銀市場に巨大なショートスクイズが引き起こされた。銀の価格が下がるほうに賭けていたショートセラーたちは、高い価格で買い戻さなければならなくなり、莫大な損失が生じた。

つまり、空売りは危険なゲームとなる可能性があり、経験豊富で資金がたっぷりあるプロ以外は手を出さないのが一番だ。

「それに、俺はたんまり儲けてきた」とウブなロビンフッド君は続けた。「だから今のところ、俺は投資をやるために生まれてきたと言っても否定できまい。実際、空売りをマスターしたら、自前のヘッジファンドを立ち上げようと思うんだ」とロビンフッド君はクスクス笑いながら言った。「実際のところ、もし良ければ、君を雇ってあげてもいいよ、ジンボ。給料は弾むよ、君がちゃんと稼いだらの話だが」

（もう限界だ！）とジンボは思った。（ロビンのアホが金融の崖から飛び降りたいと言うのなら、どうして僕が止めてあげなきゃいけない？　しかも、空売りの手数料は通常の取引と変わらず大きい。ということは、その余分の稼ぎが次のメキシコのリゾート旅行の足しになる！）

「もちろん、お願いするよ！」とジンボは叫んだ。「君はきっとこれで大儲けできるよ。僕が君だったら、すぐに空売りを仕掛けるね」

「そうだろ」とロビンフッド君は甲高い声で言った。「君みたいな皮肉屋でも、俺のロジックは崩せない。いいだろう、俺は１０００株を空売りしたい。合わせて4万ドル、だろ？」

「まあまあ、落ち着いて。何よりも先に、まずはその株を借りられるか確認しなければならない。大丈夫だと思うが、一瞬待ってくれ」

「もし借りられなかったら、どうなる？」

「それなら、空売りはできない。それはＳＥＣ違反だ。今日は罰金を科される気分じゃない。少なくとも君のためにはね。もしネイキッド・ショートできたとしても、やろうとは思わないだろう。余りにもリスクが高いから。君の口座で『引渡不能』と呼ばれる状況に陥る」

「株の引き渡しができないってこと？」

「そう、株だ。１０００株を空売りする場合も、自分が保有している１０００株を売る場合も、それらを買う人物が誰であれ、ある時点で彼らの口座にそれらの株が姿を現すことを期待するだろう。それらの株が現れない、なんてことはあってはならないんだ」

「もっとはっきり言おう。配達人がすべての売り手と買い手の間で株券をピックアップしたり配達したりしながらロウアー・マンハッタンを走り回っているわけじゃない。一九六〇年代にそういうことはなくなった。その頃には取引量が多くなりすぎて、事務仕事が追い付くために週に一日、取引所を閉めなければならなくなった」

「とにかくそういうわけで、現在ではすべてがデジタル化されている。今では何もかもが、1と0の世界だ。電子化された株主名簿上にすべてが記録される。だが、ある投資家が何株か売って、別の投資家がそれを買う場合、売り手の電子化された株が決済日に買い手の口座に現れることを買い手が期待することと、買い手のお金が同様に売り手の口座に現れることを売り手が期待することには変わりない。空売りについてちょっとおさらいしよう。わかり易くするために、まずは普通に株を買うことから始める。君が10万ドル持っていて、一株当たり40ドルの株を1000株（空売りじゃなくて）買いたいとする。僕は担当のトレーダーにXYZ社の株を1000株、一株当たり40ドルで購入する注文を出す。トレーダーは市場に出て君のためにその株を買う。そして数秒後、ビュン！　と君の口座にその株が現れ、君の残金は4万ドル減る。ここまではいいかな？」

「ああ、それで？」

「ここで質問だ。電子化された株主名簿には、株主として誰の名前が載っていると思う？　君の名前かな？」

「もちろんそうだろ」とロビンフッド君。

「ハズレ。そこには僕の会社の名前が載る。今ではすべての株はいわゆるストリートネームで保有されている。つまり、電子化された株主名簿上の所有名義人は、実際の買い手ではなく、その株を顧客に『売った』証券会社となる」

「胡散臭いな」とロビンフッド君。

「胡散臭くないさ」とジンボはすぐさま言い返した。「ウチの内部記録にはその株の実質的な所有者として君が記録されているから、お金的には君にとって何の違いもない。単に、売買が立て続けに行われる中で、すべてを追跡しやすくするためなんだ。そうでなければ、システムが悲鳴を上げる」

「とにかく、君が初めてここに口座を開いた日、一連のフォームにサインした。僕たちはそのひとつによって、君の口座のすべての株をストリートネームで保有する権利を有している。そして、それらを誰か空売りしたい人に貸す権利も。これはウォール街の巨大ビジネスのひとつなんだ。ウチの会社にも、一日中それればっかりやっている貸株部と呼ばれる部署まであるんだ。彼らは証券会社、ヘッジファンド、投資信託、その他、株を貸して報酬を得る可能性のある者に電話をかける。これがものすごく儲かるんだ。空売りする前に株を借りる必要がある、と言われて、それをどこから借りるのか、もうわかるね？　魔法のように出てくるわけじゃない」

「なるほど」とロビンフッド君。「おたくの会社から株を借りるが、その株は実際には顧客が所有している」

「そのとおり！　そして、空売りしようというときに株を借りていなければ、取引相手は決済日に電子上の株の配達を受け取れないことになる。そうなると、本当に困ったことになる」

「どうして？」

「十日経っても買い手に株を送れないと、買い手は市場に出て君の了解を得ずに株を買い、その代金をウチの会社に請求することが認められている。その後、ウチの会社が誰にその請求を回すか、当ててみて」

「俺だ」とロビンフッド君。

「そして余談だが、買い手が株を買うとき、君の損を最大化するため、可能な限り高い価格で買う。こういうわけで、たとえ合法だったとしても、まず株を借りないで空売りするのは絶対にやめたほうがいい」

「わかった」とロビンフッド君。「ネイキッド・ショートは絶対しない」

「大惨事が約束されているからね。とにかく、今回はその心配はない。貸株部から返事が来て、株を融通できるそうだから、僕たちはこのまま進められる。ここからは順を追って案内させてくれ。まず、君の信用取引口座を開設することから始める。空売りするために必要なんだ。一瞬待ってくれ」

「なんで信用取引口座が必要なんだ?」とロビンフッド君は聞いた。「ロビンフッドでは現物取引口座で全部やれたのに。信用取引なんて、嫌だな」

「残念ながら、選択の余地はない。現物取引口座では空売りできないんだ。実際のところ、君が送るお金は株の支払いに充てられるのではない。ウチが君に貸す株の担保になるんだ。現物取引口座で貸付を行ったり、担保を受け取ったりすることは認められていないんだ。そういうことは信用取引口座でやらなきゃならないと連邦法で決められている。いいかな?」

「うん、わかった」

「よろしい」とジンボ。「よし、口座番号を送ったよ。準備は整った。それじゃあ、最初の質問。君は何株空売りしたい? 借りたいだけ借りられるけど」

「1000株、かな」とロビンフッド君が答えた。

「かな?」

「えっと、つまり、どういう仕組みか……よくわからないから」

それからロビンフッド君は自信を込めて言った。「俺は別の分野で経験を積んだからさ。俺はいつも勝ち馬を見つけるんだ、ジンボ。それで大儲けしたのさ！　それはさておき、1000株ならいくらかかる？　5万ドル？」

（信じられない！）とジンボは思った。（ここまで何も知らないやつが、こんなにも自信たっぷりでいられるなんて！　こいつの破滅を愉快に見物させていただくことにしよう！）

「大丈夫」とジンボは優しく語りかけた。「どういう仕組みか説明するよ。空売りの当初の証拠金率は取引額の150パーセントだ」

「150パーセントだって？」。ロビンフッド君がジンボを遮った。「4万ドルの株を空売りするのに6万ドルも払わないぞ！　おかしいじゃないか！　割に合わない」

「落ち着いて。6万ドル出す必要はない」と、このロビンフッド君が本当に何も知らないことを理解したジンボは言った。証拠金率みたいな簡単なことすら、全然わかってない。「君が借りた1000株を売ったとき得ることになる4万ドルを含めることを忘れているね。この株は現在一株当たり40ドルだから、1000株売れば、君の口座に4万ドル入ることになる。つまり、150パーセントの証拠金率を満たすために君は2万ドルだけ送ればいい。わかるかい？」

「うん」とロビンフッド君は答えた。「じゃあ、4万ドルだったら、2000株空売りできるんだね？」

「そのとおり」とジンボ。「基本的に、空売りしたい金額の50パーセントだ。ここで、ひとつ聞かせてほしい。このアイデアについて、どれだけ確信しているのか。超絶自信ある？　それとも普通にそうなるかなって感じ？　この差は大きいよ」

「わかってるよ」とロビンフッド君。「俺は超絶自信あるよ。実際、これまでの人生でこんなに確信を持てたことはない。それでどうだい？」

「そりゃすごい」とジンボ。「えっとつまり、控えめに言って、とても感動したってこと」

「ああ、そうさ」とロビンフッド君。「この株はゼロになる。それ以外、あり得ない」

「なるほど……すごい！　今、君に言われて納得したよ。今現在、君のロビンフッドの口座にいくらある？」

「15万ドルちょっと。ほとんど全部、儲けだよ。悪くないだろ？」

「全然悪くないよ。そのうちどれだけが現金なんだい？　何パーセント？」

「全部現金さ！」とロビンフッド君。「それが俺の勝ち方だよ。一、二日以上ポジションを持ち続けない。俺のタイミングのセンスは完全無欠さ。わかるかな？」

「ああ、わかるよ」とジンボは答えた。「経験を積んだんだね」

「そうさ。でも、生まれつきの才能だな。俺がやってることは教えられてできることじゃないから。才能、っていうのかな。天才と言ってもいいだろう。というより、なんといっても霊感じゃないかな。いずれにせよ、君が今回ちゃんと仕事をしてくれて、手数料を下げてくれたら、お礼にちょっと株の指南をしてあげるよ」

「是非ともお願いするよ」とジンボは応じた。「僕の手数料は一切取らないよ（手数料は隠れてこっそり取ればいいからね。ロビンフッド社がやっているみたいに）」

「君を信じる証に、僕は手数料を１００パーセント放棄するよ。実際、僕たちはこの取引にこれだけ自信があるんだから、正直なところ、空売りする株数をもっと増やすべきだと思うな。唯一残る問題は、この株が崩壊するまで、どれぐらいの時間がかかるか、だ。数日？　数週間？　数か月？」

「数日だ。多分、最大で二週間。絶対に一か月以内だ！」

「よし、完璧だ。それじゃあ、完全に短期取引だ」とジンボは答える。「今これを聞いたのは、今回借りる株の金利が今現在、とても高いからなんだ。長期で保有するつもりだったら、利息が積み上がることになる」

「どれくらい高いの？」とロビンフッド君は聞いた。

「18パーセント」。ジンボは答えた。「でも、君の想定する期間で行くなら、考慮しなくていい。とにかく、株を空売りするなら、タイミングがすべてだと覚えておいてくれ。さらに言うなら、タイミングが合っているだけじゃ不充分だ。素早くタイミングを合わせることが必要になる。さもなくば、借りた株の利息が利益を侵食し出すからね。わかる？」

「ああ」とロビンフッド君は答えた。「でも、なんで今、利率がそんなに高いの？」

「需要と供給だよ」とジンボが言った。「ちょうど今、その株を借りたがっている投資家が他にもいっぱいいいるんだ。これはいい兆候だよ。つまり、普通は大体3パーセントくらいなんだけど、君はこの株に何かを感じたわけだよね。君に賛成するショートセラーがほかにもたくさんいるってこと」

「知ってる」とロビンフッド君。「俺はこの株にピンと来たんだ！」

「君には才能があるよ（自惚れる才能がね）」

「間違いない」とロビンフッド君は同意した。「そしてようやくこの才能を活かすときが来た。何株空売りしようか？　上限は？」

「ロビンフッド社の口座に15万ドル、ウチの口座に1万ドル、合わせて16万ドル。これが空売りできる金額の50パーセントだから、金額を倍にして、32万ドル出せる。一株当たり40ドルだから、最大8000株。それでピッタリ32万ドルになる。でも安全のため、ちょっと少なく始めたほうがいいと思うよ。7000株で始めるべきだ。それなら支出は14万ドルで済む。もちろん、株価が下がったときの儲けはちょっと少なくなるけど、予想に反して株価が一時的に上がってしまった場合の備えとしてお金を残しておける」

ロビンフッド君は驚いて言った。「何を言っているんだい？　この取引は予想に反することはない！　予想どおり、株価は絶対に下がる。つまり、今この株はとても……」

ジンボは続きに耳を貸さず、ロビンフッド君みたいなまったくの初心者に、すでにたっぷりと空売りされている株を空売りするための証拠金として、正味財産を丸ごと出させることによって、ジンボ自身がどんな面倒に巻き込まれるだろうかと思いを巡らせていた。この投資戦略には莫大なリスクがある。すでに説明したショートスクイズにハマった場合は特に。このロビンフッド君など、ものの数秒でやられてしまいかねない。

ジンボはこのようなケースを、それほど遠くない過去に、テスラ社の株で見ていた。テスラ社の株は余りに大量に空売りされていたため、「オーバーショーテッド」まで到達し、借りられる株が残っていないという状態になった。他方で、それらの空売りはすべて、テスラ株の将来の買い手を意味する。将来のいずれかの時点でショートセラーは市場に戻って空売りした株を買い戻し、借りた株を返さなければならない。このことが、莫大な繰延需要を創出した。それはまるで、輪ゴムを可能な限り引っ張るようなものだ。最後に戻るときに、正反対の方向に素早く獰猛（どうもう）に弾け飛ぶ。

テスラのケースでは、ちょっとした良いニュースだけで充分だった。それにより株価の上昇が始まるのに充分な買いが行われ、ロングポジションは株価を上昇させるのに充分な買いを得た。

これにより、すべてのショートセラーはマージンコールを受け始め、パニックに陥った。すぐに彼らは市場に向かい、空売りした株を買い戻し始めた。そのことがさらに株価を引き上げ、という過程を繰り返した。

「気を悪くしないでほしいのだけど」とロビンフッド君は続けた。「でも、君たちみたいなウォール街の連中は、情報が古いんだよ。俺が必要な情報は全部、オンラインで見つかる」

（クソみたいなコンプライアンスのせいだ！）とジンボは思った。

「気を悪くなんてしてないさ。君がそこまで確信しているなら……」

「そう、俺は確信している」

「７０００株を空売りして、少額を念のために取っておくことを勧めるよ。７０００株ということは、君は14万ドル、君のロビンフッド社の口座から今日中に電信送金しなければならない……」

「問題ない」

「オッケー、完璧だ」とジンボは続けた。「次に、本当に手短に、空売りした株を買い戻すときに、どういう仕組みで儲かるのか、教えよう。いいかい？」

「いいよ、どうぞ」

「例えば、一株当たり40ドルで７０００株空売りしたとする。すると、君の証券口座に28万ドル入る。そして君は最低証拠金率を満たすために、別に14万ドルを預けなければならない。したがって、君の口座残高は総額42万ドルになる。それで、仮に株価が20ドルに下がり、その時点で君がショートポジションを解消しようと決断したとする。ウチの会社は、市場で一株当たり20ドルで7000株買う（これは14万ドルしかかからない）。その代金が君の証券口座から差し引かれ、残高は28万ドルになる。そして、決済日にその株式をウチが受け取ったら、それを貸株部に返却する。すると、君の口座に残っている、最低証拠金率を満たすために君が預けた14万ドル以外のものはすべて君の利益となる。このケースでは、14万ドルが君の利益だ。空売りで儲けるのは、こういう仕組みだ。わかったかな？」

「完璧に」とロビンフッド君は答えた。「でも、このショートポジションを20ドルで解消するなんてあり得ない。この株はゼロになるんだから。ただ多分、一株当たり1ドルになったら解消するよ。ほら、俺は君たちのようなウォール街の住人みたいに欲張りじゃないから。で、一株当たり1ドルだったら、いくら儲かる？」

「一株当たり1ドルで解消するとしたら、株を買い戻すときに7000ドルしかかからないことになる。28万ドルから7000ドルを差し引いて、27万3000ドルの利益になる。そしてもちろん、君が借りた株の18パーセントの利息も支払わなければならない。だが18パーセントというのは一年当たりで、君はその株を一か月借りるだけだ。ひと月当たりの利率は1・5パーセントだから、28万ドル（君が株を借りた日の株の市場価格）の1・5パーセント、つまり利息は4200ドルとなる。したがって君の純利益は正確には26万8800ドルとなる」

「気に入った」とロビンフッド君。

「誰だって気に入るさ。それじゃあ、わかっているかもしれないけど、反対のシナリオについても手短に説明しよう。株価が20ドル上がって、60ドルになったとする。その時点で株を買い戻すなら、損失が生じる。空売りしたときにたった28万ドルしか受け取らなかった7000株に対して、42万ドル支払うことになり、14万ドル損する」

「それは心配していない。この株が上がるなんてあり得ない。これは、起こるべくして起こる事故のようなものだから」

「確かに」とジンボは答えた。「でも、君のを含むすべての信用取引口座は、すべての空売りに対して最低維持率が130パーセントと定められている。だから、株価が20パーセント以上上がれば（今回のケースだと48ドル以上になれば）君の口座は最低維持率を下回ることになる。君はマージンコールを受け、残高を補うために追加の送金をしなければならない。送金しなければ、君に予告することなくショートポジションを解消するために自動的に株の買い戻しが始まる。つまり、証券会社は常に君のポジションを値洗いして、清算した場合に君の口座がいくらになるか監視している。もし残高が130パーセントを下回ったら追加のお金を拠出しなければならない。

株価が高くなれば、それだけ君はたくさん拠出しなければならない。せっかく盛り上がっているところに水を差すつもりはないんだが、コンプライアンスのために、君にこのことを言っておかなきゃならないんだ」

「ネガティブな話はもう充分聞いたよ。俺は準備万端。今すぐ7000株を空売りしようぜ」

「思い切ったね。じゃあやろう。ほんの一瞬待っててくれ」

ジンボが取引の手続きをしている間、ロビンフッド君は上機嫌だった。ここから、何かとてつもなくデカいことが始まる。彼は間違いなくそうなると「知って」いた。彼はそう確信していた。この単純な取引ひとつで、彼は可能性に満ちた宇宙への扉を開いた。知識を武器に。いや、知識ではない、叡智（えいち）だ。彼は知識が豊富なだけではなく、まだ若いのに賢者でもあるのだ。今や彼はショートポジション、ロングポジション、そしてその両方を同時にやれる。たった九か月前まで、コストコの倉庫係として働いていたのに。今や……このとおり！

「できた！」とジンボが宣言した。「これで君は正式にゲームストップ社の一株当たり40ドルの株を7000株、空売りしている。おめでとう！　幸運を祈るよ」

「幸運？」とロビンフッド君。「幸運なんて負け犬のためのものだ。今必要なのは、才能であって、それ以上でもそれ以下でもない。すぐにわかるさ。ゲームストップ株はゼロになる！」

「そのとおりだね」とジンボは応じた。「ただ、今日送金するのだけは忘れないで。明日の午後二時までにはこっちに届いていなければならないから」

「了解」とロビンフッド君は興味なさげに答えた。

「忘れないでくれよ。送金。明日一月十四日、午後二時」

ガチャ、と電話が切れた。

哀れなロビンフッド君！

あなたがこの三年間、俗世間と隔絶されて暮らしてきたのでない限り、この後の顚末はご存じのはずだ。ゲームストップ社はウォール街の歴史で最大のショートスクイズとなり、その本質的価値は一株当たり5ドル程度だったにもかかわらず、二〇二〇年一月末までには一株当たり400ドルを超えて急上昇した。このショートスクイズの中核には、数百万人の個人投資家によるポピュリスト的な反乱があった。彼らはオンラインの株取引フォーラム「ウォールストリートベッツ」上で集まった。

二〇一六年にジェイミー・ロゴジンスキが設立したウォールストリートベッツはいわゆるサブレディットである。つまりこのフォーラムにアクセスするにはまずレディットのウェブサイトを通らなければならない。実際のところ、ウォールストリートベッツは開拓期の西部の投資版であり、そこでは、成人向けでないオンラインのチャットルームで普通に期待される社交辞令は絶滅している。そのかわりに参加者は互いを「アホな猿（リターデッド・エイプ）」と呼び合い（この呼称はウォールストリートベッツ上では最大の賛辞と見做されている)、1か所に有り金全部をつぎ込んで、一攫千金を狙うことがカッコいいという美学についてくどくどと語る。ウォールストリートベッツの用語でこのような金融的自殺行為は「人生は一度きり(You Only Live Once)」の頭文字を取って「YOLO」と呼ばれている。

いずれにせよ、時折ウォールストリートベッツ上の誰かが、賢い投資アイデアを持ち込むことがあるということは否定できない。そして、もしそのコミュニティ全員が後に続き、買い始めたら、警戒したほうがいい。

ゲームストップ株のケースもそうだった。コミュニティの尊敬されているメンバーのひとり、ハンドル名「吠える子ネコ(ロアリング・キティ)」が憂慮すべき事案として、なぜゲームストップ社の株はファンダメンタルな価値以下に過小評価されているのかについて説得力のある問題提起をした。そして、これまでゲームストップ社を無慈悲に攻撃し、株価を下落させたプロのショートセラーたちが、いかにゲームストップ社を見誤ってきたか訴えた。必要なのは、素早い買いの大波だけで、株価はファンダメンタルな価値に見合った価格に戻るだけでなく、ショートセラーたちがマージンコールに追い立てられてショートポジションを解消せざるを得なくなり、それによりさらに買いが創出され、株価はさらに上昇するとした。

ロアリング・キティの説得力のある投稿、それが事の発端である。

これが驚異的な出来事に発展する。

数百万人の個人投資家が一斉に動けば、資金の潤沢なショートセラー――特に二つのヘッジファンド、シトロン・キャピタルとメルビン・キャピタル――でさえ巨額の損失に耐え切れずショートポジションを解消せざるを得なくなるほど法外な高値にまでゲームストップ社の株価を引き上げるだけの、充分な購買力を集めることができた。

メルビン・キャピタルのほうは損失が莫大だったため、事業を続けるために外部の投資家からの27億5000万ドルの資金注入が必要となった。シトロンのほうは、損失はメルビンほどではなかったが、それでも数千万ドルに達したため、シトロンのファンド・マネージャー、アンドリュー・レフトが、空売りビジネスから今後一切手を引くと公に宣言するに至った。

幸運にも私は、アンドリュー・レフトとジェイミー・ロゴジンスキの両者に直接会ってインタビューし、物語の両面から話を聞くことができた。私がそれぞれに「ゲームストップのショートスクイズを一言で要約するとしたら、何と言うか」と同じ質問をしたところ、皮肉にも二人ともほとんど同じ言葉を返してきた。

「とんでもなくメチャクチャな大失敗（クラスターファック）」

アンドリューの側から見ると、この騒動で数千万ドルの損失を負い、その上、この株がそこまで高くなる合理的な理由が（パンデミックに飽き飽きし、政府からタダで金をもらった800万人の個人投資家が、それで得するかどうかは別として、どれでも好きな株を「ムーンさせる［訳注：月に届く勢いで高騰させる］」ことができるとヘッジファンドに証明しようとしたという事実を除いて）なかったから、クラスターファックであった。ゲームストップの株が現実的な価格まで戻るのは確かであり、それによって彼ら個人投資家全員が、「ＹＯＬＯ」したすべてを失うことになるという事実は、彼らにとってどうでもいい、とアンドリューは説明した。ヘッジファンドに教訓を学ばせることができる限り、彼ら個人投資家は満足だった。

もちろん、アンドリューの予想は的中した。

一月二十八日、ゲームストップ株は一株当たり４８３ドルの歴代最高値を記録したが、その後ウォールストリートベッツの利用者が取引を行っている二つの主要なプラットフォーム——ロビンフッドとＴＤアメリトレード——がゲームストップ株の新規購入を制限すると、同日に急激に下落した。一方で売却は許されていた。この影響は壊滅的と言ってもよかった。

新規購入を全面的に禁止する一方で、売却は認めるということは、大西洋の海水すべてを小さなキャンプファイヤーに注ぐようなものだ。その日はゲームストップ株は１１２ドルまで下落し、最安値で取引を終え、数十億ドルの価値が吹き飛んだ。

これら二つの会社はなぜこんな極端な行動に出たのか？

ロビンフッド社について言えば、ＴＤアメリトレードよりも小さく、資本もずっと少ないため、数百万人もの個人投資家からの集中した買い注文により、まさにこのような状況——すなわち、証券会社の顧客が変動性の高い株に集中的にポジションを構築することにより、清算システム全体にシステミック・リスク〔訳注：個別の金融機関の支払不能などが他の金融機関や市場または金融システム全体に波及するリスクのこと〕をもたらす状況——に対処するための自己資本規制に違反するリスクに晒（さら）された。

なぜ、システミック・リスクなのか？

本章の前のほうでも触れたが、すべての取引には二つの面がある。誰かが株を買うとき、別の誰かがその人にそれを売らなければならず、その間に2社の証券会社がそれぞれの顧客の側に付き、顧客がその取引について支払ったか否かを問わず、自分の顧客を保証している。ロビンフッド社について言えば、このことは、大勢の個人投資家が毎日行っていた株の購入にかかる数十億ドルの責任を自ら負わなければならなかったということだ。だから、もしゲームストップ社の株が急激に下がり、それらの株を買った顧客が、急に負けになった取引について支払えない、または支払いたくない場合、ロビンフッド社がその損失を被らなければならなくなる。

これとまったく同じ筋書きが演じられるのを、私は株式ブローカーになった初日に目撃した。

例の映画のシーンを覚えているかもしれないが、一九八七年十月十九日、ブラックマンデーとして知られる日のことだった。その厳しい日にダウは一日で508ポイント下げ、私の勤務先であるL・F・ロスチャイルドは廃業を余儀なくされた。

皮肉なことに、この会社を崩壊させたのは自身の取引ではなかった。法人客のひとつハース・セキュリティーズ社による無謀な取引だった。ハース社はロスチャイルド社を通じた未決済の取引を5億ドル超抱えていて、ロスチャイルド社を窮地に立たせた。市場がクラッシュしたとき、ハース社は大損を被って未決済の取引を清算できなかったため、5億ドルの負債はL・F・ロスチャイルド社の貸借対照表に移された。

その後のことはご存じのとおりだ。

数日中にL・F・ロスチャイルド社は自己資本規制を破り、百年にわたる事業の幕を閉じることを余儀なくされた。

資本の少ないロビンフッド社は、このシナリオと同じくらい問題含みの状況にあり、さらに別の巨大な問題にも直面していて、状況はさらに複雑だった。ロビンフッド社は顧客の日々の株式の購入で窮地に立たされただけではなく、顧客の信用取引口座におけるリスクにも晒されていた。要は、ゲームストップ株を信用取引で買ったすべての顧客（残念ながらロビンフッド社ではほとんどすべての顧客がそうだった）が巨大な潜在的リスクだった。なぜなら、ゲームストップの株価が急激に下落したら、顧客の口座にある株式をすべて処分しても損失を埋め合わせられない場合、ロビンフッド社が代わってその損失を負担しなければならないからだ。

これは育ちつつある潜在的な大災害の卵だった。そのためロビンフッド社には、ゲームストップ株のすべての新規購入を即時に制限するという選択しか残されていなかった。そうしなければ、自己資本規制を破った翌日に規制当局によって営業を停止させられてしまっただろう。この決定は、どちらを選んでも地獄の究極の選択だった。

実際、ロビンフッド社がゲームストップ株の新規購入の停止を発表すると、ウォールストリートベッツのコミュニティからもっともな怒りを買った。コミュニティ参加者たちはロビンフッド社がショートセラーたちと共謀しているとして公然と非難した。お気に入りの株が自分たちの夢と共に墜落していくのを恐怖と共に眺めていた800万人の個人投資家にとって、ロビンフッド社には他の選択肢が残されていなかったという事実も、ただの言い訳にしか聞こえなかった。

ロビンフッド社よりも規模の大きいTDアメリトレード社が新規購入を停止したのは、窮地に立たされていたからというよりも、社内のリスク管理上の問題（ロビンフッド社と同様にこの会社もすべての未決済の取引について窮地に立たされていた）と秩序のある市場を維持するための二つの理由が組み合わさってのことだった。アメリトレード社の見解では、ゲームストップ社の株価は同社のファンダメンタルズから逸脱していて、ウォール街を攻撃しようと躍起になる大勢の怒れる個人投資家が一致団結して株価の上昇を操作していた——彼らが儲かったか否かは関係なく——としている。

結局、ほとんどの者——大儲けしようと初期の段階から取引に参加していたウォールストリートベッツの利用者も含めて――は儲けられなかった。

何がいけなかったのだろう？

欲と同調圧力、そしてこのパーティーは絶対に終わらないという強い共通認識に焚き付けられて、彼らのほとんどは、単に売却しなかっただけではなく、頂点に到達するまで買い続けた。そして、傷口に塩を塗るように、彼らのほとんどは株を信用取引で購入しており、そのせいで株価が急降下すると彼らは完全に身ぐるみ剝がれてしまった。

まさにそのことにより、ウォールストリートベッツの創始者ジェイミー・ロゴジンスキもまた、ゲームストップ社の乱高下を「完全なクラスターファック」と称し、「絶対に起こるべきではなかった」と語った。彼はさらに突っ込んで言った。「『過ぎたるは及ばざるが如し』の典型例だった。今回のショートスクイズはたぶん一株当たり80ドル程度までは理に適っていたが、それから後は馬鹿げた状態になり、サイトの利用者のほとんど全員が損をした」

彼の意見はよく理解できる。特に、ゲームストップ社の現在の株価を考えると。

それは現在、23ドルを超えたあたりで留まっていて、同社はリアル店舗での売上を中心に設計された古びたビジネスモデルを改善する道を未だに模索中だ。

最後に、ロビンフッド君とジンボの証券会社にある彼の口座はどうなったか？

控えめに言って、ロビンフッド君のタイミングはこれ以上ないくらい悪かった。

一株当たり40ドルで空売りを仕掛けてから数日でゲームストップ株は一株当たり１００ドルを超えたが、ロビンフッド君はそのずっと前に彼の投資をすべて失っていた。株価が50ドルに到達したとき、彼はジンボの会社から次の文章から始まるマージンコールを受けた。

「当社の最低維持率まで貴殿の口座の残高を戻すために、追加で2万ドルを今すぐ送金しなければ、貴殿に代わってポジションを清算する！」

明らかに、ロビンフッド君にとってそれは「不可能」だった。彼は初めにショートポジションを設定した際、すべての資金を突っ込んでしまった結果、取引がうまくいかなくなったら弾切れを起こすようになっていた。

それに応じて、ジンボの証券会社はロビンフッド君のショートをためらうことなく清算したため、彼の口座は５０００ドルのマイナスで終わった。ロビンフッド君がその５０００ドルを支払ったかどうかは、推測の域を出ない。だが、あなたがスリムとニルに関する古い言い回し［訳注：「slim to nil」は「（成功する可能性が）ごくわずか」という意味］をご存じなら、スリムはとっくに街を去り、ジンボの証券会社に貧乏クジを引かせた、と言ってもいいだろう。

それでは、これまでのことすべてを念頭に、空売りをやってみるべきか、それともプロのトレーダーにやらせておいて、素人は関わらないほうがいいのか？

答えは明白だ。プロにやらせておくのが一番だが、率直に言えば、短期の投資戦略や個別の株を選ぶことを通じて儲けようとする場合は、ロングポジションについても同じアドバイスを差し上げたい。

だがそれはさておき、今は先に進もう。

株式市場で継続的に本当に儲かる方法に飛び込む前に、ウォール街の簡単な歴史のお話でまだやり残している内容を取り上げよう。私の大好きな規制当局、ＳＥＣの成り立ちだ。

第6章
強力なワンツー・パンチ

A Powerful One-Two Punch

公正に見て、金融を取り締まる国家の最高の監督機関としてＳＥＣは結局のところその前任の機関よりもずっと良いものとなった。唯一の問題は、その前任の機関というのがほぼないことで、だから「ずっと良いもの」といっても大したことはない。実際、一九三四年より前は、株式市場に投資することは、アープがやってくる前のアリゾナ州トゥームストーンをぶらつくようなものだった［訳注：ワイアット・アープは西部開拓時代の保安官。トゥームストーンで「ＯＫ牧場の決闘」と呼ばれる事件を起こす］。

幸運に恵まれていたら、楽しい午後を過ごし、追い剥ぎに遭うことも殺されることもなく帰宅できるだろう。だがいつかは運が尽き、不適切な時間に不適切な場所に行き、荒れた西部の恐ろしい無法状態を目の当たりにすることになる。

狂騒の一九二〇年代のアメリカの株式市場はそんな状況だった。

腐敗したＣＥＯが嘘のプレスリリースを行い、タチの悪いブローカーが価値のない株を勧めたり、ウォール街の人形遣いが世間知らずの投資家を人身御供（ひとみごくう）の発射装置に縛り付けさせて「発射」と掛け声を上げたりする中で、すべての弾をよけるのは不可能だった。

銃弾は四方八方から、何の予告もなく飛んできた。

株式市場への投資は、ある意味、イカサマが蔓延（はびこ）る腐敗したカジノで賭けをするようなものだった。そもそもの勝率が低くなるように仕組まれているだけでなく、プレイするゲームごとに二層目のイカサマが仕込まれている。サイコロを振るたび、ルーレットを回すたび、トランプが配られるたび、名人や詐欺師もそのゲームに参加し、彼らがさらにあなたの勝率を低くするよう仕掛ける。この二つが組み合わさって勝利は不可能になる。

これがアメリカの株式市場の現実だった。

SECが街にやってくる前は。

「狼に羊の番をさせる」、「狐に鶏小屋を見張らせる」、「放火魔を消防署長に選出する」。

後から考えると、ジョー・ケネディを規制の食物連鎖の頂点に据えていれば、そのうち大惨事に陥ることは初めからわかりきったことだったはずだ。結局のところ、権力を悪用した経歴のある人物に権力を与えることのリスクについての比喩がこれほどたくさんあるのだから、何かあるに違いないのだ。

いずれにせよ、ジョー・ケネディは道徳的に疑わしい――彼は嘘つきであり、詐欺師であり、株価操作師であり、ロボトマイザーであり［訳注：ジョーの娘ローズマリー・ケネディはジョーの指示でロボトミー手術を受け病状が悪化したと言われている］、酒類密造者であり、世界有数のユダヤ人嫌いでアドルフ・ヒトラーを崇拝していた――にもかかわらず、とても有用なことをいくつかやった傑出した行政官のひとりである。まずは良いことから始めよう。

ジョー・ケネディを指揮官に戴いた、SECの最初の任務は、みんなが従わなければならない明確な基本原則を策定することにより、ウォール街の腐敗したカジノでのふざけた振る舞いを制御することだった。みんな、というのはウォール街で働く者だけではなく、そこで資金を集める企業、それらに投資する人、そしてそれらすべてを可能にするその他のすべての人々だ。州境を越えて法的に強制力のあるひとまとまりの連邦証券法ができたのは初めてだった。州を跨いで適用されることの意義はどれだけ強調してもしすぎることはない。

連邦政府からの全面的な委任と委員会内部の執行部門により、SECはすべての州で訴訟を起こすことができ、また詐欺の疑いのあるいかなる個人や法人も召喚することができる。この対象には、銀行、ブローカー、トレーダー、アナリスト、弁護士、会計士、取引所、格付け機関、そして市場に影響を与え得るすべての個人が含まれる。

この連邦レベルの証券法により、顧客に対応するときは公正で正直であるよう誰もが法的に義務付けられた。証券詐欺を捜査できることは今では当たり前かもしれないが、一九三四年時点では地殻変動級の大転換だった。実際、狂騒の二〇年代の株式ブローカーに、正直に公正に顧客に接することについてどう思うか聞いたら、まるでトンチンカンなことを言われたとばかりに、首を傾げて、しばらくあなたの顔を眺めるだろう。そしてあなたに向かって噴き出してこう言う。

「どうしてわざわざそんなことをする？　ここはウォール街であってボーイスカウトじゃない。正直とか公正とかはお子様向けのファンタジーだよ」

私が大袈裟に言い立てていると思うだろうか？　歴史が私たちに何かひとつ教訓を与えてくれるとしたら、それは、ひどい振る舞いをする人たちに囲まれていると、人間は限りなくひどくなれるということだ。

例えば、古代ローマでは「道徳的」な市民が拍手喝采する中、奴隷がライオンの餌にされていた。そしてスペイン異端審問では信心深いキリスト教徒が、キリスト教の信者ではないという理由でユダヤ教徒やイスラム教徒のはらわたを抜き、その後、家に帰ると神に一歩近付いたと感じた。そしてユダヤ人らが数百万人単位で虐殺された、ナチス・ドイツの口に出すのも憚られる残虐行為があった。単純な事実として、社会から道徳的とか許容できるとある時点で見做されていることは、他の時点では、人道に対する罪となり得る。

もっとスケールを小さくしても同じことが言える。

一九三〇年代の病院で前立腺の検査の前に、ゴム手袋に潤滑油を塗る医師に、タバコの火を消すよう頼む場面を想像してみよう。二十一世紀の観点からは、患者にはそれを要求する正当な権利があるが、一九三〇年代の観点からは、そのような要求は馬鹿げている。結局のところ、誰もが四六時中タバコを吸っているのだ！　患者も、医師の妻も、同僚も、成人した子供も、入院中で酸素投与を受けている父親でさえ、その口にはタバコがぶら下がっている。

だから、医師がこう言うとき、自分が真っ当なことを言っていると思っている。「君、落ち着きたまえ。患者の尻の穴に煙を吹きかけるようなことはしないから、お尻の力を抜いていれば大丈夫だから」。そして、お気に入りのブランドの癌製造スティック（タバコ）を深くゆっくりと吸い込み、患者の括約筋に向けて濃い煙を勢いよく吹きつける。

同様に、導入された当初は革命的なアイデアだったが、今では当たり前になっている事柄が無数にある。それらのひとつが、ウォール街の株式ブローカーが公正かつ正直に、顧客の利益を優先しなければならないという原則である。今では、このような振る舞いは道徳的に当たり前だが、ウォール街が投資家を使い捨ての駒として利用しながら、明かりを消すと赤ん坊のように安眠できた一九三四年より前は明らかにそうではなかった。

上場企業に与えたＳＥＣの影響は同じくらい大きかった。

株式発行と資本調達についての一連の明確な規則が初めて設けられたのだ。レビュー［訳注：提出された書類の記載内容の適正性を確保するための審査の手続き］のプロセスの効率化のため提出フォームが標準化され、すべての新株発行を対象とした、中央集権化した登記システムが構築された。

新たなシステムのもとでは、新規に株式を登録する際は必ず、目論見書をＳＥＣに提出しなければならなくなった。受理されるとＳＥＣの企業財務部門がレビューをする。その際にＳＥＣと株の発行企業との間でコメントと修正が繰り返される。最終的に承認されると、その株式は「合法的に登録された」と見做され、その目論見書が付されることを条件として、一般に販売することが認められる。

この承認のプロセスでＳＥＣがその八十九年の歴史で最も賢い決断をしたのが、この点だった。実際には、二つの決定がひとつにまとめられ正真正銘のワンツー・パンチとなり、資金調達にとって格好の状況が用意されることとなった。

最初の賢い決定は、レビューのプロセスを全面開示のコンセプトに基づいて行うとしたことだ。全面開示とはその定義から、潜在的な投資家が充分な情報に基づいて意思決定できるように、関連性のあるすべての情報を企業が公表しなければならないことを意味する。これには何よりもまず、企業の核となる事業、現在の財務状況、成長の見込み、経営陣、発行済み株式総数、発行する株式の種類、筆頭株主、その他投資に影響を与え得る重要なリスク要因についての詳細な記述を行うことが含まれる。

ＳＥＣの考え方としては、企業がアメリカ国民から資金を集めたいならば、アメリカ国民に、自らについて良いことも、悪いことも、醜いことは特に、すべて伝えようとしなければならない。実際のところ、目論見書は企業の将来の明るさについて解説する、格好良い宣伝の一手段として機能することを目指したものではない。その反対で、充分な情報に基づいて投資の意思決定をしようとする際に参照できる最も重要な書類と位置付けている。事実、これがなければ当てずっぽうで投資するしかない。目論見書のいくつかのセクションは読み飛ばしても大丈夫だが、次のセクションは特に注意を払わなければならない。

● **サマリー**　最もよく読まれるセクションである「サマリー」は、目論見書の冒頭に置かれていて、当該目論見書に含まれる重要なポイントの短い概要を投資家に提供する。これは、株式発行の目的、事業に関する短い記述、付随するリスク、発行企業の財務状況、経営陣、その他投資家のためになるかもしれない事項が含まれる。

● **市場と産業のデータ**　このセクションは主に第三者の産業レポートに依拠し、当該企業が事業を行う市場と産業の両方について投資家に情報を提供する。これには、産業の規模、成長率、主な傾向、そして競争の状況のような業種特有の性質が含まれる。また、企業が将来の業績を測定する際に依拠する主な測定基準も紹介する。これには、日々のアクティブ・ユーザーの数、同一の店舗における年ごとの売上成長率、顧客一人当たりの平均収益が含まれる。このセクションには、現在の規制環境とそれにより発行企業が直面する可能性があるリスクが含まれる。

● **連結財務諸表**　このセクションでは、会計基準に従って作成された発行企業の財務諸表と追加的な財務データが提供される。これには、最新の貸借対照表、損益計算書、キャッシュフロー分析、そしてそれらすべての将来の予測が含まれる。場合によってはこのセクションに、合併や取得といった近々行われる取引、及びそれらがキャッシュフローと損益の観点から企業の財務にどのような影響を与えるかも含まれる。

●**経営者による検討と分析**　目論見書の中で他のセクションよりも「会話調」で書かれたこのセクションは、企業の現在の財務状況と将来の成長の見込みについての基礎的な事項を投資家に理解してもらうことを目的としている。これには、企業の経営状況、過去の財務実績、流動比率、資本の源泉、そして主要なリスク要因が含まれる。

●**事業**　このセクションは、企業の製品、サービス、そして全般的な事業運営――企業の歴史、ターゲットとする市場、企業が保有する競争力を含む――について記述する。企業の主な顧客、仕入れ先、戦略的パートナー、及び企業の事業にとって重要な契約が含まれる。これらの情報は、企業の事業と企業が直面する機会と試練についての包括的な概要を投資家に提供することによって、投資家が充分な情報に基づいて企業に投資するか否かの意思決定を行えるよう支援する。

●**経営陣**　このセクションは企業の日々の運営の責任を負う人たちに関する重要な情報を投資家に提供する。これには通常、名前、経歴、適格性及び企業内での彼らの役割と責任を含む、経営トップと経営陣の主要メンバーに関する情報が記載される。

●**主要株主**　このセクションは、発行企業の大きな持分を有している個人や法人のリストを載せ、その身元と持株数についての主な情報を、彼らが発行企業と交わしている提携関係と共に読者に提供する。主要株主の行動は発行企業と発行される株式の価値に重要な影響を及ぼす可能性があるため、この情報は投資家にとって重要となり得る。例えば、主要株主は発行企業の取締役会の意思決定に影響を及ぼしたり、合併や取得、配当など重要な事項について投票したりする権利を有する可能性がある。そのため、主要株主が誰で、彼らが投資を通じて目標とするところが投資家と一致しているか否かを投資家が理解するのは重要である。

●**特定の関係性及び関連当事者との取引**　これは、発行企業と特定の関連当事者（発行企業の役員や取締役、大株主等）の間で行われた（または行われる予定の）財務的な取引のことである。これらの取引には、金銭の貸し借り、資産の売買、サービスの授受、その他あらゆる種類の財務取引が含まれ得る。これらの取引は、関連当事者の一部に利益相反や不当な影響力をもたらす可能性があるので、投資家がこれらの取引について知っておくのは重要だ。目論見書には、これらの取引について契約条項や取引の目的、約因を含め全面的に開示しなければならない。この情報は投資家が、発行企業と関連当事者の関係の内容と程度を理解し、株式を取得した際に生じる可能性のあるリスクと便益を評価するのに役立ち得る。

●**リスク要因**　このセクションは企業の事業と財務成績に影響を与え得る潜在的なリスクと不確実性を明確にする。一般的なリスク要因として、需要の変化や競争、経済状況といった市場リスク、サプライチェーンの混乱やテクノロジーの障害、規制の改正といった業務リスク、金利や為替レート、信用格付けの変動といった財務リスク、訴訟や捜査、法規制の改正といった法的リスク、自然災害や気候変動に関連する問題のような環境リスクが挙げられる。さらに、リスク要因の開示は、(開示していなかったリスク要因から生じる)将来の不利益から企業を防御するため、「何でも詰め込む(キッチンシンク)」アプローチ――どれだけ可能性が低く、また非現実的なことであっても、考え得る限りのすべてのリスクを列挙する――が採用される傾向にある。そのため、このセクションを読む際には、「リスク要因疲れ」を起こし、すべてがごっちゃになって個々のリスク要因の重要性をつかみ損ねる結果とならないように用心することが肝要である。

一番重要なのはどのセクションか。結局のところ、企業が成功するか否かについて、経営陣の重要性を決して甘く見てはいけない。例えば、仮に当初のビジネスモデルが期待はずれなものであると判明したとしても、一流の経営陣はほぼ間違いなく、企業をうまく運営していくやり方を見出す(そのような場合、一流の経営陣は新たなモデルに移行し、何とかしてみせる)。一方でダメダメな経営陣は、世界一優れたアイデアを手にできたとしても、そのアイデアを株主ともどもドブに突き落とす。

以上が、SECの目論見書に関する私の公式見解だ。ただし、SECの目論見書についてもっと「ざっくばらん」な言葉で説明してほしいなら、私の答えは、ちょっと変わってくる。

「目論見書は退屈で、醜く、恐ろしい、(事情通の投資家を除く)すべての読者をビビり上がらせるのを目的とした文書だ。可能性のあるすべてのリスクをできるだけ最悪な形で浮かび上がらせ、どんな前向きな可能性も強力な否定語を重ねて軽く扱う」

「その結果、もし平均的な目論見書を最初から最後まで通読したら、95パーセントの確率で投資せずに逃げ出す結果となるだろう」

なぜか?

「それは、読み慣れていない者にとって、目論見書は物事を余りにもリスクが高いように見せるため、読者は尻尾を巻いて逃げ出すほかなくなるからだ」

このとおり、目論見書の読み方については二つの正反対の見解がある。

どちらが正しく、どちらが間違っているのだろうか?

世の中の大抵の物事と同様、真実はその間のどこかにある。

しかし、ひとつ明確にしておきたいことがある。

目論見書は企業の事業の見込みについて読者に「不正」な見解を与えるものだと言いたいので

はないということだ。むしろ、企業の目論見書にあるすべての警告やリスク要因は、同一業種の同様な規模の他のすべての企業の目論見書にも見当たるだろう。つまり、ひとつの企業の目論見書に記載されているほとんどの問題点やリスク要因は、競合他社が記載しなければならない問題点やリスク要因と同じである。

言い換えると、事業というものは概して難しいのである。誰にとっても。

リスクや危険があらゆる陰に潜んでいる。どんな事業であろうと、企業を待ち受ける落とし穴が無数にある。資本調達やサプライチェーン、競合他社、移り気な顧客、債権回収、不況、インフレ、訴訟、技術の変化、世界的なパンデミックなどなど。

このような現実を踏まえて、目論見書を読むときに注意するべきことは何か？

その答えは**「文脈」**である。

つまり、冷静沈着な立場で、目論見書に書いてあるポジティブな情報とネガティブな情報は、同じ業種の同様な規模の企業の目論見書に書いてある同じポジティブな情報とネガティブな情報と比較してどうか？　これが、投資判断をする際に検討するべき極めて重要なことだ。

要は、相対性があるのは「時間」だけではないということだ。

リスクも、利益も、目論見書にある他のすべての物事も、みんな相対的なのだ。きっとアインシュタインもご満悦のことだろう。

いずれにせよこういうわけで、経験のある投資家は、一般的な目論見書のネガティブな傾向にいちいち動揺せずにいられる。記載されているほとんどの文言は「すべて」の目論見書に共通する決まり文句であることをわかった上で、正しい決断をするために行間を読むことができるのだ。反対に、投資の初心者はこれに苦労しがちだ。充分な数の目論見書を読んできていないので、正しい判断をするための行間を読む能力に欠けているのだ。扇動的に表現されるリスク要因と、控えめに書かれる美点とのはざまで、初心者たちの企業に対する印象はネガティブなものに偏りがちで、正しい結論を導けなくなる。

例えば、投資の初心者が米ドルの目論見書を通読したなら、どのような感想を持つだろう。明らかに、その目論見書にはポジティブなこともたくさん書かれているだろう。何だかんだ言って、米ドルは世界的な基軸通貨であるだけでなく、アメリカ合衆国自体が世界一の経済大国で、世界唯一の強国であり、この国は建国以来ずっと借金を返してもらう側だった。

それでは、ネガティブなことはどうだろうか？　いやはや、どこから始めたものか、見当もつかない。

第一に、嘘みたいに長期にわたり、ゼロ金利を維持しながら連邦準備銀行が莫大な金額の紙幣を刷ってきたことを取り上げるだろう。危険信号を発しているのは、何もこれだけではない。他にも数えきれないほどたくさんのリスク要因が次から次へと列挙されることになる。結局のところ、それが国の通貨の本質であり、いくら最善のものであっても、どこかしら汚いところのあるビジネスなのだ。しかしもちろん、初心者氏はそのような見極めができない。

実際、米ドルの目論見書を読み終える頃には、ショック状態に陥るだろう。連邦準備銀行は一体何を考えているのか？　と不思議に思うだろう。連邦準備銀行はなぜ米ドルを未知の領域に到達させ、世界全体に巨大な不確実性をもたらしているのか？　米ドルをこれほど極端なやり方でばら撒くことで、米ドルの価値が大きく毀損（きそん）される結果となり得ると考える経済学者が大勢いるとも書いてある。

初心者氏が目論見書を読み終わる頃には、愕然としているだろう。

これらの事柄は実際にはそれほどひどくはないのだが、初心者氏は目論見書がこのようなことを仄（ほの）めかすなんて、信じられないという気持ちになる。正気じゃない！　無責任だ！　少なくとも自分が生きているうちは、そんなことが起こるわけがない。理屈に合わない。俺たちのアメリカ合衆国なんだぞ！

強がってみても、傷は消えない。

初心者氏はもう二度と、以前と同じ目で米ドルを見ることができない。疑いの種子が脳の無意識の領域に撒かれ、そこで休眠ウイルスのように静かに潜み続けるだろう。

実際、初心者氏が世界の通貨市場についてどれだけ無知であるかによっては、これから米ドルに投資するなんて余程のモノ好きに違いないと考えることになるだろう。

しかし、ちょっと待ってほしい。彼が読んだポジティブな情報はどうなった？　それらはネガティブな情報を打ち消し、米ドルの正確な状況を伝えるのに充分ではなかったのだろうか？

残念ながら、充分ではなかった。

繰り返しになるが、目論見書とはそもそも、ポジティブな情報はそれほどポジティブじゃなく、ネガティブな情報はよりネガティブに記載するようになっている。そして率直に言えば、おそらくそれでいいのだ。結局のところ、世間知らずな投資家には不都合かもしれないが、将来株主になり得る潜在的投資家全員に目論見書を送ることをブローカーが義務付けられているという事実は、その場の勢いでブローカーの口から飛び出る可能性の高い賞賛やデタラメを強力に打ち消す役割を負っている。実際、そのような現場を直に経験している私としては、ブローカーが新株を売り込もうというときに何を言うかを聞いたら、あなたはきっとショックを受けるに違いないと請け合おう。私は別に、（私の古巣である今は亡き）ストラットン・オークモント社のことだけを言っているわけではない。それどころか、ゴールドマン・サックスをはじめウォール街のすべての大手証券会社のことを言っているのだ。そういう証券会社の現場のブローカーたちは契約に持ち込もうと、その場の勢いでまるでナイアガラの滝のように嘘八百を並べる。

つまりこういうことだ。

企業の全体像を知るには、目論見書から始めて、それを注意深く読み、しかしきちんと行間を読めるように追加的な調査を行うこと。「すべて」の企業が、それぞれの事業を成長させようとして試練に直面していることを、決して忘れてはいけない。それが配当を支払っている優良企業であれ、他を圧倒するテクノロジーを有する急成長中のハイテク企業であれ、はたまた紙の上では吐き気を催すほどひどく見えるひよっこのスタートアップであれ、行間を読んで理解すべき無数のリスク要因が必ず存在する。


それでは次に、SECの二つ目の素晴らしい決定に移ろう。それは、目論見書の承認のプロセスに「メリット・レビュー」を含めないという決定である。言い換えると、どの企業が成功する可能性が高く、どの企業がそうでないのかについて、SECは判定するつもりはないということだ。これについては、神に感謝したい！

結局のところ、SECの企業部門に配属された勇敢な人たちは、どの企業が成功し、どの企業が成功しないかなんて、これっぽっちもわかりゃしない。そもそも、どうしてわかるはずがあろうか？　彼らのほとんどは新卒かロースクールを卒業したばかりの新人だ。

だが話をさらに進めよう。私がその仕事に就くとしたとしても(笑)、三十五年間ベンチャー・キャピタルを運営してきた私ですらわかりようがない。

これが私の言いたい点だ。

結局のところ、世界有数のベンチャー・キャピタリストでさえ、10件のうちたった3件当たっていれば良いほうだ。実際、そういった人たちに話を聞くと、投資を断った企業がのちに世界有数の大企業に成長するなんていう逸話を数えきれないほど教えてくれるだろう。

つまり、勝者と敗者を先に選り分ける試みは、どんな業種であれイチかバチかの賭けであり、最も鼻が利く者であっても、それはほんの一瞬に過ぎない。例えば、シルベスター・スタローンが初めて『ロッキー』の脚本を見せたとき、どれだけ大勢の人が断ったのかご存じだろうか。

ハリウッドにいる全員だ！　勝者を選ぶ才覚でのし上がってきた映画会社の天才的な重役全員が、商業的に魅力のない馬鹿げたアイデアだと考えたのだ——特に、主役をシルベスター・スタローンのような無名俳優が演じるならば——。

もしライアン・オニールが主役を演じるなら、ヒット間違いなしだ。

ライアン？　誰それ？

まさにそのとおり。あなたが50歳以下なら、おそらくライアン・オニールなんて聞いたこともないだろうが、シルベスター・スタローンがまだ無名だった一九七〇年代初期には、超売れっ子俳優だった。ライアン・オニールは最大の人気スターとしてハリウッドの歴史に残り、スタローンはクラブの用心棒やスタントマンに転職するべきだと誰もが考えていた。しかしもちろん、『ロッキー』はアカデミー作品賞を受賞し、スタローンは有名人となり、ライアン・オニールは「あの人は今」企画の常連となった。

繰り返すが、勝者を選ぶのは常に運任せなところがあり、話が上場企業となると、さらに行き当たりばったりになる。不確実性が余りにも多すぎ、簡単に道を踏み外す要素が多すぎるのだ。天啓を受けた誰かが新たなアイデアや斬新な考え方を抱えてドアをノックしてきたり、かつて破産間違いなしの最悪と思われていた事業が、次のAppleやグーグルへと順調に育ったり、ということがいつ起こるか誰にもわからないことは言うまでもない。

だからこそ、承認のプロセスをメリット・レビューを行わない全面開示に基づくものとしたSECの決定は、資金調達を容易にするための誰にも止められないワンツー・パンチとして、誰もが利益を享受している現代の投資環境を生み出した。

しかし、メリット・レビューが欠けていることは、一般的な投資家にとっては試練となる。例えば、早口でまくし立てるブローカーが、自分が送った目論見書はSECの承認を受けていると、まるでSECの「お墨付き」があるかのように言ったとしても、嘘にはならない。

実際にはそんなことはまったくないのに。

最悪の場合、「承認を受けた」目論見書は、企業が自らどれだけクソみたいな会社であり、投資する人は頭がおかしいに違いないと思うようなゾッとするほどひどい会社であるかを適正に開示していることにSECが承認を与えているに過ぎない。一部の目論見書には、企業自身の会計事務所でさえ、あと一年継続企業として事業を続けられたらラッキーだと書かれていることもある。そのような企業は、手強い競争相手がいて、市場に足掛かりがなく、怪しい特許と無価値な商標しかなく、会社をつぶしてきた実績のある、失敗しがちな経営陣を抱えている。

しかし、目論見書にこのような赤信号がいくつも灯っていたとしても、投資の初心者にブローカーが強調するのは、その目論見書がSECから受けた承認の輝くスタンプなのだ。目論見書の表紙には、SECは企業の価値について審判を下しているのではないと小さな活字で書かれているが、余りにもその活字が小さいために、誰も読んでいない。それにもし読んだとしても、ブローカーは――ウォール街のすべての証券会社の常套手段として――すぐさま誤魔化す。

ちょっと昔話をさせてほしい。

ウォール街での私のキャリアがどのように始まったのか、ご存じのことと思う。

前にも述べたとおり、（少なくとも大抵の場合は）ニューヨーク証券取引所で優良銘柄の株を販売するL・F・ロスチャイルドという名門証券会社からスタートした。そこでは、たまに余分なお金を得ようと暗黒面に落ちることがあっても、問題はなかった。

「結局のところ、これがウォール街のやり方なんだから！」と彼らは私に説明した。

そしてロスチャイルドの研修プログラムで過ごしたつらい六か月が終わると、ブローカーの試験に楽々合格し、世界を征服する気満々で、月曜の朝仕事場に出社した。

不運なことに、その日は一九八七年十月十九日、あの忌々しいブラックマンデーだったのだ！　その後六時間半にわたり、たった一日で市場が508ポイントも下落するのを驚きと畏怖のまなざしで眺めていた。そしてL・F・ロスチャイルドはつぶれ、私は職を失った。

その日のことは、まるで昨日のことのように鮮明に覚えている。ブローカーたちがしょんぼりとうなだれて歩き回っていた。彼らはみんなぶつぶつと呟いていた。「くそ！　ゲームオーバーだ！　信じられない！　ゲームオーバーだ！」。私は「ゲームオーバーってどういう意味だ？　俺はまだゲームに参加してもいないのに！　そんなことってあるか？」と思った。そこから事態は悪くなる一方だった。私が通りに出ると、ニューヨーク・ポスト紙の一面の見出しが目に飛び込んできた。

「ウォール街の死」

そしてその下に、ニューヨーク証券取引所のフロアの悲惨な写真が掲載されていた。くたびれた格好をした太った男が恐怖の表情を浮かべるアップの写真だ。そしてそのすぐ下に、小見出しが続いていた。

「ブローカーはタクシー運転手の職を探す」

後から考えると、その小見出しが私を打ちのめしたのだった。

そのとき、ゲームが私の人生と共に本当に終わったのだと思い知った。私は歯科医学校中退の24歳で七か月前に自己破産したばかりだった。

かいつまんで言うと、歯科医学校を中退した後、私は精肉と海産物の事業を始め、みるみるうちに26台のトラックを抱えるまでに成長させ、そしていきなり墜落させてしまった。私は若い起業家がやりそうなすべての過ちを犯した。手を広げすぎたし、資金は不足していたし、借金で成長しようとしていた。案の定、その事業は倒産し、私も自己破産した。そういうわけで、私はウォール街にたどり着いたのだ。

そしてL・F・ロスチャイルドの研修プログラムを六か月も受けた後、私は再びゼロ地点に舞い戻り、一文無しで家賃も払えないほど困窮していた。ウォール街はパニック状態で新たな雇用は中止となり、私はウォール街の外、ロングアイランドのインベスターズ・センターという名の小さな証券会社で職を得るしかなかった。

「インベスターズ・センター」、この社名を聞いただけで虫唾（むしず）が走る。

私は、リーマン・ブラザーズやゴールドマン・サックス、メリルリンチといった名前に慣れていた。歴史の重みを感じさせる名前、ウォール街に相応しい名前。私は自分がこんなことを言うなんて、想像だにしていなかった。

「ハーイ、インベスターズ・センターのジョーダン・ベルフォートです。クソみたいなロングアイランドの。ウォール街からの距離はあなたとそれほど変わらないので、あなたが知らないことを私が知っている可能性はほとんどありません。私にあなたのお金を管理させてくれませんか？多分、そのお金はもう二度と戻ってこないでしょうけど」

あなたはこれまで少なくとも一度、おそらくそれ以上、映画『ウルフ・オブ・ウォールストリート』をご覧になっていると思う。この映画の名場面のひとつが、私が初めてインベスターズ・センターのうらぶれた事務所に足を踏み入れて呆れかえるシーンだ。

私は周りを見渡すが、富や成功、その他ウォール街にふさわしい物が何ひとつ見当たらない。机にはコンピューターもなく、販売アシスタントもおらず、スーツとネクタイ姿のブローカーもいない。ただ20台の古い木製の机――その半分は空席だ――と、でっぷり太ったジーンズとスニーカー姿の間抜けヅラの若者たちがいるだけだ。

マネージャーが私を面接するあいだ、私たちから2、3メートルのところに座っているひときわ目立つ若者がいた。顧客と電話で話している彼は、背が高くひょろりとして、サラブレッド並みに顔が長かった。20歳そこそこで、高校生が春休みに遊びに行くような格好をしていた。顧客との電話中に彼は突然立ち上がって受話器に向かって叫び、可哀想な顧客を罵倒し始めた。マネージャーと私はそちらに耳を傾けた。

「勘弁してくださいよ！」と馬面のブローカーが叫んだ。「目論見書になんて書いてあるかなんて知ったこっちゃない！　目論見書なんて、せいぜい人をビビり上がらせるしか能がないんだから。悪いことばっかり書いてあって、良いことなんて全然書いてない。だから、あなたにやってもらいたいのはこれだけ。浴室に行って、ドアを閉め、電気を消す。そして真っ暗闇で目論見書を読むこと。それが一番。だって、この株は青天井で上がるんだから、そのチャンスを逃してほしくないんスよ。どうです？」

そして彼は静かに椅子に座り、返事を待った。

「彼はクリス・ナイト」とマネージャーは言った。「彼はウチのトップのブローカーだ。よく口が回るだろ？」

「ええ、そうでしょうね」と私は返事をした。「でも、説明義務についてかなり大雑把ですね。とはいえ、私も人のことを言える立場じゃありませんから。ロスチャイルドでもみんな同じくらいひどいことを言ってました。あそこの人たちも、聖歌隊員というわけではなかったですから」

私はマネージャーに戦友に対してするような笑みを投げた。「心配しないで。ウォール街の販売フロアで何が行われているのか、私はよく知っていますから。内部告発するつもりはありませんよ！」とでも言いたげに。

実際、ロスチャイルドのブローカーが聖歌隊員ではないというのは嘘ではなかった。六か月間ロスチャイルドを近くで見ていて、浴室に行って暗闇で目論見書を読めという正に同じセリフを少なくとも10回は聞いていた。きっとこのセリフは、どこかの秘密の販売訓練マニュアルに書かれているのだろうが、ＳＥＣがそれを関知していたはずはないと思った。結局のところ、これは目論見書に準じた株の交付について定めたＳＥＣ規則の明確な違反である。

この法律は次のように機能すると「見込まれて」いる。

企業の目論見書がＳＥＣの法人財務部門に登録された時点から、株式の売買開始の三十日後までの期間に、投資家に配られる唯一の情報は、目論見書に含まれる情報だけである。それ以外の情報開示は厳しく禁じられている。セールストークや広告、クリス・ナイトのような愚かなブローカーの咄嗟の発言で仄めかすだけでもだめだ。もしそれをすれば、法律違反になる。

問題は、この法律が実際には理屈で考えるほどうまく機能しないことだ。

現場においては、新株の発行は、以下の四つの段階を経て行われる。

① **希少性をアピールする段階**

これは、ブローカーが顧客に電話を掛け、二週間以内に魅力的な新株が発行され、顧客がその株を買うべきだと確信していると告げるところから始まる。ブローカーはその後一分間かけて企業の概要を、発行される株数が少ないこと（すなわち、この株は取引が開始された途端に値上がりするということ）を主に強調して説明する。唯一の悪いニュースは、人気が高すぎて、ブローカーが顧客に用意できる株数が少ないことだ。でも良いニュースは、それらの株は金と同じくらい価値があるので、顧客はその株数でもブローカーが用意できたことは幸運だと思わなければならないということだ。ここまで来ると、顧客はブローカーに盛大に感謝を伝える。

② **地ならしの段階**

これは、（顧客が読むことを選択した場合に）目論見書が顧客に及ぼすネガティブな影響を最小化しようとブローカーがあれこれやり始める段階である。今回は新株の発行なので、顧客に目論見書を送ることが法的に義務付けられているとまず説明し、その後こう付け加える。「お忙しいでしょうから、これを全部読むなんて時間の無駄ですよ。退屈ですし、きっと飛ばし読みしたいでしょう。ほとんどの人がそうしてます。素晴らしい会社なのは間違いないですから、もしこんなものを読みたいのであれば、どうぞお好きに！　健闘を祈ります」

③　祈りの段階

電話を切った後、ブローカーはＳＥＣのもとでの法的義務を果たすために顧客に目論見書を電子メールで送る。そして目を閉じて、顧客がそれを読まないことを神に祈る。もし読めば、ブローカーは怒りの、または少なくとも困惑した電話が掛かってくるのを覚悟しなければならない。電話が掛かってきた時点で四つ目の段階に移る。

④　緩和の段階

ブローカーはこの電話を予期していたので、この有毒な目論見書の恐ろしい効果を緩和する返事を用意している。ブローカーの倫理観のレベルによって、ラインをほんのわずか踏み越える程度の、あらかじめ用意しておいたいくつもの反論を並べ立てる――これによく似た他の会社がいかに巨大な勝ち組に変身したかという逸話を話す――ことから、あの有名なセリフ「浴室に行って暗闇で目論見書を読め」でフォースの暗黒面に思いっきり飛び込むかが決まる。

インベスターズ・センターでの面接の場面に戻ろう。

クリス・ナイトが再び、突然椅子から飛び上がり、受話器に向かって叫んだ。「マジで勘弁してくださいよ、ビル！　あなたの言っていることはメチャクチャだ。目論見書は単なる最悪のシナリオですよ。その上、この新株は一株当たりたったの10セントです。たったそれだけ！　一株当たり10セントじゃ、悪いほうに転びようがないでしょう？」

私はマネージャーの方に身を屈め、ささやいた。「今、一株当たり10セントって言いました？」

「それが何か？」とマネージャーは答えた。「何か問題でもあるか？」

「いいえ、ありません」と私は言った。「そんなに安い株、聞いたことがなかったものですから」

ちょうどそのとき、クリス・ナイトは怒りに任せて受話器を叩きつけ、ぶつぶつ言った。「あのネズミ野郎！　俺の電話を切りやがった！　いい根性してるじゃないか！　ぶっ殺してやる！」。私は心配そうな表情でマネージャーを見た。

「大丈夫」と彼は言った。「次回はその客をモノにするはずだから」

私はうなずいたが、何かとても妙なことがここで行われていると感じた。腹の底で感じたのだ。一株10セントの会社が上場する？　とんでもないクソな会社に違いない、と思った。

もちろん、その頃には、SECがメリット・レビューを行わないことも、最大級のクソ会社でも承認済みの目論見書を通じて販売できることもよく知っていた。全面開示についてすべてを、ブローカー試験の勉強をしているときに学んでいた。しかし、本を読んで知っているのと、実際にクリス・ナイトのようなブローカーが現実にやっていることを目の当たりにするのとでは、雲泥の差がある。正にその瞬間、乱用のおそれがある以上、メリット・レビューの欠如が本当に良いことなのかわからなくなってしまった。

　いずれにせよ、この事態は丸ごと「間違っている」と思った。インベスターズ・センター自体がそもそも存在してはいけないのだ。どうしてこんなことが許されるのか、わけがわからなかった。しかしその一方で、マネージャーの背後には二つの額が飾られており、それらはまったく別のことを謳(うた)っていた。大きい長方形の額には、明るい青い文字で、インベスターズ・センターが全米証券業協会（NASD）の会員であることを示していた。もうひとつの正方形の額には、インベスターズ・センターは、米国証券取引委員会(SEC)が事業を行うことを認めた、きちんと免許を取得した証券会社であることを示していた。ショックだった。私は壁に掛かったこの二つの額を指し示して言った。「あなた方は本当に規制に従っているんですか？　それはすごい！」

　マネージャーは面食らったようだった。「どういう意味だ？」と彼は言い返した。「もちろん、うちは規制に従っている！」。彼は自分の机の上に並べて置かれた五つのアクリル樹脂でできた立方体のオブジェを指し示した。それぞれ一辺が8センチほどで、縮小された目論見書が中に入っている。「これは、これまでうちが手掛けた新株発行の一部だ」。彼は立方体をひとつ手に取ると、じっくり観察できるように私に向けて投げて寄越した。「ここで行われていることはすべて完全に合法だ」

信じられない！　と私は思った。こんな場所が本当に合法だなんて、誰も信じないだろう。

後から考えると、私は完全に間違えていた。インベスターズ・センターは合法的な証券会社からは程遠い。それだけではなく、私はそこで学び、ウォール街の歴史で最もワイルドな大冒険の下準備をした。

まあ、それはさておき、その日私はそこの椅子に座って、縮小された目論見書が入った小さなアクリル樹脂の立方体に感心しながら、こう考えるべきだったのだ。

「メリット・レビューがない？　それじゃあ両刃の剣を手に入れたも同然だ！」

先に進む前に、開示に関してちょっとした情報をあといくつか紹介したい。まず、企業は上場後、開示を要求されなくなるわけではない。投資家に情報を提供し続けるために、企業が提出しなければならない定期的な開示がある。

ここで、四つの最も一般的なものをざっと紹介しよう。

①　Form 10－K

すべての上場企業が毎年提出しなければならない包括的な報告書である。平たく言えば、いわゆる財務開示フォームのキッチンシンクであり、知るべきことがすべて含まれている。そして何より、すべての記載について監査を受け、虚偽の記載にはペナルティが科される。知り得る限りすべての記載は100パーセント真実で、嘘や誇張、粉飾決算、在庫の二重計上などはないとする文書にCEOとCFOの両方が署名しなければならない。これは（かってはデタラメな数値を報告し、ちょっとしたお仕置きで済まされていた）嘘つきのCEOやCFOを取り締まるためにSECによって最近追加された。現在では、もし彼らが嘘の情報を故意に提出した場合、FBIが自宅のドアをノックし、ムショへの片道切符を手渡してくる可能性が高い。

② Form10－Q

これは、筋骨隆々とした兄貴である10－Kのスリムな弟版であり、年に一度ではなく、三か月ごとに提出しなければならない。10－Kとのその他の主な違いとして、10－Qは監査を受けていない――つまり、含まれる情報は、10－Kほど信頼性が高くない。それでも10－Qは、企業のキャッシュフローやサプライチェーン、在庫管理に関する問題や、その他の結果的には10－Kに記載されることになる事業に関する事柄を指摘することで、早期の警告システムとして非常に役に立つ可能性がある。

③ Form 8－K

これは企業の重要な変化を知らせるために用いられ、いつでも提出することができる。8－Kを提出する一般的な例としては、買収、破産申請、主要な経営陣の変化、取締役会の変化、新株の発行がある。実際のところ、8－Kの提出は、そのニュースがどのように受け止められるか、その企業が市場でどのような位置に存在するかによって、短期投資家の最良の友にも、最悪の悪夢にもなり得る。

④ Form 13－D

一般的には「実質的支配者の報告書」と呼ばれる13－Dは、個人または団体の保有株式が企業の発行済み株式の5パーセントを超えたことを公的に知らせるのに用いられる。これを提出する際に当該投資者は、単なる投資者として受動的に儲けようというだけでない、あらゆる意図を開示しなければならない（もし能動的な意図がない場合、13－Gと呼ばれる簡易化された報告書を提出することができる）。最も一般的な能動的な意図として、イーロン・マスクが最近ツイッター社に対してやったように株式公開買い付けを通じて企業を乗っ取るとか、株主価値を上げるために企業の進行中の活動や資本構造に大きな変化をもたらすことを目的としてアクティビストとなることなどが挙げられる。

この四大報告書に加え、他にもたくさんの開示フォームがあるが、最も頻繁に耳にし、ほとんどの人々の投資意思決定を左右するのはこの四つである。

先に進む前に、強調しなければならない重要な問題がある。それは、ウォール街が一般の投資家に対して持っている最も大きなアドバンテージは、一般の投資家が知らないことを彼らは知っているという思い込みである。この思い込みは、ウォール街と同じくらい良心のないマディソン街の広告代理店による何十億ドルもかけた広告により過去百年にわたってほぼ完璧と言えるまで磨き上げられてきた。

ダイレクト・メール、広告看板、ラジオCM、テレビCM、そしてここ二十年は膨大な量のネット広告を通じて、マディソン街は、世界で最も臭く、醜く、貪欲な豚であるウォール街に、売春婦のような真っ赤な口紅を塗って魅力的に見せるという使命を首尾よく達成した。

こんなことを聞かされて困惑しているだろうか？　詳しく説明しよう。

簡潔な事実として、あなたが自分のお金を管理するのに、ウォール街は必要ない。

必要ないのだ。

自分自身でよっぽどうまく管理できる。

誇張しているとお思いだろうか？

よろしい。では、ウォーレン・バフェットはどうだろう？　彼は誇張するような男に見えるだろうか？　まさか。誇張は彼のキャラクターに反する。

バフェットは穏やかに話す賢者であり、絶対的に信頼できる人物だ。実際、ウォーレン・バフェットが投資アドバイスの信頼できる源泉であることに、誰もが同意するだろう。

そう、彼はまさにそういう人物だ。

では、それを念頭に、ウォーレン・バフェットの財界に関する最新の発言のひとつを見てみよう。これだけでも、入場料の価値のある言葉だ。

「ウォール街のブローカーやヘッジファンド・マネージャーよりも、Ｓ＆Ｐ５００の各銘柄が書かれたダーツボードにダーツを投げる猿たちに私のお金を渡すほうがマシだ。別にウォール街に私怨があるわけではないが、猿たちのほうが9割の確率で勝つだろう」

ただし、たった三十年前は、事態はまったく違っていた。

私がウォール街にやってきた一九八七年には、金融の世界で何が起こっているのか、ウォールストリート・ジャーナル紙の朝刊（これは当然、前日のニュースである）で読める以上のことを知りたければ、株式ブローカーが実際に必要だった。

私が自分の証券会社ストラットン・オークモント社で書いた最初の台本のセールスの決め台詞のひとつは、この問題――情報の不均衡によって、市場の実情を正確に把握しているウォール街のブローカーと比べて、平均的な投資家がいかに大きなハンディを負っているか――と深く関わっている。この台本は、当時ニューヨーク証券取引所の優良企業だったイーストマン・コダック社についてのものだ。その頃、コダック社はポラロイド社から特許権侵害で訴えられたばかりで、訴訟の暗雲がコダック社の頭上に漂った結果、株価が一株当たり１００ドルから40ドルへと急落していた。

この台本のテーマはシンプルだ。

多くの機関投資家の定款には、重要な訴訟に直面する企業に関わることを禁じる厳格な条項がある。そのため、訴訟が決着した途端に彼らがそのような株を一斉に買い戻すため、株価は急上昇する。台詞の締めとして、私はコダック社と同じような状況にあった会社で訴訟が決着するや否や、株価が息を吹き返し、すぐさま過去最高値を記録した例を3件挙げた。この台本は力強く、論理的にも感情的にも、あらゆる面で理に適っていた。しかし、この台本の最後に、このすべてをうまく運ぶ決め台詞を置いた。

この決め台詞は非常に強力なため、顧客は5割の確率でセールストークの途中で「まさにそのとおり」とか「間違いない」と遮ってきたり、「君たちはここですごい仕事をしてるんだなあ」とでも言いたげな唸りを寄越したりすることになる。

またこの決め台詞は、その株を今——新聞で訴訟の決着についての記事を読む「前」に——買わなければならないことを顧客に明確に伝えるだけでなく、余分な手数料を請求されるとしてもウォール街に拠点を置く株式ブローカーを抱えておくことの重要性も強調している。結局のところ、ブローカーはそれ以上の価値があるのだ。

決め台詞は、買いの注文を取る直前、セールストークの最終盤に登場する。

「ところでジム、このような状況で金儲けをする秘訣は、訴訟が決着する前の『今』、態勢を整えることとだ。ウォールストリート・ジャーナル紙でそれを読む頃には、手遅れだから」

このとおり、伝えたいメッセージは明確だ。

ウォール街にいなければ、株式市場で金儲けができる可能性はほぼゼロだということだ。情報の伝達が余りにも遅いため、ウォールストリート・ジャーナル紙などのアクセス可能なニュースソースが報じる頃には、その情報にはほんのわずかな価値しかない。その頃には、ウォール街のすべてのトレーダーやアナリスト、株式ブローカーたちはすでにそのニュースを知って、それに従って売ったり、買ったり、静観したりといった行動を済ませている。この優位性を確実にするため、ウォール街のブローカーは自分のデスクにクオトロンと呼ばれる特殊なコンピューターを置いていて、それでリアルタイムの株式市況や、重要な金融ニュースを瞬時に届けるブルームバーグと呼ばれる専門ニュース・サービスにアクセスすることができた。

そして駄目押しのように、ウォール街のすべての大手証券会社は、ワシントンDCにあるSECの本部に使い走りを常駐させ、上場企業が開示書類を提出するのを待たせていた。開示書類が届くと、使い走りはすぐさま行動を起こし、鮮度が命の開示書類をそれぞれの証券会社の財務アナリストに自転車や車、徒歩、またはファックスで届ける。アナリストはそれを分析し、調査報告書にまとめる。今度はそれが証券会社のトレーダーやブローカー、そして最終的には顧客にシェアされる。

これらの優位性はすべて、セールストークの最終段階のあの強力な決め台詞で仄めかされていた。滅多にないことだが顧客がまだ懐疑的な場合や、地元のブローカーを通じて投資をしたいという場合、このように付け加える。

「ジム、オクラホマのあなたの地元のブローカーとの仲を裂くつもりはありません。牛の先物取引や穀物の作柄報告なんかについてはきっと良い仕事をしているんでしょう。でも株に関しては、私はウォール街にいて、市場の事情を正確に把握しています。あなたの地元のブローカーが昨日のウォールストリート・ジャーナルを読むのに忙しくしている間に、私は明日のニュースを先回りしてキャッチしているんです……」などなど。

オクラホマの農場やミシガンの自動車組立ラインで働く投資家が、ウォール街のブローカーと競うのは不可能だった。情報のギャップやテクノロジーのギャップ、顧客が受話器を取って株式ブローカーに電話しなければ一株も買うことができないという事実により、彼らに勝ち目はなかった。

でも、今現在はどうだろう？　現代のデジタル化された世界――情報が世界中のスマホやノートパソコン、デスクトップなどに光の速さで送られる世界――では、今述べてきたようなことは遠い過去の話に聞こえないだろうか？

いいや、まったく過去のことではない。

ウォール街がいまだに必死に個人投資家に売り込もうとしているこの使い古しの常套句――彼らは個人投資家が持っていない情報を持っている――は、デタラメ中のデタラメである。

確かに、それが真実であるときもあった。しかし、それももう随分昔のことだ。

二〇〇一年以降、すべての上場企業はSECのオンライン・データベース「EDGAR」上に開示することが法的に義務付けられているため、すべての10－Kや10－Q、8－K、13－Dはインターネットにアクセスできる世界中のあらゆる投資家が即時に入手できるようになった。

簡単に言えば、情報ギャップは消滅した。

上場企業の直近の事情を知りたければ、インターネットでwww.edgar.comにアクセスすると……ジャーン！　必要なすべての情報が手に入る。


もうおわかりかな？　メリット・レビューなしの全面開示の威力を。

それが資金調達のための誰にも止められないワンツー・パンチを創出し、アメリカの証券市場が世界の羨望の的となるための基礎を築いた。

だがもちろん、それには時間がかかった。

一九三四年、アメリカはまだひどい有り様だった。

大恐慌はアメリカにとって前代未聞の危機だった。それまでも、好況と不況はいくつもあったし、時にはパニックも起こったが、そのとき起きていたことは、それらとはまったくの別物だった。国民は怒っていた。そして変化を厳しく要求した。ＳＥＣはその変化を起こすために設立された。その遂行のために、ＳＥＣには二つの核となる使命があった。

●投資家の信頼を回復する。

●アメリカ人に再び投資をさせる。

ひとつ目の成功が二つ目の地ならしをする、崇高な使命である。運動場の整備がされたとアメリカ国民を納得させることができれば、彼ら国民は再び投資を始めようかと思うだろう。理屈の上では、素晴らしい計画だった。

唯一の問題は、実際に行うのは言うほど簡単ではないということだった。

資本市場を解凍するためには、ウォール街と個人投資家の両方の同意が必要だった。運動場が整備され、新たに設けられた証券法がすべての人に公正であると両者が合意しなければならなかった。そうでなければ、今までと変わらないし、それではウォール街は歓迎するだろうが、アメリカ国民は納得しないだろう。国民は我慢の限界だった。うんざりしていた。余りにも何度も金を巻き上げられてきたので、本当の変革がないなら交渉の余地はなかった。

その点について、ウォール街は神経質になっていた。いや、震え上がっていた。何百年にもわたって貪欲の限りを尽くしてきたのに、とうとう押さえつけられるのだ。しかも新しい証券法はなかなか手強い。全面開示、新株の登録、公正で正直な取引、顧客の利益最優先――これらは一九三〇年代には革新的な概念であり、そのようなものはそれ以前に試されたこともなかった。

それでも、ウォール街には他にどんな選択肢があっただろうか？

驚くべきことに、アメリカ国民は今回ばかりは真剣だった。金融村を略奪し放題だった栄光の日々がとうとう終わりを迎えていた。

そのため、ウォール街は痛みを堪(こら)えてやるべきことをやると決めた。

ウォール街の大手の銀行や証券会社の重役たちが一堂に会し、新たな一連の規則を受け入れることに合意した。それ以降、彼らはその規則を尊重し、遵守し、ニューヨーク証券取引所を、投資家のニーズが最優先される、親切で公正な場所に変えた。結局、それがアメリカのためになるし、アメリカは彼らウォール街の重役たちにこれまで随分良くしてくれていた。アメリカは彼らを金持ちにし、彼らの途方もない野望を超えて権力を与えてきた。そして今度は少し恩返しをするときが来たのだ。それはある種の生まれ変わりで、明るく希望に満ちた倫理的なウォール街の新時代となるはずだった。

信じられない、だろう？

国家の危機に直面して、ウォール街が良心に目覚め、公共の利益のために自分たちの利益を犠牲にすることに合意する、そんな与太話をあなたが信じるというなら、私はあなたにワカンダの土地を売ろう［訳注：ワカンダはマーベル・コミック『ブラックパンサー』に登場する架空の地名］。

つまり、彼らのような強欲な奴らが戦わずして折れると本当に思うか？　そんなわけない！　次に登場するのは、10歳の聞き分けのない子供の駄々の金融版だ。「もとのルールで遊び続けられないなら、俺たちはボールを持ってうちに帰る。そうしたら、もう誰も遊べない。さあどうだ！」。ウォール街がやったのは、まさにそれだった。

大手の銀行や証券会社は協力を拒んだ。

「不公平だ」と彼らは叫んだ。

「非アメリカ的だ！　共産主義者の陰謀だ！　私たちは新しい規則を受け入れるつもりも、それに従うつもりもない。証券を登録したり、目論見書を提出したり、すべてを開示したりもしない。そして絶対に、顧客のニーズを私たちのニーズより優先させたりしない。なぜ私たちがそんなことをする？　私たちの頭がおかしくなったとでも思っているのか？　正直にしていて金儲けできるはずがあるか？」

と、まあこんな感じでボイコットが始まった。

主要な新聞に記事が仕込まれ、反対勢力は公然と中傷され、最高裁では訴訟が起こされた。合衆国の歴史で最も巨大なロビー勢力となり、ウォール街の人形遣いたちは、新しい証券法を馬鹿げたものとして修正するよう主張して議会に宣戦布告した。議会が修正に応じるまで、株式市場は閉まったままとなる。新たな取引は行われず、資本は調達されず、貸付も行われない。伝えたいメッセージは明白だった。「そっちが協力するまで、アメリカを人質にする」

これは効果があった。

資金調達と貸し付けをほとんど独占していたウォール街からの激しい圧力に押されて、議会は連邦証券法をもっと使い勝手のいいものに薄め、ニューヨーク証券取引所に大幅な免除を与えた。ニューヨーク証券取引所は大抵の場合、自らを統治でき、人形遣いたちを取り締まることになっても、追及の手は緩められることになった。

当然、ＳＥＣの当初の法律は完全に骨抜きにされたが、それでもルーズベルト大統領の次の一手ほど壊滅的なものではなかった。

ご存じのとおり、ルーズベルトはまだ問題を抱えていた。

ウォール街が彼を信用しなかったのだ。

ウォール街から見ると、ルーズベルト大統領はよそ者で、共産主義寄りの頑固な理想主義者で、アメリカのビジネス界に過度に敵対的だと見做されていた。その結果、連邦証券法が薄められても、ウォール街の人形遣いたちにはまだまだ足りなかった。彼らの考えでは、大統領に少しでも譲歩すれば、大幅にやられ、気付かぬうちに大統領の言いなりになる。

このようにして手詰まりの状況が続いた。

突破口を開くためには、大統領はウォール街に計画を「売り込む」誰かを必要としていた。誰か、内部の者で、彼らがよく知っていて信用できる人物。そうでなければ、市場は閉まったままで、国民は困窮し、大恐慌はいつまでも続くだろう。

だから、ルーズベルトはジョー・ケネディを選んだ。それは大統領の主要なアドバイザーやもっと厳格だった当初の証券法を起草した者たちにとっては大変悔しいことだった。

彼らはショックだったし怒っていたが、メディアも同様だった。「違うと言ってくれ、ジョー！羊の番を狼に任せるなんて一体どういうことだ？」といった見出しが躍った。

しかし、ルーズベルトにも彼なりの理屈があった。

ケネディが、ウィンクとうなずきひとつでウォール街に仕事を再開させることができる、早口のセールスマンの典型だと知っていた。そしてそれこそがケネディがやったことだった。

ケネディの計画は恐ろしいほどシンプルだった。

「ウォール街全体を常に監視するだけの資金はないので、法を執行する際には、誰をしっかり監視し、誰を監視しないかに関して実務的になる必要がある。要は、これらの新法をすべて遵守すると我々が信用できる人たちと、信用できないそれ以外の全員に分かれる」

「我々が信用する人たちについては規制は簡単だ。彼らが遵守しなければならない法律を単に手渡すだけで、あとは彼らの心の道徳的羅針盤に任せておけばいい。そしてそれ以外の全員については、まるで鷹のように厳しく見張る」

実際にジョー・ケネディはそうした。

彼は、法の執行の面では、二層構造の司法システムを約束することで、彼の昔の犯罪仲間に、企業財務の面では、厳格な開示規定を受け入れるよう説得した。

「以前よりももっと良くなる」と彼は仲間の人形遣いたちに説明した。「投資家の信頼を回復することで、我々が盗めるお金がさらに多く生み出されるし、規制のクッキー瓶に手を突っ込んでいるところを捕まっても、ＳＥＣが見ないふりをするか、手首をぴしゃりと叩く程度で済ませるようにしておく。完全なポーカーフェイスでやってみせる」

「新たに捜査を開始するためには常に高いハードルを用意しておく。そして、ＳＥＣが結論を解釈する際には、疑わしきは罰せずの態度で臨む。滅多にないことだが私たちの詐欺がコントロール不能にまで行きすぎてしまい、個人投資家が多額のお金を失う結果となり、メディアまで動き出したら、下っ端の間抜けを差し出すことをＳＥＣが認めるように手配する。そいつは欲をかいて勝手に行動したと私たちが言い張って生贄にし、あとはＳＥＣに任せればいい。素晴らしいことになりそうだ、紳士諸君。私が保証する。合意していただけるかな？」

当然の如く、全員が合意した。

結局のところそれは、羊の皮を被った狼へと見事に変身したウォール街のかつての狼が密かに立てた実に素晴らしい計画だった。ジョー・ケネディはすぐさま仕事を始めた。

彼の最初の一歩は、金融コミュニティを二つのグループ、善玉と悪玉とに分けることだった。善玉のグループには、彼が信頼している人物や組織を入れた。そのメンバーには、ウォール街の大手銀行や証券会社、投資信託、格付け機関、法律事務所、会計事務所などのトップ、そしてダウの30社の経営幹部が含まれる。それは基本的に大暴落の責任者の紳士録だった。

しかし、ジョー・ケネディはかつての犯罪仲間について別の見方をしていた。

彼にとって、彼らは名誉ある紳士であり、名誉ある紳士がみんなそうであるように、彼らも自己申告制度に則って管理できる。結局、彼らは名家の出で、名門校に通い、名門大学に進み、名門ゴルフクラブに所属している。彼らは自己申告制度で育ってきて、その重要性を理解していた。彼らにとって、倫理規程は遵守しなければならず、どんな犠牲を払っても死守しなければならない神聖な伝統である。もしくは、少なくとも自分たちにそう言い聞かせているか、彼らがそれを破ろうとするときに他人にそのように言う。

そして、二つ目のグループ、いわゆる悪玉グループだが、ジョー・ケネディはその他の全員をそこに入れた。つまり、支配者層に属していない人物や組織である。彼がそれらの人々や組織を

「信用できない」と見做していたと言うのは言いすぎかもしれないが、彼らは支配者層の「外側にいる」という事実によって、得体の知れない人物と見做され、悪いことをしないように鷹のような鋭い目で監視されなければならなかった。

もちろん、ルールが2種類あることは明文化されていない。ジョー・ケネディはその点抜け目がなかった。憲法の最も基本的な信条のひとつ――すなわち、法の下の平等――に違反し、最高裁で即時に無効にされると彼にはわかっていた。だから、公には万人に適用される単一の規則しかないことになっていた。

しかし実際には、全然違った。

恣意的な執行と、見て見ぬふりができないほどひどいことを支配者層がやった場合に（滅多にないことだが）ちょっとしたお仕置きで済ますことが相まって、ウォール街の大手の銀行や証券会社は今までどおりの日常に戻り、人形遣いたちの統治は続いた。

先に進む前に、ひとつ確認しておきたいことがある。あなたが今何を考えているのか、私には良くわかる。

「勘弁してくれよ、ジョーダン。ＳＥＣから株価操作で起訴され３００万ドルの罰金を科された君のような奴がこんな風にＳＥＣをバッシングしていると、自己弁護に聞こえる。君はきっと、君を不当に苦しめたシステムは道徳的にぶっ壊れていて芯まで腐っているんだろう？」

あなたがこう考えているのなら、私にも充分理解できる。あなたが私の物語をすべて知らないなら、そんなふうに思われても仕方ない。私がまだＳＥＣに恨みを持っていて、ＳＥＣをやっつけようと躍起になっているように見えるだろう。

ここで、事実関係を整理しておこう。私にはＳＥＣへのわだかまりはこれっぽっちもない。不当に苦しめられたと思ったこともない。他の囚人たちが無実を訴え続けている刑務所の中でさえ、私はいつも「俺はショーシャンクで唯一の罪人だ！」と言っていた。

理解していただけただろうか？

私が悪辣な捜査官に不当に告訴され、私をハメるために待ち構えていた司法システムによって有罪にされた無実の男だなんて幻想を、これまで抱いたことはない。単純明快に、私は判決どおり有罪だった！　私は法を破り、当然の報いを受けた。それを矮小化（わいしょうか）したり、正当化しようとしたりしたことは一度もない。

実際のところ、後から考えてみると、ＳＥＣに捕まったことは、私にこれまで起こったことで最も良いことだった。私がこの転落劇から学んだ貴重な教訓は、もしそれが起こらなかったら絶対に得られなかっただろうし、私が今享受している素晴らしい生活の礎にもなっている。

繰り返すが、ＳＥＣに対する怒りは、過去の個人的な関係やＳＥＣが私をどう扱ったのかとは一切関係ない。むしろ、ＳＥＣがウォール街の大手事務所で何が行われているのか――先回り売買、株価操作、バブル、詐欺、不正――を正確に知っていながら、スピード違反の切符程度の笑えるほど少額の罰金でお仕置きをする以外に、彼らを止めるためにまったく何もしなかったという事実に私は怒っているのだ。

ジョー・ケネディの件に戻ると、彼の計画は完璧に進み、ＳＥＣはウォール街の支持を受けて発足した。約束通りニューヨーク証券取引所は営業を再開したが、その後十年間は不振が続いた。失業率は33パーセントの高さから下がらず、世界は次の大戦の瀬戸際にいて、ヒトラーの軍事力に打ち勝つために武器の生産が急がれる中、国民が持っていたなけなしのお金は、合衆国戦時公債に向けられた。戦時中の経済は最初は緩やかに始まったが、すぐに勢いを増し、終戦の頃には、かつてないほどの好景気になっていた。

結局、第二次世界大戦がすべてを一変させた。

この戦争が他に類を見ない経済のジャガーノートを解き放ち、ウォール街がロンドンに代わって世界の金融の中心地となった。豊富な天然資源と両岸を大海で守られているおかげで、アメリカは大戦の傷をほとんど受けないままでいられた。産業はブームに沸き、資金は循環し、国民は働き、株式市場は大規模な強気相場を待ち構えていた。それでも、ダウが一九二九年の大暴落で失ったものを完全に取り戻すのに、それからさらに九年かかった。

ついにそれが達成されたとき、皮肉と言わざるを得ない事態となった。街の新たなゲームに対し不満の声が上がり、彼らはすべてを一変してしまうと大胆にも主張していた。しかしそれは、良い方向に一変されたのだ。

第7章 大暴落の真実とその他のいくつかの重要な事実

The Truth About the Crash and Other Important Things

ここで、あるショッキングな数値を紹介する。用意はいいかな？

ダウが一九二九年の大暴落とその後の大恐慌から完全に復活するのに、二十五年以上かかった。つまり、暗く憂鬱で惨めな二十五年だった。

詳しく言えば、ダウは一九二九年九月三日に381・17の史上最高値に到達し、二十五年とほぼ三か月後の一九五四年十一月二十三日まで、その数値を超えることはできなかった。

私はこのことを、ブローカーの試験勉強中の一九八七年に初めて聞いた。とても驚いたことを覚えている。当時私は、狂騒の二〇年代に行われていたレバレッジ投資の危険件と、それらが時限爆弾のように暗黒の月曜日に爆発したことについて学んでいた。連邦政府と連邦準備制度理事会がその後の数年にわたって重大な誤り——金利を下げるべきときに上げたり、税金を減らすべきときに増やしたり、貨幣供給を緩めるべきときに引き締めたり、輸入関税を導入したり（その結果、貿易がストップしてしまった）——をいくつも犯してきたことも知っていた。

ついに危険な負のスパイラルに突入し、一九三二年七月八日にダウ・ジョーンズは史上最低値である41・22を記録し、最高値から90パーセント下落することになった。一九三二年は控えめに言ってとても悪い年だった。そしてゆっくり痛みを伴いながら、その後、二十五年かけて回復した。

後から考えると、第二次世界大戦による圧倒的な好景気にもかかわらず、ウォール街がダウをもとに戻せなかったことは不思議に思える。第二次世界大戦の終戦時までに、アメリカは国中の工場が活況に沸く経済大国となっていた。失業率は低く、みんな意気揚々として、工業生産高は大暴落前の3倍に達していた。しかし、なぜか、それでも充分ではなかったのだ。ダウが大暴落前の値を超えるまでに、第二次世界大戦が終わってからさらに九年かかった。

信じられない、だろう？　市場をその実質的な価値を超える高さまで膨らましてきた狂騒の二〇年代の悪徳銀行家やブローカーたちの厚かましいまでの大胆さに、あなたは呆れるのを通り越して感心しているに違いない。世界大戦や産業の分野で出現した巨大企業をもってしても、頑固なダウを大暴落前の水準に戻すのに充分ではなかったことは、驚くべき事実である。

株式市場は、それが拠って立つ経済の（その後六～九か月の間を予想する）主な指標と見做されている。だからこそ、第二次世界大戦後、経済が空前のレベルまで好景気となり、アメリカの将来の見通しはこれ以上なく明るかったのに、なぜダウは大暴落前の値より50パーセントも低い181・43で足踏みしていたのだろうか？

株式市場に何か問題があったのだろうか？　なぜ株式市場だけが他の経済と同じように回復しないのだろうか？　結論から言うと、これにはちゃんとした理由がある。つまり、これはまったくのデタラメだったのだ。

誤った仮定と情報の欠落に基づいた、偽の統計なのだ。実際には、ダウはたった七年と二か月で完全に復活した。正確には、一九三六年十一月五日、アメリカがまだ大恐慌の真っ最中にあるときダウは、一九二九年に達成した史上最高値381・17を超え、184・12で史上最高値を更新した。印刷ミスに見えるかもしれないが、そうではない。184・12は、以前の史上最高値である381・17よりもかなり「低い」のになぜ新たな史上最高値になり得るのか？

まず言っておきたいのは、あなたの計算能力が急に衰えたわけではないということ。381は184よりも高いのは間違いない。次に、「何かを見逃している」と感じているならそれは正しい。実際、それは次の三点だ。

1 デフレの影響
2 配当の影響
3 ダウの構成

ダウが実際にどのように動いているかを正確に読み取るためには、これら三つの要素を考慮しなければならない。そうでなければ、得られる情報はかなり歪んだものとなるだろう。ごく短期間（おそらく二、三か月）に限ってダウを追うならば、これらの三つの要素を考慮しなくても正確に情報を読み取れるだろう。しかし、それ以上の期間になると、日を追うごとに情報がどんどん歪んでいき、しまいには完全に別物となる。なぜそうなるのか？　ではまず、一番目の要素から始めよう。

１ デフレの影響

過去八十五年間、アメリカ経済は概して、価格が毎年ゆっくりと上がる、一貫したインフレを経てきた。大きく上がる年やそれほど上がらない年もあったが、それでも全般的には上がり続けた。しかし、大恐慌の間はそうではなかった。一九三〇年から一九三五年までの間、まったく逆のことが起こっていた。歴史上初めて、アメリカの経済が大規模なデフレに見舞われ、財やサービスの価格が急落したのだ。車、家、食料品、灯油、ガソリン、そして床屋に行くためのバス賃まで、一律に33パーセント下がった。

このことはダウの価格にどのような影響を与えるだろうか？　他のものと同様、ダウ（及びその他のあらゆる株価指数）の実質的な「価値」は、常にそれが拠って立つ経済とは相対的なものである。例えば、ダウが現在５００ポイントだとして、そのときの平均的な家の価格が３０００ドル、平均的な車の価格が１００ドル、水道光熱費がひと月３ドル、１ガロンの牛乳と１ダースの卵、１ポンドの肉が合計５ドルとする。

そこに大惨事がやってくる。大恐慌が勃発し、財とサービスの価格が一気に下落し始め、あなたの周りの何もかもが33パーセント安くなる。新築の家の価格は２０００ドルまで下がり、新車は66ドル、月々の水道光熱費は２ドルに、１ガロンの牛乳と１ダースの卵、１ポンドの肉が、５

ドルから3・3ドルに下落する。それでも、ダウはちっとも動かない。

ここで質問だ。33パーセントのデフレを考慮して、購買力の観点からダウの「実質的な」価値はどうなったか？　購買力は500ポイントのままか、または購買力は上がったか？

答えは明らかだ。購買力は上がった。

どれだけ上がったか？　実質ベースで33パーセント。すなわち、ダウの500ポイントに変更がなければ、その購買力は667ポイントとなる。これは、理屈の上だけの話ではない。あなたのお財布にも直接影響を与える経済的な現実なのだ。そのため経済の統計値として、次の2種類が発表される。

① 名目値
② 実質値

統計値が「名目値」で発表される場合、比較しやすくするための外部要因の調整を行っていないという意味で、出てきたそのまんまの数値である。反対に、統計値が「実質値」で発表される場合、比較しやすくするため外部要因の調整を行っているという意味である。外部要因の例としては、インフレ、デフレ、為替の変動、季節的変動、人口規模の変化などが挙げられる。ある資産の価値を長期にわたって比較する場合、調整をしなければ、出てくる結果は意味のないものとなる。

一九三六年、ダウが184ポイントだったことは、名目上、過去最高値の50パーセントを下回るように見える。ただ、実質値で考えると、実際には33パーセント価値が高いため、過去最高値よりたった20パーセント低いだけである。ここで、二番目の要素に導かれる。

2　配当の影響

信じられないような話をしよう。

IBM（インターナショナル・ビジネス・マシーンズ）という名を聞いたことがあると思う。一九七〇年代、私が子供だった頃、IBMは世界で最も大きくて有名な会社のひとつだった。その青いコンピューター、青と白のロゴ、そして投資家から優良中の優良株と目されていたために「ビッグブルー」の愛称で親しまれたこの会社は、35万人超の従業員を170か国で雇用し、年間売上は150億ドルを超えていた（当時の150億ドルは相当な金額だった）。IBMの経営陣が一九八〇年代の初頭にヘマをやり始めた――まずはパソコン・ブームに、そしてサーバー・ブームに、その後はインターネット・ブームに乗り遅れた――ものの、現在でもまだ大企業であり続けている。現在、28万人超の従業員を抱え、年間収益は590億ドルを超え、ニューヨーク証券取引所で一株当たり120ドルで取引される株式は、ダウの構成銘柄のひとつである。

しかしもちろん、それほど巨大であっても、すべての大企業がそうであるように、初めから巨大であったわけではない。ＩＢＭでさえ、創業当初（一八〇〇年代の終わりまで遡る）は慎ましいものだった。ハーマン・ホレリスという頭の切れるドイツ系アメリカ人が一八九〇年の国勢調査の大変な作業を完了させるために人力の手計算に代えて厚紙の「パンチカード」を使うアイデアを思いついた。つまり、エジソンが電球を発明する前、そして人類が電気を使う前に彼はコンピューターを作ろうとしていたのだ。

驚くべきことに、そのパンチカードは大成功を収め、事業は繁盛し、一九一一年に上場された。その二十年後にダウの銘柄に採用される。そのような信じられないほどのサクセス・ストーリーを念頭に置いて、ＩＢＭの上場当時にＩＢＭに１００ドル投資していたとしたら、今いくらになっているか、当ててみてほしい。

今、あなたはかなり大きな数字を思い浮かべていると思う。

こんなサクセス・ストーリーを持つ企業なんだから、そうでないわけがない。

あなたもそう思っているなら、あなたは１００パーセント正しい。

一九一一年にＩＢＭに１００ドル投資していたら、現在、４００万ドル超になっているはずだ。

結構すごい金額だよ、ね……？

うーん、そうでもない。

正直に言えば、この数字を初めて見たとき、私の心はさほど動かなかった。何も、１００ドルの投資が400万ドルになっても嬉しくない、と言っているわけじゃない。私が言いたいのは、もうちょっと大きな数字、例えば1000万ドルとか2000万ドルを期待していたということだ。なんと言っても、一九一一年には比較的小さな会社だったのが、七十五年後には2位にほぼ2・5倍の差をつけて世界で最も収益性の高い企業となったのだ。IBMが結果的にこれほど恐ろしく巨大になったことを考えると、100ドルの投資はもっと大きくなっているはずだと思った。

結局、私の直感は正しかった。先の計算で抜けていた重要な要素があり、その要素が結果を著しく変化させていた。つまり、IBMは一九三〇年代から配当を払い続けているのだ。

ご存じのとおり、企業の株を保有することで、二通りの儲け方がある。ひとつ目の方法は、値上がり益によるものだ。つまり、古くからの投資の格言、安く買って高く売るに従うことの洒落た言い方だ。その結果得られる利益は、ウォール街の言い回しで「キャピタル・ゲイン」と呼ばれ、合衆国では以下の二つのカテゴリーに分けられる。

①　短期キャピタル・ゲイン

これには、一年に満たない期間にわたって保有したすべての投資から得られたキャピタル・ゲインが含まれ、通常の収入と同様に課税される。

②長期キャピタル・ゲイン

これには、一年以上の期間にわたって保有したすべての投資から得られたキャピタル・ゲインが含まれ、現在の税率は15パーセントで（最も低所得の区分に含まれる投資家を除き）通常の収入について支払う税率よりもずっと少ない（税率区分ごとの税の値引率を次の表で示す）。

さらに、税率は時期によって変更される可能性があり、特定の投資がどのように課税されるのか情報を得たり、税の専門家に相談することが必要なことも覚えておかなければならない。

株で儲ける二つ目の方法は、企業が支払う配当である。配当は、企業の利益の一部をそのすべての株主（一般株主を含む）に分配することである。つまり、あなたが配当を支払う会社の株を保有しているなら、配当が分配される際に、あなたは正当な分け前を受け取れるということだ。例えば、ＩＢＭは四半期に一度、一株当たり１・５ドルの配当を支払う。したがって、各四半期末に保有する個々の株ごとに１・５ドルを受け取ることになり、合計すれば一年で6ドルになる。

ここで、「配当利回り」と呼ばれるもうひとつの重要な数値を算定することができる。ＩＢＭの例を引き続き使うと、年間の一株当たりの配当額6ドルを現在の株価１２０ドルで割る。すると、パーセンテージで表される数値（この場合は5パーセント）が算定される。言い換えると、

2023年の連邦税率区分

税率（%）	単身者	夫婦合算申告	値引率（%）
10%	$0～$11,000	$0～$22,000	0%
12%	$11,001～$44,725	$22,001～$89,450	3%
22%	$44,726～$95,375	$89,451～$190,750	7%
24%	$95,376～$182,100	$190,751～$364,200	9%
32%	$182,101～$231,250	$364,201～$462,500	17%
35%	$231,251～$578,125	$462,501～$693,750	20%
37%	$578,126+	$693,751+	22%

IBMの株を買って保有しておくだけで、株価がそのまま変わらなければ、投資収益率（ROI）は一年当たり5パーセントと算定できる。

計算式は次のとおりだ。

配当利回り＝年間配当額÷現在の株価

A株：

購入時の株価＝120ドル

現在の株価＝120ドル

配当＝1株当たり6ドル

ROI＝（投資利益の純額÷コスト総額）×100％

投資利益の純額＝（現在の株価－購入時の株価）＋配当

ROI＝（（120ドル－120ドル）＋6ドル）

÷120ドル＝0・05×100％＝5％
ROI＝5％

一般的に、配当には2種類ある。

① **普通配当**
これは大抵、現金か追加的な株式の形で、四半期ごとに支払われる。

② **特別配当**
これはいつでも発表できる一度限りの支払いで、現金か追加的な株式の形で支払われる。

企業は特別配当を、次のような様々な理由で発表できる。

● **手元に余剰金がある**　企業の事業や拡張にすぐに必要のない多額の余剰金が手元に残る場合がある。そのような場合、企業は、その余剰金の一部を株主に返還する方法として特別配当を株主に配ることを選択できる。

● **一度限りの出来事**　企業が重要な資産を売却したり、多額の訴訟和解金を受け取ったりした場合、企業はその余剰金の一部を株主に返還する方法として特別配当を株主に配ることを選択できる。

●**事業戦略の変更**　企業は事業戦略をシフトし、それまでほど手元に資金を維持しておく必要がなくなる場合がある。そのような場合、企業は特別配当を株主に配ることを選択できる。

●**株主からのプレッシャーを抑えるため**　特に企業が過去に普通配当を行ったことがあり、手元に多額の現金がある場合、物言う株主が特別配当を分配するように企業にプレッシャーをかける場合がある。

企業が創業からまだ間もなく、急成長を遂げている最中であれば（あるお金はすべて将来の成長に投資しなければならないため）配当を行うのは稀である。しかし、企業がその事業と将来の成長に投資するだけの充分なキャッシュフローを生み出せるまで到達できたら、取締役会は配当を発表し、それが所有割合に応じてすべての株主に分配される可能性がある。

歴史的な観点から見ると、配当利回りが高い業種があり、そういった業種の株は、年金を補う追加的な収入を求めている年配の投資家にとって非常に魅力的である。例えば、公益企業、石油やガス、金融サービスなどの業界では、配当利回りが非常に高い傾向があり、四半期ごとに株主に支払いを行っている。

月ごとの社会保障給付小切手しか収入源のない退職者にとって、配当利回りの高い株式で構成されたポートフォリオは、カツカツの生活と余裕のある暮らしの差を生み出すものとなり得る。そのために、四半期ごとの配当収入の扱い方が2種類ある。

①使う

実際に配当収入で生活している投資家もいるが、もらったばかりの配当小切手を手にラスベガスに出かけてワイルドな数日を過ごしてはいけないという決まりはない。つまり、あなたのお金なんだから、なんでも好きにお使いください！　だが、分別を持って次の選択肢を試してみるほうがいいだろう。

②再投資する

あなたが配当収入を生活費に充てる必要がないと仮定するなら、こちらのほうが絶対にお勧めだ。配当を行うほとんどの企業は、配当再投資プログラムを用意していて、それを使えば自動的に配当を株式の追加購入に回してくれる。これについては、後の章で、あなたの投資リターンを最大化するために長期複利をどう活用するか説明する際に詳しく解説する。

次回の配当を受け取るためには、特定の日（権利確定日と呼ばれる）の前に企業の株主名簿に登録されている必要がある。権利確定日の後で株を買った場合、次回の配当を受け取る権利はない。配当落ち日とは、次回の配当を受け取れない状態で株が取引され始める日であり、通常、権利確定日の前営業日に設定される。

株式が配当落ちすると、株価は通常、配当と同額だけ下がる。なぜなら、個々の株式の価値は支払われる配当の金額だけ引き下げられるためである。例えば、企業の株式が一株当たり１００ドルで取引されていて、企業が一株当たり１ドルの配当を発表したとする。そして配当落ち日が来ると、当該株式が１ドルの配当を受けられない状態で取引されているという事実を反映するために、株価は一株当たり99ドルに下落することになる。

配当がダウの二十五年間の回復期間に与えた影響を計算する際には、考慮する必要がある二つの重要なポイントがある。

①第一に、企業の配当利回りと株価は逆相関にある。企業の株式の価格が下がれば、配当利回りは上がる。反対に、企業の株式の価格が上がれば、配当利回りは下がる。簡単な計算だが、わかり易くするため、ＩＢＭの株式を例に説明しよう。ＩＢＭの株価が50パー

セント下落し、一株当たり120ドルから60ドルになると、5パーセントの配当利回りは自動的に倍の10パーセントになる。反対に、IBMの株価が50パーセント上がり、一株当たり120ドルから240ドルになると、5パーセントの配当利回りは自動的に半分の2・5パーセントになる。繰り返すが、簡単な計算だ。

②次に、企業の株式の価格は常に変動する傾向にある一方で、配当の規模は頑なに一定に維持される傾向にある。これは、配当を少しでも下げると株式にとって壊滅的な結果をもたらし得るので、株主に支払う配当を維持するために企業はどんなことでもするからだ。きちんと考えれば、理に適っていることがわかるだろう。企業が四半期の配当を下げる必要性を感じた場合、それは企業がキャッシュフローに問題を抱えているということの明確な兆候となるからだ。さらに、多くの株式の価格は、配当によって下支えされている。利回りに貪欲な投資家がいるせいだ。そのため、ほんの少しの減額でも、それらの利回りに貪欲な投資家たちが、もっと高い配当利回りを提供する別の企業に乗り換えようと株を売り始めるため、株価に大きなプレッシャーがかかる傾向にある。このようなわけで、企業の取締役会は配当の減額を最後の手段として取っておく傾向にある。

これらのことを念頭に、大恐慌でダウが90パーセント下がった際に、それがダウを構成する30社の配当利回りにどのような影響を与えたのだろうか？　答える前に、思い出してほしい。大事なのは、個々の企業の配当の実際の金額（大抵、ずっと変わらない）を話題にしているのではないということだ。私が話題にしているのは、90パーセントの下落が30社の各企業の配当利回りと、ダウ全体の配当利回りの平均に与える影響についてだ。もちろん、90パーセントの下落を受けて個々の企業の配当利回りは、ダウ全体の配当利回りの平均とともに、一斉に上がる。

細かく言えば、一九三〇年から一九四五年の間にダウ30社の平均配当利回りは14パーセントで、実際に歴史的にも圧倒的に高い数値だ（現在、ダウの平均配当利回りはたった1・9パーセントだ）。

実際のところ、この期間にダウの銘柄を保有し続けていた投資家は、ダウ平均株価がまったく変わらなかったとしても、五年ごとに投資額を倍増させていたことになる。配当だけで、これだけのワザを成し遂げるのだ。

これについて理解を深めるために、ＩＢＭが一九一一年に初めて上場したときに１００ドル投資していたら現在の価値はいくらになっているかの計算に戻ろう。

先に述べたとおり、配当がなければ、現在の価値は４００万ドルだった。１００ドルが４００万ドルになるのは、確かに大したことだが、期間の長さを考えると、それほどびっくりするような数値ではない。それでは、過去百年にわたって、ＩＢＭが株主に支払ったすべての配当を再投資していたとしたら、１００ドルの投資は現在いくらになっているか、当ててみてほしい。きっと正解を聞いたらびっくり仰天するはずだ。

準備はいいかな？

その数値は、1億４０００万ドルに跳ね上がる。

そう、1億４０００万ドル、最初に投資した金額の１００万倍を超える！

あなたがどうかわからないが、私はその数値に心底びっくり仰天した。しかしこれで、ダウが実質ベースで大恐慌から完全に回復し、過去最高値の３８２ポイントを上回るまで、二十五年よりずっと短い期間しかかからなかった理由がよくわかる。

実際、デフレを調整し、ダウの当時の恐ろしく高い配当を含めると、ダウはたった七年後の一九三六年十一月五日に新たな最高値１８５ポイントに到達する。

計算してみよう。デフレについてはすでに調整したとおり、ダウの1ポイントにつき33パーセント価値が増えるため、62ポイント足す。これにより実質ベースでダウは１８５から２４７になる。そして、ダウの14パーセントという高い配当利回りを調整するために、72の法則［72の法則とは、複利の簡易的な算定方法である。72を現在の収益率で割ると、元手が倍になるまでかかる年数が算定できる］と呼ばれるものを使う。すると、14パーセントの収益率だと、五年ごとにお金が倍になることがわかり、これまで隠されていた状況が明るみに出る。つまり、ダウは一九三六年の末に完全に回復し、それは一般的に考えられているより十八年早く、その頃はまだ大恐慌のど真ん中にあった。

しかしその後一九三九年に、ほとんど笑ってしまうような愚かな選択がなされ、ダウの実質ベースの価値が大きく下落することになる。これが次に示す三番目の要素だ。

3 ダウの構成

最後にもう一度、ＩＢＭの話に戻ろう。

初めて上場した一九一一年から大暴落が起こった一九二九年までの間に、ＩＢＭはかなり成功した会社となったが、有名企業にはまだ程遠かった。問題はこの会社の「主要な」事業が情報処理であることだった。まだ「情報処理」という言葉が誕生する前に、ＩＢＭはそれを行っていたのだ。

実際、ブラックサーズデーに襲われた当時、ＩＢＭはまだダウに採用されてもいなかった。ダウ・ジョーンズ社がダウ平均株価指数の銘柄に、まだ一般に知名度が低いＩＢＭを採用すると決めたのは、一九三二年になってからだった。

当時、ダウは大暴落前の一九二九年に記録した最高値から90パーセント以上下落していて、ＩＢＭもまた、ダウとともに急落していた。大暴落前の一九二九年九月に２３４ドルの最高値を記録していたのに9ドルまで落ちていた。

要は、その三年間は誰にとっても最悪な時期だったということだ。だがありがたいことに、物事が急速に改善し始めた。特にIBMにとっては。

天才的なひらめきによるものか、または単なる棚ぼたか、IBMをダウに加えることを決めた人は、ノーベル賞ものの人並外れた株の選択眼の持ち主だ。IBMがダウに加わった文字通り三週間後に、フランクリン・ルーズベルトが「アメリカのためのニューディール」を約束して大統領選に勝ち、それが予期しない結果を生む。帳簿係の悪夢の歴史でもダントツで最大の悪夢である「社会保障法」である。

突如として、アメリカ中のすべての会社が、その雇用者全員の労働時間を記録し、彼らの賃金の一部を連邦政府に支払うことが義務付けられた。連邦政府は、65歳を超え、受給資格を得た雇用者に、いつ、どこで、いくら払い戻すべきか把握していなければならない。結果的に、解決策はひとつしかなかった。

インターナショナル・ビジネス・マシーンズ社だ。

芸術の域に達したタビュレーターや特許で守られたパンチカードを有するIBMには国家の最大の問題の唯一の解決策「情報処理」があった。

IBMの社史で最も偉大な成長がこのとき始まった。IBMは十年に一度国勢調査が行われるときだけ必要となる集計機械やパンチカードの製造者から脱却し、世界で最も巨大で価値の高い(第2位のエクソンモービルより2・5倍超の)企業となった。

まったく驚くべきサクセス・ストーリーではないか?

それはIBMにとってだけではなく、その後四十七年間続く伝説的な爆発的成長——四十七年にわたる華々しい成長と株価の急上昇、そして大盤振る舞いの配当——を成し遂げる直前にIBMをダウに加えたダウ・ジョーンズ社の先見の明のある人たちにとってもだ。ビッグブルーの株主は圧倒的なリターンを享受した。もしダウに初めて採用された一株当たり9ドルの時点でIBMをわずか一株買っていたとしたら、一九七九年には4万1272ドルになっていた。言い方を変えると、爆発的な成長を遂げた四十七年の間のIBMのROIは45万8600パーセントだったことになる。

まったく信じられない数値だ。

ダウ・ジョーンズ社の天才的な銘柄選択者(ストック・ピッカー)の知性や先見の明、洞察力の凄さよ! IBMがそれらの年月にわたってダウ平均株価指数に及ぼしたはずの影響は、想像するしかない。IBMは単独で誰も想像できなかった高さまで押し上げたに違いない。

だが、実際にはそうでもなかった。

そこには小さな問題がひとつあった。

一九三九年、ダウ・ジョーンズ社の世界レベルのバカ（ひとりの人間がしでかすにはあまりにも愚かすぎるので、もしかしたらバカの一団だったのかもしれない）が、世界一価値の高い企業になりつつあるＩＢＭを指数から外すことにした。そう、七年前にダウに加えられた後、ＩＢＭは除外されたのだ。ダウ・ジョーンズ社がなぜこのような決断をしたのかは、それほど重要じゃないが、手短に言えば、ダウ・ジョーンズ社は他の指数——ダウ・ジョーンズ公共株指数［一九二九年に創設されたダウ・ジョーンズ公共株指数（ＤＪＵ）は15社の上場されている米国の公共企業の推移を追うものである。時価総額、流動性に基づき、産業グループを代表する企業が選ばれている。ＤＪＵは株式市場における公共セクターの全般的な動向を示す代表的な指標と見做されている］——を構造的に変更していて、ＩＢＭはその巻き添えを食った。結果として、ＩＢＭは、当時ＩＢＭよりもはるかに巨大だったＡＴ＆Ｔと入れ替えられた。

いずれにせよ、結果としてこれは恐ろしいくらい誤った決断だった。

その後四十年にわたって、ＩＢＭはあらゆる尺度でＡＴ＆Ｔを上回った。クソみたいな顧客サービスで顧客を怒らせる点を除いては。その分野ではＡＴ＆Ｔはダントツの王者だ。それ以外のあらゆる分野、特に株価の点で、この2社の差はまさに想像を絶する。

具体的には、一九三九年からＩＢＭがダウに復帰した一九七九年までの間に、ＡＴ＆Ｔに1000ドル投資しても、たった2500ドルにしかならないが、ＩＢＭに1000ドル投資していたら400万ドルを超える。

ＩＢＭがダウに戻った正確な日は一九七九年三月十六日である。

当時、ダウは８４１・18だった。

ここで難問だ。もしそもそもＩＢＭがダウから追い出されていなかったら、ダウは一九七九年三月十六日にどうなっていただろうか？

当ててみたいかな？　それには及ばない。答えは、２万２７４０だ。

驚いただろうか？

本当に驚くべき数字だ。しかし、長い期間にわたれば、ＩＢＭだけでなく、その他のいかなる株式もダウにこれほど大きな影響を及ぼし得るのだ。もちろん、その影響はどちらにも働き得る。正しい判断がダウにポジティブな影響を与え得るのと同様に、誤った判断はダウにネガティブな影響を与え得る。

なぜこのことが重要なのか？　それには三つの理由がある。

第一に、ダウが大暴落から復活するのに二十五年かかったという一般に信じられている説が明らかに間違っていると示す第三の要素であること。実質的には、復活にたった七年しかかからなかったし、そのときアメリカはまだ大恐慌の只中にいた。

第二に、猛烈な弱気相場にビビり上がり、市場が戻ってくるまで数十年かかるという周りの意見に踊らされて底値で売ったりせず、忍耐強く長期投資をすることの価値を、思い出させてくれることだ。

歴史的に見て、その意見は間違いなのだ。

時を遡ってこの百五十年を見渡せば、平均的な弱気相場は二年以上続かないし、アメリカ経済全体が機能停止に陥った歴史上最悪の弱気相場ですら、たった七年しか続かなかった。

つまり、バカの言っていることを聞かず、耐えろ！ ということ。

そして第三に、ダウのような30銘柄で構成される指標は、どんなに慎重に企業を選んだとしても、より幅広いアメリカの株式相場の正確なベンチマークとして機能しないことを明らかに示すことだ。30がサンプルの規模として小さすぎるだけではなく、ダウのような指数は、アメリカ経済の初期から重要な役割を担ってきた小規模の急成長している企業の重要性を無視している。

このことに気付いたのは、何も私が最初ではない。

アメリカの株式市場（及びそれを支える経済全体）のベンチマークとしてダウが不正確であることは、百年の間、議論の的だった。一九〇〇年代初頭から、すべての合衆国大統領、財務長官、連邦準備制度理事会議長は、「ダウと市場はイコールで結ばれ、ダウの下落は経済の停滞を示す」という大衆の思い込みと格闘しなければならなかった。実際、それは誤りである。経済ニュースが報じるように――ダウの方向性、事件を少し、そしてアメリカ経済がどうなるのか、についての日々の一連のサウンドバイト［訳注：ニュースなどの放送用に抜粋された言葉や映像］で――過度に単純化された形でそれが本当だと信じるように、大衆はただ洗脳されていただけだ。しまいには、専門家ではない大衆の頭の中ですべてが混ざり合い、何度も何度も聞いているうちに、思考経路が出来上がってしまう。

実際のところ、一九二三年にはすでに、スタンダード統計社という一企業が欠陥の多いダウよりも正確なベンチマークとして役立つ指数を作ろうと模索していた。そこにはひとつ小さな問題があった。コンピューター以前の時代に、それは口で言うほど簡単ではなかった。

「三度目の正直」という言葉を聞いたことがあるだろうか？

スタンダード統計社と、アメリカの株式市場とそれを支える経済のより正確なベンチマークを作るための数十年にもわたる探求の旅は、まさにそれだった。

新たな指数を成功させるためには、すでに浸透している、株式市場と同義となっていたダウよりも桁違いに優れたものでなければならなかった。

実際、一九二〇年代初頭までに、全米のすべての新聞は前日のダウの終値を経済ページの第一面に掲載していて、最新の人気メディアであるラジオニュースは、前日の出来事を「ウォール街では、労働省が発表した予想外に強い雇用統計に反応して投資家の買いが集中し、ダウ・ジョーンズ工業株価平均の昨日の終値は3ポイント上がりました」や「ウォール街では、政府が第3四半期の経済成長の鈍化を報告したのを受けて、投資家が売りに走り、ダウ・ジョーンズ工業株価平均の昨日の終値は6ポイント下がり、これはアメリカが不況の入口に差し掛かったことを示していて……」などと要約した。

繰り返すが、これらの報道が伝えたいメッセージは明らかだった。ダウは株式市場そのものであり、経済とダウは密接につながっているということだ。

一方で、ダウの欠陥は、ウォール街の誰の目にも明らかだった。

特に突出した欠陥は次の三つだ。

①より多様な株式市場を正確に表すには、ダウが用いるサンプルは余りにも少なすぎる。例えば、ニューヨーク証券取引所には当時、すでに７００銘柄が上場していて、その数は急速に増えていた。

②ダウは製造業の企業を偏重しているが、アメリカ経済は日毎にますます多様化している。最終的には指数を適切に維持するために、ダウは非製造業の企業も採用し始めたが、それはずっと後の一九六〇年代に入ってからだった。

③計算を単純化するために、ダウは個々の株式の「価格加重平均」により算定される。これにより、企業が発行している株式数に関係なく、一株当たりの株価の高い株式は、低い株式よりも大きな影響を及ぼすことになる。その結果、いずれの日も大抵、ダウの中で一株当たりの株価が最も高い２銘柄がその平均値の方向性を左右することになる。

もちろん、これらの欠陥の解決策は明らかだ。

もっと幅広い業種から、もっとたくさんの銘柄を含め、各企業の時価総額比率（すなわち、企業の市場における現在価値の総額の、指数に含まれる他の銘柄との比率）を用いて指数を算定し、それをひとつの数値にして毎日公表する。

価格加重平均ではなく時価総額比率を用いることの利点は以下の三つだ。

- 時価総額比率を用いることにより、より大きな企業の値動きが指数により大きな影響を与えることになり、幅広い株式市場とそれを支える経済をより正確に反映できる。
- 時価総額比率を用いることにより、個々の企業の実際の価値を反映できる。一方、価格加重平均では、時価総額に関係なく企業の株価の高さが反映される。
- 時価総額比率を用いることにより、株価を変動させるが時価総額は変わらない株式分割等の企業の行動の影響を減らす。

残念ながら、これら三つの解決策――より多くの銘柄、より多くの業種、時価総額比率――はコンピューターがないと極めて困難であった。例えば、ダウのような30銘柄の価格加重平均指数を算定するだけでも、会計士と統計の専門家の一団が毎日数字と格闘しなければならなかった。

それでもスタンダード統計社は挫(くじ)けず、一九二三年に新たな試みを行った。計算の大変さに対処するため週一回の公表となったスタンダード統計社の初めての指数は様々な業種の233銘柄で構成され、市場の一般的な傾向を知るためのツールとして世に出された。しかし残念ながら、ウォール街の反応は冷ややかだった。蓋を開けてみれば、週に一度の株価指標では何を知ろうにも使い勝手が悪く、スタンダード統計社はその指数をたった数年で廃止し、振り出しに戻った。

二度目の試みは一九二六年に行われた。

過去の失敗から学び、今度は毎日公表する指数を用意した。幅広い業種から選ばれたラージキャップ［時価総額100億ドル以上の上場企業を指す。「時価総額」とは、企業の発行済み株式の価値の総額であり、発行済み株式総数に現在の株価を掛けて算定する。ラージキャップは通常、着実な成長をしてきた歴史ある一流企業と見做され、スモールキャップやミッドキャップに比べてリスクが低いと考えられている］90社で構成され、古ぼけたダウの改良版を目指していた。スタンダード統計社はウォール街と大衆のどちらにも受けるように魅力的な名前――コンポジット・インデックス――を新製品につけた。

しかし、再び残念な結果となった。

30銘柄のライバルよりもはるかに優れていたのに、コンポジット・インデックスはダウのような人気は得られず、その後三十年間、何の役にも立たなかった。それでも、スタンダード統計社は諦めなかった。ゆっくりとだが着実に、コンポジット・インデックスに銘柄を加え続けて、大恐慌の間も公表し続けた。

そして、格付け業界を芯から揺さぶる合併が行われた。一九四一年、スタンダード統計社は主要なライバルであるプアーズ出版と合併し、スタンダード＆プアーズ社が誕生したのだ。これはのちに世界最大の格付け機関となる。結局、二〇一一年に運営権を取得することで最大のライバル、ダウ・ジョーンズ工業株価平均の支配権を獲得することになり、これによりスタンダード＆プアーズ社は金融指数の分野で紛れもない世界のトップとなった。

一方、一九四〇年代までに、現代のウォール街手数料搾取マシーンが根を張り始めていた。新進気鋭の証券会社メリルリンチに率いられる形で、ウォール街とマディソン街の共生関係が華々しく登場し、個人投資家をターゲットとした宣伝キャンペーンが全米で展開された。キャンペーン開始から五年以内に、メリルリンチは比較的無名な証券会社から、アメリカ有数の大手証券会社に生まれ変わった。

ウォール街の他の事務所もこの動きに注目した。間もなく、すべての大手事務所が、倫理規範の遵守と比類ない業績を強調する、数百万ドルを掛けた宣伝キャンペーンでメディアを覆い尽くすようになった。もちろん、その主張はどちらも真っ赤な嘘だったが、広告というのは強力なものだ。どこを向いても、まったく同じメッセージが壊れたレコードみたいに何度も何度も繰り返される場合は特に。

その決定的なメッセージとは何だったのか？

皮肉なことに、今現在も流されているメッセージとまったく同じだ。

ウォール街手数料搾取マシーンは、個人投資家にひとつの重要なポイントを信じ込ませようと、二十四時間、週七日、一年三百六十五日、ノンストップで宣伝し続けた。それは、個人投資家が自分でやるより、ウォール街の専門家のほうがうまくお金を運用できるということ、それだけだ。大掛かりな宣伝キャンペーンはすべて、これを伝えるためだけのものだった。

独自の調査や先進の投資戦略、オリジナルの金融派生商品、オンラインの投資プラットフォームなど、押し出すものは違えど、ウォール街は常に、ウォール街の助けがなければ金融界で迷子になるというあなたの誤解に依存している。

だが、それは真実とは程遠い。私が誇張しているとお思いだろうか？

S&P500にダーツを投げる目隠しをした猿についてのウォーレン・バフェットの言葉を思い出してほしい。

彼は100パーセント正しい。

アイビーリーグの学位や先進的な戦略などにもかかわらず、ウォール街の最も優秀な人たちは、猿に肩を並べることもできない。アイビーリーグ卒のウォール街の奴らは10回中9回打ち負かされる。

驚きじゃないか？　目隠しをした猿がそれほど株を選ぶのがうまいなんて、誰が想像しただろう？

もちろん、唯一の問題は、必要なときに目隠しした猿の群れを調達できないことだ。さらに言えば、猿はいわゆるユーザー・フレンドリーではない。奴らは獰猛な動物で、腹立たしいほど賢い。実際、ダーツボードにダーツを投げるのと同時に、自分のフンをこちらめがけて投げてくるだろう。しかしありがたいことに、バフェットが言いたかったのはそういう話――近所の動物園に行って、猿の群れを誘拐し、そいつらに目隠しをして、Ｓ＆Ｐ５００の銘柄が書かれたダーツボードに向けてダーツを投げるよう調教する――じゃない。

実際のところ、もし聴衆の誰かがバフェットをもっとせっついたら、その続きとしてこんなふうに言っただろう。「もしとても簡単な戦略を守り抜くならば、ウォール街を10回中9回打ち負かすという結果に甘んじる必要はない。あなたは絶対に全戦全勝で打ちのめせる」

この素晴らしい戦略とは何だろうか？

それを完全に理解するために、一九五七年三月六日に時を遡ろう。この運命の水曜日、スタンダード＆プアーズ社は世界初のコンピューターで生成する株価指数、Ｓ＆Ｐ５００をスタートさせた。幅広い業種から選ばれたラージキャップ５００銘柄から構成されるこの新たな株価指数は、ウォール街が最も冷遇する投資家集団、すなわち個人投資家に恩恵を与えることで、結果的に世界最大の投資ハックに変身することになる。

誤解のないように言っておくと、この莫大な恩恵はすぐに生じたわけではない。それは

S&P500の誕生とともに少しずつ始まった。そこが第一歩だった。

結局三十五年かかったが、スタンダード&プアーズ社の先見の明のある二人の男の夢に、最終的にテクノロジーが追いついた。皮肉なことにこの二人は、ウォール街手数料搾取マシーンを標的にこの兵器を発射しようとしていたとは露ほども思っていなかった。

彼らのために言っておくと、彼らがこの指数を発射してから、それが世界最大の投資ハックに変身するまで、三十五年の月日が流れている。さらにこの変身は、スタンダード&プアーズ社内部の者ではなく、支配者層を軽蔑する鬱屈を抱えた新進気鋭のウォールストリーターがもたらしたのだ。

彼の名前は、ジャック・ボーグル。彼が設立した会社の名前はバンガード。

アニメの『ロードランナー・ショー』のワンシーン――ワイリー・コヨーテが誘導ミサイルでロード・ランナーを殺そうとするが、コースから逸れて自分自身を爆破してしまう――から飛び出してきたように、一九七六年にジャック・ボーグルはS&P500を軌道から外れたミサイルに変えて、ウォール街手数料搾取マシーンの心臓部に狙いを定めた。

ジャック・ボーグルの動機は何だったのだろうか？

手短に言うと、ボーグルは、ウォール街についてずっと疑ってきたが、証明する手立てがないこと――ウォール街で一番の銘柄選択のエリートは完全なクソだということ――について、はっきりした証拠を手にした。

事の次第はこうだ。

一九〇〇年代初頭から、株式市場は非常に効率的であるため継続的に打ち勝つことはできないことを理論化する、小規模ではあるが説得力のある学術的な研究が行われていた。この理論の核心にはひとつのシンプルなアイデアがある。上場企業に関連する情報はすべてすぐに入手できるため、そのような情報はすでに企業の株価に織り込まれているということ。言い換えると、投資家は入手可能なすべての情報を常に投資判断に含めているため、そのことが個々の企業の株価に反映されているということだ。

この理論は一九三〇年代に初めて実証実験が行われた。

大暴落の後、アメリカ人経済学者アルフレッド・コウルズは、市場が今後どこに向かおうとしているのかウォール街のトップのアナリストたちは全然わかっていないという考えに取り憑かれるようになった。もしわかっているなら、なぜ彼らは大暴落の前に売るように顧客にアドバイスしなかったのか？　彼には不思議でならなかった。アナリストたちは大層な調査報告書を作成するが、彼らは本当は何もわかっていないのではないか？

この問いに答えるため、一八七一年にまで遡る学術的な研究――ウォール街の大手金融サービス会社が行った7500もの株のアドバイスを実際の価格変動と比較する――を開始した。コンピューターがないため骨の折れる作業だったが、二年にわたって数字と格闘した結果、コウルズは答えに到達した。

ウォール街屈指の投資の権威が行った株のアドバイスは、占い師の予言ぐらい不正確だった。言い換えると、ウォール街は概して、完全なクソであり、彼らがチャージする手数料に見合うことはやっていない。

もちろん、一九三〇年代版のウォール街手数料搾取マシーンにとって、コウルズの結論は金融版の異端であり、彼らはすぐにそれを偏向的で勝手な結論と断じた。

しかし、それを証明するテクノロジーが蓄積するとともに、証拠もますます増えていった。

一九七〇年代の初めにはとうとう、ウォール街の草創期まで遡り、すべての投資信託の実績をピンポイントで正確に、理論上のS&P500と比較することができるだけのパワーをコンピューターが備えるようになった。

必要な情報はすぐに入手できるものばかりだった。スズカケ協定まで遡ってニューヨーク証券取引所でこれまで取引されてきたすべての企業の株価の終値と時価総額、配当利回り。それらはすべて、どこかの保管庫で埃を被っていた。研究者たちがやらなければならないのは、ただ、それらの情報を掘り起こすことだけだった。さらに、スタンダード&プアーズが一九二〇年代に30銘柄のダウよりも正確なベンチマークを作ろうとしていたおかげで、理論上のS&P500を作る際にかなり有利なスタートを切れた。

残りの計算は、今や簡単だった。

研究者たちはすべてのデータをＩＢＭのパンチカードに転記し、それをビッグブルーの大型コンピューターに飲み込ませ、コンピューターに魔法を起こさせた。

驚くにあたらないが、ウォール街にとっては散々な結果だった。歴史上初めて、経済学者たちが一九〇〇年代初頭に疑い始めた三つの偉大な事実について否定できない証拠が現れた。

① 市場の効率性により、将来どうなるかは予測不可能である。
② 高額の手数料を取る投資信託の長期の実績は最悪である。
③ 投資信託が一九二四年に誕生して以来、手数料を引けば、S&P500のリターンに継続的に匹敵する投資信託はひとつもない。

このように、ウォール街の醜い真実——最も優れた運用マネージャーでさえ継続的にその職務を全うできないこと——が白日の下に晒された。一九八七年のウォール街初日に私はまさにこのことをより鮮明に納得させられた。ウォール街のエリートたちが会食し金融界での武勇伝を語り合う社交場だったレストラン「トップ・オブ・シクシーズ」でのランチの際のことだった。もちろん、ブローカーやファンド・マネージャーたちが、（さらに舌を滑らかにするために）コカインを吸ったり高価なマティーニで酔っ払ったりする場所でもあった。

まさにそんな状況で私の新しい上司マーク・ハンナはウォール街の内幕を説明してくれた。コカインを吸ったりゴリラのように胸を叩いたりする合間に、マークは言った。「たとえ君がウォーレン・バフェットでもジミー・バフェットでもどうでもいい。株が上がるか下がるか、横道にそれるか、ぐるぐる回るか、誰にもわからない。我々ブローカーにもだ」

当時、私はこの発言にショックを受けた。信じられなかった！　私の風船が破裂した。ウォール街についてこれまでずっと信じてきたすべてに、この一瞬で急に疑問符がついたのだ。ウォール街とは、最も優秀な人たちが、アメリカ経済の成長を促すとともに顧客のために金融のマジックを起こす場所だと私はずっと信じ込まされてきた。私はマークの発言の意図を誤解しているのだろうか？

私は彼に言った。「でも、どの株が上がるか、誰かは知っているはずでしょう！　うちのアナリストや投資マネージャーはどうなんです？　彼らは知っているはずでしょう？」

「勘弁してくれよ！」とマークはつぶやいた。「あいつらみたいな能無しは俺たちよりも知らないさ。これは完全なペテンさ。まったくの『バッタもん』さ」

マークの発言はつまりこういうことだ。

人のお金を管理する産業全体が嘘に基づいている。

しかしここで難問にぶち当たる。我々は実際にウォール街を「必要としている」のだ。

彼らがやるペテンはさておき、ウォール街はアメリカ経済と世界の銀行システムを機能させる重要な役割を担っている。そのような役割の例として、企業を上場させたり、企業を成長させるための資金を調達させたり、市場に流動性をもたらしたり、成長のためにどの企業が資金を受けるに相応しく、どの企業が相応しくないかを分析したりすることが挙げられる。さらにウォール街は、国際貿易を円滑化し、為替市場を維持し、連邦準備制度理事会や財務省と協力して債券市場を機能させ経済を回している。これらすべてや、これらに類似したもっとたくさんのことも、ウォール街の重要な目的である。彼らなしでは、経済は止まり、大恐慌の厳しい時代に逆戻りしてしまう。

けっこう。彼らにそれらを引き続きやらせて、その利益は全部彼らが受け取ったらいい。

彼らにはその資格がある。

次に、ウォール街の無用な役割である銘柄の推薦とアメリカ版バブル製造機について見ていこう。その役割においてウォール街は大衆から吸い上げ私腹を肥やすために、投機に従事したり、短期投資を促したり、世界のあちこちで爆発する金融版大量破壊兵器を作ったりしている。

これは、イタリアのマフィアがアメリカ経済全体のトップを牛耳っていたやり方と薄気味悪いほどよく似ている。彼らは国中で移動するすべての財やサービスの値段をこっそり引き上げた。港湾や空港から始まり、50州のすべての高速とわき道を1マイル走るごとに、そして口に入り肛門から出てマフィアが支配する下水システムに流れるすべての食べ物まで、一連の税金や手数料、隠れた利権がそのすべての過程で無慈悲に中抜きされた。

しまいには、国は順調で、国民はあくせく働いているのに、そこのすべての住人にとって生活が少し苦しく、そして楽しくないものになったが、その一方で五大ファミリーにとっては非常に楽しいものとなった。

どうだろうか？　これはウォール街手数料搾取マシーンがまさに現在やっていることだ。唯一の違いは、ウォール街のほうがマフィアよりずっと効率的なことだ！　実際、ウォール街手数料搾取マシーンによって中抜きされた価値に比べれば、ニューヨークのあの五大ファミリーはオタクのお小遣いをカツアゲする学校のいじめっ子のようなものだ。

さらには、マフィアと違ってウォール街手数料搾取マシーンを止めることはできない。もう遅すぎるのだ。ウォール街とワシントンDCとの汚れた関係はアメリカという国にあまりに深く染み込んでいるため、腐敗はウォール街にこびり付いてしまっている。アメリカ版バブル製造機から徴収した莫大な手数料とその後に行われるアメリカ版救済措置の間を行き来しながら、どちらに転んでもウォール街が勝ち、大衆が負ける――そこのすべての住人にとって生活が少し苦しく、そして楽しくないものになる——という図式ができあがった。

ここではっきり言っておくが、私はウォール街で働く全員が芯から腐っていると言いたいのではない。それはまったく違う。ぶっ壊れているのはシステムのほうであり、システムはひとりの人間よりもずっと大きな影響を及ぼす。実際私にも、ウォール街で働く良い友人が大勢いる。彼らは正直かつ善良で、信頼できる人たちである。でもだからといって、彼らに私のお金を預けようとは思わない。私は自分でできるし、この本を読み終わる頃にはあなたにもできるはずだ。実際、世界最大の投資ハックのパワーを利用するだけで、次の二つの驚異的なことを簡単に成し遂げられる。

① ウォール街があなたの財布に手を突っ込んでお金を盗むのをやめさせられる。
② ブラジリアン柔術の達人のように、ウォール街自身の腐敗したパワーを利用して、彼らが用意したゲームで打ち負かすことができる（その方法については後で説明する）。

成功のカギは、ウォール街の暗黒面をそのまま放置しておくことだ。

暗黒面は彼らに独り占めさせておけばいい。彼らのやりたいようにやらせ、はるばるハンプトンの高級別荘まで行かせても、後でウォール街の自分たちの金融の墓場に戻ってくる。

ただ、一緒に遊ばなければいい。

マシュー・ブロデリック主演の映画『ウォー・ゲーム』を覚えているだろうか？

これもまたハリウッドの名作で、（この映画では、コンピューターがシミュレーション・ゲームに勝とうとして）「知性のある」コンピューターが核弾頭を発射しようとする。結局、マシュー・ブロデリック演じる主人公は、コンピューターにそれ自身との三目並べをものすごいスピードで何度も何度も繰り返させることで、コンピューターに発射を諦めさせることができる。最後にコンピューターはすべてがまったくの無駄であると気付き、攻撃を解除し、Siriに特訓してもらう必要がありそうな奇妙な機械的な声で言う。

「変なゲームだ。唯一の勝ち手はプレイしないことだ」

もうおわかりかな？　このコンピューターの言葉は、ウォール街手数料搾取マシーンの一味に投資を任せることについても当てはまる。『ウォー・ゲーム』のコンピューターが最後に気付いたように、勝つ方法はひとつしかない。

プレイをしないこと。

他にも、検討すべき重要な点がある。

ウォール街の自分勝手なゲームでプレイするのをやめた後であっても、ウォール街が経済に付加するあらゆる価値を残らず享受することができる。例えば、上場した企業がその後大成功を収めてアメリカ経済の重要な一員となった場合、そのような企業はどこに行き着くと思う？

Ｓ＆Ｐ５００だ。そして一旦そこに入れば、その企業があなたに配当を払い、あなたをお金持ちにさせる度にこの指数を押し上げることになる。それだけのことだ。これが、私が先ほど言ったブラジリアン柔術であり、ウォール街の「知られたくない秘密」なのだ。

ウォーレン・バフェットのような識者が過去二十年にわたってこのことを叫び続けてきたが、ウォール街手数料搾取マシーンはあなたをカモにし続けるために、その声をかき消そうとしてきた。だがありがたいことに、バフェットにはとっておきの切り札があった。

彼は自分の言葉を、行動で証明しようとしたのだ。

第8章
バフェットVS.ウォール街

The Oracle Versus Wall Street

「あなた方のうちの誰かが考案するいかなるヘッジファンドやヘッジファンドの集合体よりも、S&Pインデックス・ファンドのほうが十年での運用益が上回ることに、50万ドル賭けよう［訳注：寄付額は勝者も敗者も半額を負担し、勝者が選んだ団体に総額100万ドルが寄付されることとなっていた］。誰か受けて立つ人は？」

2000人の聴衆で埋まった会場が、針が落ちる音も聞こえるほどの静寂に包まれた。

「さあ、誰か受けて立つ人はいないのかな？」とバフェットは重ねて聞いた。

さらにシーンと静まり返った。

そして、突然、コンベンション・センターが沸いた。聴衆は雄叫びを上げ、「オマハの賢人」として知られる敬愛する精神的指導者に一斉に喝采を送った。

この挑戦は二〇〇六年五月六日に、ネブラスカ州オマハで開催されたバークシャー・ハサウェイ社の株主総会で発表された。そこでウォーレン・バフェットは卓上に50万ドルを置き、ウォール街手数料搾取マシーンの食物連鎖の頂点――つまりヘッジファンドのマネージャー――に挑戦状を突きつけたのだ。

端的に言えば、バフェットはうんざりしていた。この世界第4位の大富豪は「お前らみたいに手数料をたんまりふんだくるバカより、S&P500にダーツを投げる目隠しした猿に大金を預けるほうがマシ」と公言できる機会は何度かあったはずだ。「言葉だけではなく行動で示そうと思う。金を賭けろ、さもなくば黙って、バカ高い手数料を取るのはやめろ。お前ら、デカいペニスを振り回しているつもりで街を歩き回っているが、股の間にあるのはストリッパーみたいなキラキラ光るラメでできたまやかしだけだ！」と付け加えたくなるまで。

確かに、バフェットは紳士だからそこまでは言わない。何しろ、彼はオマハの賢人であってオマハの狼（ウルフ）ではないのだから。しかし、それでも、彼が少なくともこれに近いことを考えていたという事実は変わらない。ご存じのとおり、ヘッジファンドが（彼らの存在理由を証明するために）請求する必要がある、高額の手数料と業績報酬、継続的な活動から生じる取引コストの組み合わせが、ファンド・マネージャーの業績に対する大きな足枷（あしかせ）となり、その結果、ヘッジファンド業界全体が投資家にとって不利な取引となることを、バフェットは誰よりもよく知っていた。ヘッジファンドの代わりとして、バフェットはもっとずっとシンプルな方法――ヘッジファンドを根底から叩きつぶすと彼が確信している方法――を提唱した。

賭け自体はシンプルだったが、賭け金は冗談では済まない金額だった。

今後十年にわたって、S&P500の実績に連動する低コストのファンドが、ヘッジファンドが売り込む趣向を凝らした金融商品に打ち勝つことにバフェットは賭けた。

それだけだ。真っ直ぐシンプルに核心を突いた。

断っておくが、ウォーレン・バフェットはもともと博打などする男ではない。

つまり、バフェットは、100万ドルを懐に入れてカジノに繰り出して、そのすべてを黒に賭けたり、不利になるように力ードが仕込まれていると知りながら店に勝とうと何時間も粘るタイプではない。そもそも、そんなことをしていたら、世界有数の富豪に留まることはできない。そのためには、以下のいずれかの方法で博打から距離を置いていなければならない。

① 賭けは一切やらない。
② 確実なものにだけ賭ける。

バフェットの場合、後者だったが、それには充分な理由があった。彼の賭けは、百年にわたる計算結果と五十年にわたる個人的な投資経験に裏付けられていた。バフェットはそれらを見聞きしただけではなく、すべてを自ら経験してきた。一九六二年にバークシャー・ハサウェイを買収してから、彼は弱気相場も強気相場も、その間もすべて経験してきた。イケイケの六〇年代、スタグフレーションに見舞われた七〇年代、バブル景気の八〇年代はその崩壊で幕を閉じ、再び崩壊で幕を閉じるインターネット・バブルの九〇年代、そして二〇〇七年の住宅バブルに至る。まさに二〇〇六年当時、このバブルが崩壊し、世界中を金融の崖っぷちに追いやる巨大な大惨事となる兆候がすでに現れていた。

ヘッジファンド・マネージャー、投資信託マネージャー、ファイナンシャル・プランナー、そして金融サービス業界にいるその他のあらゆる「教祖」たち全員の頭の片隅に強い懸念が潜んでいるのを、バフェットは鋭く察知していた。あなたが誰で、どこの出身で、どの投資システムを使っているのかは関係ない。エキスパート・チャージと呼ばれる法外な手数料を徴収しなかったとしても、ある一定以上の期間にわたって市場に勝つのはほぼ不可能であることは、数学的に何度も何度も証明されている。それらの手数料を差し引くなら、「ほぼ」という言葉を除去し、継続的に市場に勝つのは絶対に不可能だと言わなくてはならない。

どうしてみんな、市場に勝とうと必死なのか？

その答えは簡単だ。金融の「エキスパート」が継続的に市場に勝てないなら、法外な手数料を払って彼らにお金を預ける理由がどこにあるのか？

まったくない！　ウォーレン・バフェットが、数多ある他のカテゴリーの金融「エキスパート」ではなくヘッジファンド業界に照準を合わせた理由はまさにそれだ。ウォール街のヒエラルキーでは、ヘッジファンドは投資界の頂点に君臨していると見做されている。そこは、世界最高のトレーダーやストック・ピッカーが異常なほど高額な報酬を得て世界の大富豪たちの莫大な資産を管理する場所である。

それは秘密の世界、「プライベート」な世界である。複雑な金融派生商品や最先端の投資戦略、マサチューセッツ工科大学卒のエリートがデザインした未来を先取りしたアルゴリズムなどで彩られた世界だ。簡単に言うと、世界クラスの「本物」の専門家が集まる場所であり、金融サービス業界の精髄と言える。ヘッジファンドを名指しすることで、バフェットは業界全体に挑戦状を叩きつけたのだ。

事実、オマハで毎年開催されるバークシャー・ハサウェイ社の株主総会は、宗教的体験に近いものである。人々はバフェットの予言を聞きに、世界中から彼を詣でにやってくる。そして毎年、彼は期待を裏切らない。彼は毎日5、6缶飲むチェリー・コークをする合間に、様々な分野に及ぶ株主の質問に答える。そして彼は突然脱線する。大抵そこで、金言が聞ける。

実際、彼の口から飛び出した言葉のいくつかは、途方もなく貴重なものである。それらは叡智に皮肉やユーモアが盛り込まれ、逸話でコーティングされている。そしてその核には、彼がしばしば嬉しそうに非難するウォール街手数料搾取マシーンへの嫌悪感を滲ませた、世界レベルの投資アドバイスが含まれている。

彼はこれまで、新聞業界の衰退（それ以降一直線に下降し続けた）や住宅バブルの崩壊（二十八か月後に実際に起こり、世界を崖っぷちに追いやった）など、他にも数えきれない物事を予測してきた。そして今度はヘッジファンド業界が標的となったのだ。

バフェットらしいやり方で、ヘッジファンド業界の法外な手数料とそれによって投資家が正当な分け前をもらうのが不可能となっていることを1分間で手厳しく非難した。バフェットが特に指摘したのは、ほとんどのヘッジファンドが採用する「2：20」モデルと呼ばれる手数料体系である。「2」は2パーセントの管理費で、毎年年初にファンド・マネージャーが徴収し、「20」は20パーセントの業績報酬で、取引利益の分け前としてファンド・マネージャーが徴収する。つまり、毎年マネージャーは次の2種類の方法で報酬を得る。

①儲かっているか否かに関係なく、ファンドが管理している資産総額の2パーセントに相当する固定額の手数料。

②ファンドが生み出す利益の20パーセント。ただし、ファンドが年度末にマイナスの結果となっても損失分を差し引かない。その場合、投資家は年度末の損失を１００パーセント被り、ファンドはリセットされ、翌年新たにスタートを切る「「2：20」モデルはヘッジファンドにおいて最も一般的な手数料体系であるが、すべてのヘッジファンドがそれを用いているわけではない」。

簡単な例を挙げよう。二〇二一年にヘッジファンドが20億ドルを管理していて、投資収益率（ROI）は25パーセントだったとする。この場合、ファンド・マネージャーは管理下にある20億ドルの2パーセント（つまり４０００万ドル）の管理費に加え、取引を通じて得た5億ドルの20パーセント（つまり1億ドル）を受け取る。その結果、ファンド・マネージャーは一見その資格があるように見える1億4000万ドルの報酬を得て、ファンド自身には純利益として3億6000万ドルが残る。

誰にとってもウィンウィンに見えるだろうか？

でも、よく言われるように、見た目で判断してはいけない。

実際にはこのシナリオの唯一の勝者は貪欲なヘッジファンド・マネージャーであり、投資家がワリを食う一方で、彼は9桁の報酬を得る。それはなぜか、説明しよう。

まず、このファンドのROIは総額（グロス）で25パーセントだった。ファンドの手数料と経費を控除すると、ROIは純額（ネット）でたった18パーセントになる。一見、18パーセントの収益率はなかなかのものに思えるかもしれないが、その同年の二〇二一年にS&P500は24・41パーセント上昇し、このヘッジファンドよりも6・4パーセントも高い！　さらに、これには配当の再投資分が含まれておらず、もしそれを含めるならS&P500の利益率は28・41パーセントになる！　これは、ヘッジファンドの「天才」マネージャーよりも10パーセントも高い。それでもまだ彼のことを別の意味で天才と呼べるかもしれない。どんな投資家でもノーロードのファンドでS&P500を単に買って、ただそのまま放置するだけで稼げていたであろう金額よりも10パーセント低いROIを達成したからといって1億4000万ドルも稼げる、という意味で。

もっと明確にするために、さらに深掘りしよう。

手数料と業績報酬、そして追加的な経費（家賃、コンピューター、電気、文房具、トレーダーやアナリスト、秘書、アシスタントなど全員の給料、その他投資家にチャージできる思いつく限りのファンドにかかる経費）を控除するとして、二〇二一年のＳ＆Ｐ５００の実績に匹敵するためには、ファンドがどれほどの収益率を達成する必要があるか、当ててみてほしい。

その答えは、35・２パーセントだ。

それ以下なら、ファンドは１億４０００万ドルの手数料と経費により、Ｓ＆Ｐ５００の成績に負けてしまう。さらに悪いことに、ファンドが以前のいずれかの年に損失を出していた場合、プラスのリターンを考慮する以前に、ファンドはまず初めに、投資家が１００パーセント被ることになる損失の埋め合わせをしなければならない。

例えば、この20億ドルのファンドに悪い年が訪れて、８パーセントの損失を出したとする。その場合、マネージャーはそれでも２パーセントの管理手数料（４０００万ドル）を取り、投資家は８パーセントの損失（１億６０００万ドル）を丸ごと被る。そして翌年の取引開始日に際してファンドはリセットされ、そこから計算が始まる。

もちろん、ファンドが課すことになる手数料や経費、そして一方的な業績報酬の控除後も、それだけの利幅を持ってＳ＆Ｐ５００を継続的に打ち負かせるヘッジファンド・マネージャーを見つけることができるのであれば、「２：20」モデルも理に適っていると言えるだろう。

唯一の問題は、どこにそんなファンドがあるのか、だ。

答えは簡単、夢の国だ。

バフェットが50万ドルを賭けて証明しようとしたのは、まさにこのことである。ヘッジファンド業界は「不要」の一言に要約できる。アイビーリーグ卒の10億ドルもの報酬を得ているウォール街の高級取りのスーパースターたちは完全に不要なのだ。実際のところ、彼らは不要以下だ。彼らは与えるよりもはるかに多くを取る、正味マイナスの存在であり、すべての正味マイナスのものがそうであるように、可能な限り避けるべきである。

あなたはこう考えているかもしれない。「勘弁してくれよ、ジョーダン、誇張しすぎだ！　継続的に市場に打ち勝てるヘッジファンド・マネージャーも中にはいるはずだ。顧客のために莫大なリターンを稼ぐヘッジファンドの魔法使いの話をいくつも聞いたことがあるぞ」

あなたがこんなことを考えているとしたら、あなたを責めることはできない。あなたが指摘するポイントは理に適っているように見える。だが残念ながら、事実はこうだ。

●手数料に見合った素晴らしいリターンを継続的に達成できる、卓越した才能のあるヘッジファンド・マネージャーはごく少数だがいる。彼らは金融業界のロック・スターで、誰もが知っていて、みんなから持て囃(はや)されている。

● 残念なことに、彼らのファンドは長い間、新規の顧客を受け付けておらず、しばらくは再開の目処が立たない。実際、彼らがロック・スターの地位を一旦築いたら、彼らのほとんどは新規の顧客を受け付けないだけでなく、元々の顧客が預けたお金も返却し、自分自身と、莫大な資産を有するごく一握りの投資家のためだけに投資し始める。

● 新たなロック・スターが誕生すると、彼らはすぐにファンドを閉じて新規顧客を受け付けず、彼らの運用成績が落ちたら、ようやく受け付けを再開するが、その頃には彼らはもはやロック・スターとは見做されない。

● それ以外のファンド・マネージャーは、ダーツを投げる猿にも勝てないのに、ロック・スターと同じくらい巨額の手数料をチャージする。

● せいぜいバナナしか要求しない目隠ししてダーツを投げる猿にも勝てないのに、巨額の手数料をチャージしようとするヘッジファンド・マネージャーに、一体なぜ、お金を預けようと思うのか？

ヘッジファンド業界を一言で言えば、（誰もアクセスできない）ごく少数の才能あるファンド・マネージャーの華々しい業績が金色のオーラを撒き散らし、それに紛れて残りのマネージャーたちは（彼ら自身は鈍臭いマヌケであるにもかかわらず）その残光をマネタイズしている。

しかし、そうは言っても、ヘッジファンド業界の最大の問題は、マネージャーに才能や経験が足りないことや、彼らが単に大馬鹿者であることではない。実際には、まったく違う。最大の問題は、結果的にリターンを食いつぶすことになる、彼らがチャージする巨大な手数料にあるのだ。

そういうわけで、二〇〇六年五月の運命の日にバフェットはさらに一歩踏み込むことを決意した。ヘッジファンド業界に対するいつもの口撃の代わりに、彼は個々のファンド・マネージャーを攻撃し始めたのだ。「お聞きなさい」と彼は言った。「あなたの奥さんに子供が産まれそうなとき、自分たちで出産をするのではなく、産婦人科医に連絡するべきだ。水道管から水が漏れたら、配管工に連絡するべきだ。ほとんどの専門家は一般人が自分でやるよりも多くの価値をもたらしてくれる。しかし往々にして、投資のプロは総額で年間１４００億ドルももらっていながら、これに当てはまらない」

このように、ネブラスカ州オマハの２０００人の聴衆にはっきりと示されたバフェットの主張は、ウォール街が正味マイナスの存在であることを投資家に理解してもらうことがなぜこんなに難しいのか、という問題の核心を突いている。我々は皆、問題を解決したり痛みを取ったりするのに専門家に助けを求めるよう、幼い頃から教育されてきた。病気になれば、両親はあなたを医者のところに連れていった。医者はそれらしい格好をして、ちゃんと診療をしたし、診療室に足を踏み入れた途端、あなたの両親がどれほどこのプロを信頼しきっているかに驚いたはずだ。これはひとえに、この人物が数えきれないほどの時間を授業や研修に費やし、その間に病気の人を治すために知っておかなければならないことをすべて学んでいるからだ。彼らが専門家だから、彼らのアドバイスを聞かなければならないのだ。

しかし、これは我々が仕込まれる条件付けの始まりに過ぎない。成長するにつれ、専門家が次から次へと現れ続ける。学校の勉強についていけなくなれば、両親は家庭教師を雇うかもしれない。スポーツをマスターしたければ、コーチを雇うかもしれない。大人になると、両親の代わりに自分が雇う立場になる。そして今日まで、あなたは何かを企てるたびに最高の結果を得るために専門家を求め続けてきた。

これはすべて理に適っているはずだ。

しかし、あなたのお金を管理するのをプロに頼むことは、他のことについてはうまくいく鉄板のルールの唯一の例外――繰り返すが、巨大な例外――である。私はこの章でその理由を説明するつもりだが、今のところは、ウォール街手数料搾取マシーンはこの事実――問題を解決し最高の結果を得るために専門家を求めるようにあなたがプログラムされ、条件付けされているということ――をよく知っていて、あなたからお金を奪うために可能な限り常に、非情なまでの手際の良さでそれを逆手にとるつもりであることを、ぜひ覚えておいてほしい。

バフェットは演説をこう言って締めくくった。「すべてのヘッジファンド・マネージャーは、自分が、高い手数料を控除した後も市場に打ち勝つ例外的な者だと信じている。一部の者は確かにそうだろう。しかし、長い期間にわたれば、概して、その計算は合わなくなる」

つまり、どんなに才能のあるファンド・マネージャーであっても、手数料や経費、そして一方的な業績報酬を控除すれば結局は、S＆P500に一定以上の期間にわたって勝ち続けることはできない。そして彼は賭けを宣言した。

当時バフェットは、この賭けのニュースがウォール街に広まれば、ヘッジファンド・マネージャーたちはバフェットが間違えていると証明するために列を成して殺到すると考えていた。

結局、バフェットは過去の人だという噂が広がった。一部の批評家はこう評した。バフェットは忍耐が美徳でありバリュー投資がうまくいっていた遠い過去の時代を引きずっているだけだ。だが、二十一世紀が幕を開け、稲妻の速さのコンピューターや人工知能を駆使するウォール街の精鋭たちは、熟しすぎたブドウのようにバフェットをつぶすことができる。何より、バフェットに勝利することが、ヘッジファンド界の若きカウボーイのキャリアにどんな影響を及ぼすか、想像してみてほしい。彼らはまったく無名な存在から、富と名声が約束された人生へと躍り出るのだ！　彼らがしなければならないのはただ、彼らがこの三十年間、ヘッジファンド業界の誕生以来できると約束してきたこと――つまり、手数料と経費を徴収しても継続的にS＆P500に打ち勝つこと――をするだけだ。

しかし、この賭けの発表後一年経っても、何の反応もなかった。気まずい沈黙があるのみだった。

十六か月にわたって、人っ子ひとり、挑戦を受けて立とうと名乗り出る者はいなかった。バフェットの言葉を借りれば「これぞ静寂の音（サウンド・オブ・サイレンス）」だった。後から考えると、それもそのはずだった。結局、ヘッジファンドのマネージャーたちは、相当な奴らだが、少なくとも世間知らずの甘ちゃんではない。彼らは100万ドルのために公開の賭けで負けて恥をかくのは絶対に御免だった。ご存じのとおり、彼らは真実——いわゆる専門家が継続的に市場を打ち負かすのは、特に法外な手数料を徴収した場合、ほとんど不可能であること——をよくわかっていたのだ。実際、ウォール街の上層部ではこれは周知の事実であり、裏で私たちのことを嘲笑（あざわら）っているのだ。

念のために付け加えると、彼らが笑っているのは、一般人が金融のお伽噺（とぎばなし）に騙されているからではなく、このお伽噺が嘘だと過去二十年にわたって暴かれてきたのに、それでもほとんどの投資家が今日に至ってもまだそれを信じているからだ。

そう、過去二十年間、ウォール街の専門家は市場に勝てないとインターネットの至る所に書かれてきた。それでも、この否定できない事実にもかかわらず、人々はまだ、自分のお金を彼らに送り続けている。それがおかしなことであると今こそ認めるべきだ。

これは、いい大人が未だにクッキーを置いてサンタ・クロースが来るのを待っているようなものだ。

もちろん、あなたはもうそんなことはしていないはず。

なぜか？　それは、あなたが6、7歳のときに両親に言われたからだ。

「ごめんね、坊や。サンタさんはいないのよ。これまでずっと、あなたの飲んだくれの叔父さんのジョニーがお店で買ったサンタの衣装を着ていたのよ」

最初はショックだろう。その後の数年間はまだ習慣に従って、ホットミルクやクッキーを居間の暖炉のわきに置いたりしたかもしれない。でもその後は、あなたはもうそんなことはしない。お伽噺は真実ではないと受け入れる。歯の妖精も、イースターのウサギさんも、サンタさんも本当はいない。みんな真っ赤な嘘だ。クリスマスツリーの下におもちゃが、枕の下にコインが、家中にチョコレートの卵が置いてあったとしても、それは大人があくせく働いて稼いだお金で買ってそこに置いたと、あなたは理解している。

それが人生だ。世の中にタダ飯などはない。誰にとっても。

ところがなぜか、投資のこととなると大勢が大人になるのを拒む。彼らは、自分たちが強く信じさえすれば、ウォール街のサンタ・クロースがいるはずだという子供じみた考えに固執している。ウォール街手数料搾取マシーンは、多くの個人投資家の頭の片隅にこの希望が消えずに残っていることを熟知していて、それを凄まじいほどに逆手にとっている。

しかし今、この手数料搾取マシーンが問題に直面している。

バフェットの100万ドルの賭けは、彼らの腐敗したカジノに巨大な灯台の光が当てられ、レーザー誘導によってその頂点に焦点が定まったようなものだ。

結局、ひとりの勇気ある人物が挑戦を受けてスポットライトのもとに飛び出した。

彼の名前はテッド・シーズ。彼のヘッジファンドの名前はプロテジェ・パートナーズ。

彼のトレーダー歴は、ゼロ。

そう、ゼロだ。

テッド・シーズの一番の強みは、トレーダーや投資家、資金管理マネージャーとしての専門性ではなかった。彼のために言えば、実際のところ彼は何らかの専門家ではあった。プロテジェ・パートナーズのためにうまく大金を集めたことを考えると、彼が世界レベルの営業マンであることは確かだ。

しかし、いくら彼が腕利き営業マンであったとしても、どこかおかしいと認めざるを得ない。

つまり、金持ちのお金を運用することで毎年数億ドルとは言わないまでも数百万ドルも受け取っているのに、彼自身にお金を運用する能力は明らかになく、誰か他の人に運用を任せなければならないのか？

そんなにおいしい仕事があるだろうか！

彼がやっているのはこういうことだ。彼の投資会社プロテジェ・パートナーズは「ファンドのファンド」として営業している。これはつまり、彼らの専門性は資金を自身で運用することではなく、彼らのために資金を運用してくれる好成績のヘッジファンドを選ぶ能力にあるという前提のもと、投資家から資金を集めるということだ。表面上はこの前提は理に適っているかもしれないが、それが不可能であることは歴史が証明している。実際、ヘッジファンドの選び方として最悪な方法のひとつが、ヘッジファンドの長いリストから、過去数年にわたって最高の運用成績を誇るものを選び取ることだ。

結局、数年間良い年を過ごすことができたヘッジファンドは、その後どこかで悪い年が待ち受けていることがほぼ保証されている。これには様々な理由があるが、主なものとして以下が挙げられる。

- 投資信託マネージャーはすぐに入れ替わる傾向にあり、投資信託の過去の運用実績は、現在それを運用している人と何の関係もない。
- 投資信託は同じ資産クラスに毎年投資する傾向にあるが、それは資産クラスの周期的な性質と真っ向から対立する。
- 効率的市場仮説が厳格に作用するため、いかなるファンド・マネージャーも継続的に市場に打ち勝つことは極めて難しい。

●簡単な計算で明らかなだけでなく、ＳＥＣが過去の業績の開示のみを要求していて、将来の経営成績の保証を求めていないことに新たな意味が生まれる。つまり、このように読み取れる。「過去数年にわたって素晴らしい経営成績をおさめたということは、今後数年にわたって、あなたにそのツケが回ってくることを保証するようなものだ！」

実際のところ、これはつまり、投資家が自分のお金をテッド・シーズに預けたら、テッドは後ろを向いて、それを他のヘッジファンドに渡すということだ。そして実際にそのお金を運用しているヘッジファンドが自分たちの手数料をまず徴収した後に、椅子にふんぞり返っているだけのシーズが自分の手数料を徴収する。

結局、投資家は二重でやられる。

もちろん、「ファンドのファンド」は、二重取りされていないと投資家に信じ込ませるため、募集パンフレットには巧妙な言葉が書かれているが、投資家がどう解釈しようと、二重取りされていることに変わりはない。いずれにせよ、食い扶持が少なくともひとつ増えるわけで、それは回避しようがない［一般的な「ファンドのファンド」は、実際に資金を管理するファンドがチャージする］［金額に加え、０・５パーセントの管理手数料、５パーセントの業績報酬が追加される］。

もちろん、テッド・シーズにこのことを面と向かって聞いたら、彼は、複数のヘッジファンドに同時に投資できることの利点について長々と蘊蓄を傾けるだろう。彼はまず、ウォール街の精鋭中の精鋭の集合知を活用できることと、鈍ってきたファンド・マネージャーは切り捨て、調子の良いファンド・マネージャーと入れ替えることができる（このやり方は最悪の手であると歴史的に証明されている）と主張するだろう。

しかし、これらの言い分は、「ファンドのファンド」が抱えるもっと大きな問題を無視している。つまり、S&P500を継続的に打ち負かせるファンドが存在しないのに、S&P500より劣るファンドが寄せ集められたからといって、どうして市場を打ち負かし始めることになるのか？　マクドナルドの食事が原因で肥満になった患者に、治療法としてバーガーキングに替えるよう勧めるようなものだ。もちろん、これら二つのシナリオに共通する問題点は、インプットそのものである。つまり、ジャンクを入力したら、ジャンクが出力されるということだ。

実際、ウォール街はこれと同じ歪んだ理屈を駆使して、二〇〇八年に住宅市場を破裂させた。焦げ付くことが約束されていた不良債権化した住宅ローンを何万件も集めてひとかたまりにして、ずっと安全で回収が約束されたものに仕立て上げた。このスキームは初めから馬鹿げていたし、大惨事となることが運命付けられていて、実際にそうなった。結局、1兆ドルもの国民の税金がその救済措置に使われた。

テッド・シーズの戦略とはつまり、ヘッジファンドの手数料の巨大なレイヤー・ケーキを作るために、ヘッジファンドの手数料の上にヘッジファンドの手数料を重ねることだった。

しかし今回、彼はさらに一歩進んでいた。五つのヘッジファンドを選ぶ代わりに、彼は「ファンドのファンド」であるヘッジファンドを五つ選んだ。その結果、バフェットに対決するために集められたファンドの数は合計すると100を超えた。

控えめに言って、なかなか面白い戦略だった。

つまり、理屈の上では、もし、100個のファンドの大多数が十年にわたって単にS&P500を上回る成績を達成するだけでなく、何層にも重なった手数料を控除した後もROIがまさっているくらい圧倒的な成績を得られたなら、テッド・シーズはバフェットとの賭けに勝ち、世界にどちらが勝者かを知らしめることができる。

最初に勝ち目がどれくらいあるか聞かれると、シーズは、何の価値も提供しないくせに多額の報酬を得ている者特有の自覚のない妙に自信に溢れた調子で答えた。「85パーセント」と彼はうそぶき、経済と数学の屁理屈とそれらに基づいた今後の株価の行方に関する数年分の予測をまくし立てることでその数値を裏付けた。

彼は85パーセントの確率で、今後数年間に市場が下向くか、またはこの数年間のような急上昇は止まると予測した。シーズの考えによれば、このことは賭けに勝つ上で彼に非常に有利に働く。S&P500の業績を追うだけで、下降する市場に対して調整する能力を持たないパッシブなインデックス・ファンドと異なり、彼の選んだ100個のヘッジファンドはアクティブに運用されており、下向きの市場で好調な傾向にある特定の資産クラスにシフトすることで下落分を「ヘッジ」することができるということだ。

テッド・シーズの思考プロセスにはただひとつ小さな問題があった。まったく理に適っていない、という問題だ。

実際、ヘッジファンド手数料にヘッジファンド手数料を重ねたテッドの二層構造のレイヤー・ケーキによる影響を考慮しなかったとしても、彼の理屈は次の三つの理由で破綻している。

● 過去七十年のあらゆる学術的研究は、株式市場の将来の動向を、コインを投げる以上の精度で予測するのは不可能だと結論付けている。
● 同じくきちんとした学術的研究により、長期にわたれば、アクティブに運用されるファンドはS&P500に連動するパッシブなファンドに打ち勝つことはできないと証明されている。実際には、最高額の手数料を取るファンドは概してリターンは最低である。
● テッド・シーズがノストラダムスの生まれ変わりで、今後数年の市場の動向を予測できるとしても、この賭けは十年にわたって行われるので、どうでもいい。

ご理解いただけただろうか？

貪欲、自信過剰、または単なる自己欺瞞のせいかはわからないが、テッド・シーズにはこれらの現実が完全に見えていなかった。彼は自分が85パーセントの確率でこの賭けに勝てると心から信じているようだった。勝ったらもらえる100万ドルの賞金を寄付する慈善団体――アブソリュート・リターン・フォー・キッズ――まで選んでいた。もしシーズが賭けに勝てば、100万ドルはそこの金庫に行く。

バフェットが選んだ慈善団体は若い女の子が能力を存分に発揮できるよう支援するオマハの地元の慈善団体、ガールズ・インクだった。確かに相応しい慈善団体である。もしバフェットが賭けに勝てば、100万ドルはそこの金庫に行く。

バフェットが自身の勝率をどう思っていたのかについては、この賭けの運営体として選ばれたウェブサイトLongbets.com上に、彼の当初の考えが今でも載っている。バフェットはこう書いていた。

「二〇〇八年一月一日に始まり二〇一七年十二月三十一日に終わる十年間で、手数料及び経費の控除後で測定した場合、S&P500はヘッジファンドから構成されるファンドにパフォーマンスで勝る。

大勢の非常に賢い人たちが、株式市場全体の平均値よりも高いリターンを得ようとしている。彼らをアクティブ投資家と呼ぶ。その反対はパッシブ投資家であり、その定義上、平均を目指す。大抵、彼らのポートフォリオは多かれ少なかれインデックス・ファンドで占められる。したがって反対側のアクティブ投資家も同様に平均を目指すはずだ。しかし、アクティブ投資家にははるかに多額のコストが発生する。結局、アクティブ投資家の成果はそれらのコストを差し引くと、パッシブ投資家の成果よりも悪くなる。

多額の年間手数料や業績報酬、そしてアクティブ投資の経費をすべて足すと、コストは跳ね上がる。ヘッジファンドのファンドの場合、ファンドのファンドが投資するヘッジファンドがチャージする多額の手数料に、それ自身の手数料がさらに上乗せされるため、このコストの問題がさらに重くのしかかる。

ヘッジファンドの運営には大勢の賢い人たちが加わっている。しかし、彼らの努力のほとんどは無駄であり、彼らのＩＱは、彼らが投資家に課すコストに見合わない。一定以上の期間を平均すると、投資家はファンドのファンドよりも低コストのインデックス・ファンドに投資するべきだ」

しかし、バフェットが当初からどれくらい自信があったのかとか、彼が賞金を寄付するために選んだ慈善団体よりもはるかに重要なのは、彼が選んだインデックス・ファンドの名前である。

バフェットが重要だと考えていた四つの条件は次のとおりだ。

①S&P500の跡を正確にたどること

これは当たり前に思われるかもしれないが、中には、指数の跡をちゃんとたどらない、粗末な作りのファンドもある。その結果、指数のリターンとファンドのリターンに乖離が生じる。このような「不正確」なファンドは絶対に避けるべきだ。「正確」なファンドのリストを本書の後のほうで提供する。

②いかなる種類の「ロード」もないこと

「ロード」とはファンドの隠語で、そのファンドに投資するように顧客に説得したブローカーへの販売手数料を支払うことである。「フロントエンド（入口）・ロード」は顧客が投資したときに、「バックエンド（出口）・ロード」は顧客がファンドから離脱するときに、そのどちらも同じ財布から——つまり顧客から——支払われ、ファンドのROIを著しく下げる。

③管理手数料が非常に低いこと

インデックス・ファンドはアクティブに運用されていないため、市場に勝つことが期待される「専門家」であるファンド・マネージャーに多額の管理手数料を支払う理由がない。もちろん、ファンドはそれでも管理手数料をチャージする権利はあるが、０・５パーセントを超える場合はそのファンドは手数料を取りすぎであり、もっと管理手数料の安い違うファンドを選ぶべきだ。

④配当を自動的に再投資できるようになっていること

インデックス・ファンドには、投資信託とＥＴＦの２種類あり、ＥＴＦは上場投資信託（Exchange Traded Funds）の頭文字である。私は後で、これらの長所と短所について説明するが、今のところは、ＥＴＦでは配当の自動的な再投資ができないが投資信託ではできることを覚えておいてほしい。その意味では投資信託のほうが望ましいが、状況によってはＥＴＦのほうがあなたに合っている場合もある。それについては後で説明する。

当時、すべての大手の投資信託のプロバイダーはこれら四つの要件を満たす低コストのインデックス・ファンドを出しており、バフェットに選ばれるチャンスはあった。しかし結局、この栄誉は、一九七六年にあの偉大なジャック・ボーグルが創業した業界の先駆者であるバンガード・グループに与えられた。

正確に言うと、バフェットは「バンガード500インデックス・ファンド・アドミラル・シェアーズ」を選んだ。

彼の選択に驚く者はいなかった。

第9章 世界最大の投資ハックの幾多の試練

The Trials and Tribulations of the World's Greatest Investment Hack

「J・P・モルガンは地球に衝突して人類のために道を開いた隕石のようなものだ」とか「ウォーレン・バフェットがウクレレを爪弾けば、2万人の聴衆が歌い踊る」などと私が言うときは大抵、わかり易く、また面白くするために詩的センスを最大限駆使している。

しかし、私がこう言うときは違う。「ジャック・ボーグルは、ウォール街の全員を合わせたよりも、個人投資家に貢献した」

私は本気でそう言っている。実際、ボーグルが二〇一九年に他界したとき、ウォーレン・バフェットがこう語ったことは有名だ。「アメリカの個人投資家のために最も貢献した人物を讃えて銅像を建てるなら、それは絶対にジャック・ボーグルにするべきだ」

当時、ボーグルはすでに彼のパッシブ投資哲学を通じて、高い年間業績を達成しながらも1400億ドルを超える余分な投資信託手数料を投資家に節約させていた。

ご存じのとおり、ボーグルが一九七四年にバンガード社を創業したとき、当社は、最終的には投資信託業界全体を屈服させることになるひとつのシンプルな前提に基づいていた。つまり、パッシブに運営された低コストのS&P500の業績を反映し、それに打ち勝とうとしないインデックス・ファンドは次の理由から、アクティブに運営されるファンドの業績を継続的に超える。

● 管理手数料が劇的に安い。

● ファンド・マネージャーに業績報酬を支払う必要がない。
● 短期投資がなくなるため、税効率がずっと良い。
● アクティブ・ファンド・マネージャーが自身の存在意義を証明するべく市場のタイミングを計ろうとして失敗するおそれがない。

ボーグルの挙げた理由は、突然降って湧いたものではない。世界有数の経済学者であり、投資信託業界についての十年にわたる研究を完成させたばかりのポール・サミュエルソンからの呼びかけに応じたものだった。サミュエルソンにノーベル経済学賞をもたらすことになるこの研究は、ボーグルがずっと疑ってきたが、疑惑の域を超えて証明することができずにいた事実――投資信託への投資はカモを騙すよう仕組まれたゲームだということ――を白日の下に晒した。サミュエルソンのおかげで疑いの余地がなくなった。

手短に言うと、サミュエルソンの研究は、投資信託の年間管理手数料や取引コスト、そしてアクティブ・マネージャーに支払わなければならない業績報酬を取られることを考えると、投資家はS&P500の業績を反映するパッシブなインデックス・ファンドを買って保有しておくだけのほうがずっと良いということの議論の余地のない証拠を暴いた。

唯一の問題は、そのようなファンドがまだ存在していなかったことだ。

投資家がS&P500を「買い」たければ、市場に行ってこの指数に含まれる500企業のそれぞれの株を一度に買い、それぞれの取引ごとに手数料を払わなければならなかった。これだけでもこの戦略は無理ゲーだが、それらの株をすべて買うのにどれだけのお金を要するのかという問題まで加わる。例えば、この指数に含まれる500社について一株ずつ買うとしても、最初の投下資本として数万ドルかかる。これは個人投資家の資力を超えているだけではなく、それでもまだS&P500の業績を反映したポートフォリオにはならない。指数に含まれる銘柄のうち株価の高い株の影響力が大きくなり、株価の低い株の影響力が小さくなるからだ。

S&P500の業績を正確に反映させるためには、もっとたくさんのお金と、ポートフォリオのバランスを維持するための大型汎用コンピューターが必要だった。言い換えると、巨額の資金と技術的資源がなければほぼ不可能だった。

それでもサミュエルソンは解決策を求めて情熱的に活動し続けた。ボーグルと会話した直後に、サミュエルソンは、アクティブ・ファンド・マネージャーへの依存と彼らが五十年間の歴史で標準未満の実績しか達成できていないことに照準を合わせて、投資信託業界を公然と非難し始めた。サミュエルソンは彼の十年にわたる研究の成果を次の五つのポイントに要約した。

① この証拠（他にも関連する証拠は山のようにあるが）を突き出された陪審員は全員、世界トッ

プクラスの金融マネージャーでも、優れたパフォーマンスのポートフォリオを生み出せないという判決に至らざるを得ない。

②一種の「天賦の才」に恵まれていて市場平均を繰り返し上回ることができるファンド・マネージャーもわずかにいるかもしれないが、そのようなファンド・マネージャーは存在したとしても、絶対に表に出てこない。

③アクティブ・ファンド・マネージャーの成績が比較的悪い理由のひとつは、彼らが売買をするたびに重い取引コストが発生し、それがファンドの年間リターンを侵食し、また税効率も悪化させることにある。

④こんなことは信じたくないのだが、私が突きつけられた証拠を鑑みるに、ポートフォリオの意思決定者のほとんどはこの業界を去ったほうがいいという結論に至らざるを得ない。

これらの四つのポイントだけでも、投資信託業界全体に対する痛烈な叱責であるが、サミュエルソンが最後に挙げた五つ目のポイントが、ボーグルに最も感銘を与えた。

⑤少なくとも一部の大手運用会社はＳ＆Ｐ５００の指数を反映する自家製のポートフォリ

オを設立するべきだ。たとえ、自社の超アクティブ・ファンド・マネージャーが自分の武勇伝の指標に使うための簡易版のモデルでもいいから。

ボーグルが必要としていたのはまさにこの言葉だった。

その後すぐに彼はバンガードを正式に創設する。ファンドのメカニズムを完成させ、その斬新な構造がSECから承認されるのに丸々二年を費やした。この画期的な金融商品――フロントもバックも完全にノーロードで、アクティブ・マネージャーへの業績報酬もいらない、超低コストのS&P500インデックス・ファンド――の目論見書を読んだサミュエルソンは、広く読まれる新聞の寄稿欄にこう書いた。「予想していたよりも早く、私の願いが叶った」

実際に、その願いは叶った。しかし、ボーグルにとって残念なことに、ウォール街の他の人々はまったく乗り気ではなかった。

それどころか彼らは、この裏切り者をリンチしてやりたかった。結局のところ、信じられないほど管理手数料が安く、いかなる種類の販売手数料もまったくない彼の新しいインデックス・ファンドは、投資信託業界全体の存続に関わる脅威だったのだ。ボーグルは、S&P500を「兵器に改造」し、単なる指数から一回の取引で売買できる投資可能な金融商品に改造することを、彼らの目の前でやってのけたのだ。

この新種のファンドが勢い付けば、投資信託業界に及ぼす影響は途轍もないものとなる。生き残るために業界全体で手数料を大幅にカットせざるを得なくなるだけでなく、アクティブ・ファンド・マネージャーは虚勢を張っているが継続的にS&P500に勝つことはできないというボーグルのメッセージによって、彼らのファンドからの大量離脱も起こりかねない。

彼らの懸念には充分な根拠があった。

ボーグルは新しいインデックス・ファンドを創設するとすぐさま、全米で草の根運動を展開し、あらゆる場所で次の三つの核となる投資の合言葉を触れ回った。

- 超低額の管理手数料。
- フロントもバックも一切のロードが不要。
- アクティブ・ファンド・マネージャーに支払う業績報酬が不要。

伝道者のような情熱でボーグルは彼に耳を傾けてくれそうなあらゆる証券会社や資金管理会社、ファイナンシャル・プランナー事務所、保険会社に出向いた。

ボーグルにとって残念なことに、そういう場所は少なかった。

ウォール街手数料搾取マシーンはすでに行動を起こしていた。

数十年にわたるキャンペーンでアメリカの巨大タバコ会社が採用した、明らかな真実――喫煙は健康を害し、ほぼ確実に寿命を縮める――を敢えて唱える人は誰であれ評判を貶めるという戦略を用いて、ウォール街手数料搾取マシーンは、けしからんジャック・ボーグルと同様にけしからんインデックス・ファンドを標的とした大々的な中傷キャンペーンを展開した。

全米中の新聞や雑誌、街頭の広告掲示板、テレビなどに広告がばら撒かれた。一部の広告、特に投資信託を「販売する」人たちをターゲットにするものは強烈だった。

例えば、ウォール街で最大手の投資信託会社ドレイファスはウォールストリート・ジャーナル紙に、次のスローガンを大きなブロック体で掲げた一連の全面広告を掲載した。

NO LOAD？ NO WAY！（ロードなし？ そんなわけない！）

これは驚くほど臆面もない広告だった。

「我々があなたたちに支払うのと同じ法外な販売手数料を、バンガードがあなたたちに支払わないつもりなら、くたばっちまえとバンガードに伝えよ」と言っているのも同然だった。

だがそれもまだほんの序の口だった。投資家自身をターゲットとする広告には、投資家に対する門番の役割を担う人々をターゲットにした広告の１０００倍のお金を費やした。低コストのインデックス・ファンドの利点が大衆の意識に浸透して草の根運動を生み出し、そのような運動が喝采を浴びるような事態をなんとしても回避する必要があった。

これらの広告の目的は恐ろしいくらいシンプルだった。つまり、アクティブに管理された投資信託は、S&P500をただ追うだけでそれに勝とうとしないパッシブなインデックス・ファンドよりもずっと素晴らしい投資であるという神話を永続させることである。

表面上、彼らの主張の核心は理に適っているように「見える」。

結局のところ、最良のシナリオが平均的なリターンであるファンドになぜ投資したいと思うのか？　つまり、平均を目指す者などいるのか？　人生において、そんなやり方ってないだろう？ここで彼らは、まさにこの理由で世界有数のファンド・マネージャーだけを雇っていると説明を続ける。ボーグルと違って平均に甘んじることを拒否するからだ、と。

平均なんて、つまんねえよ！

彼らの主張のこの最後の部分には私も同意する（平均なんて、マジでつまんねえ！）が、残りの主張は完全にナンセンスだ。すべての実証的証拠が正反対の結果を示しているし、特にサミュエルソンの研究は実際に解決策を提示している。株式のアドバイスと実際の株価実績とを個々に比較したコウルズの研究と違い、サミュエルソンの研究は、一九二〇年代に投資信託業界が始まって以来のすべての投資信託の実績を、S&P500の実績と比較し、ボーグルはS&P500の実績を投資可能な金融商品に変えた。つまり、コウルズの研究は問題にスポットライトを当てただけだったが、サミュエルソンの研究はボーグルの発明と組み合わさることで、ターンキー・ソリューションをもたらした。

それでも、ウォール街手数料搾取マシーンは手強い敵として、ノンストップの広告キャンペーンで全力を尽くして対抗した。マディソン街の、同じくらい魂のない連中との結束を深め、ウォール街手数料搾取マシーンは、なぜボーグルの発明には関わる価値がないのかを、あらゆる理由を持ち出して触れ回った。それらの理由がデタラメだということはどうでもよかった。賭けの代償があまりにも大きすぎたのだ。

最初のうちは、この中傷キャンペーンが見事に効いた。

次の表は、開設後十年間でウォール街手数料搾取マシーンがいかに効果的にバンガードを貶めていたのかを示している。

ウォール街手数料搾取マシーンは自分たちの仕事を実にうまくやりおおせた。しかし、実際のところ、ボーグルがブローカーに販売手数料を1ペニーたりとも支払うのを拒絶していることから、ブローカーがジャック・ボーグルとバンガードを嫌うように仕向けるのはそれほど難しいことではなかった。そのため、バンガードが提供する価値は、投資家の観点からは信じられないほど素晴らしいものだったが、五十年にわたってシステムに組み込まれてきた、こっそりと顧客から余分な手数料を年間数十億ドルも吸い上げておきながら、その代償として平均以下のパフォーマンスしか提供しない投資家の門番にとっては魅力的なものではなかった［このネットワークはインターネットの到来とともに完全に破壊されることになる

バンガード・インデックス・トラスト500（VFINX）

1976年から1987年まで

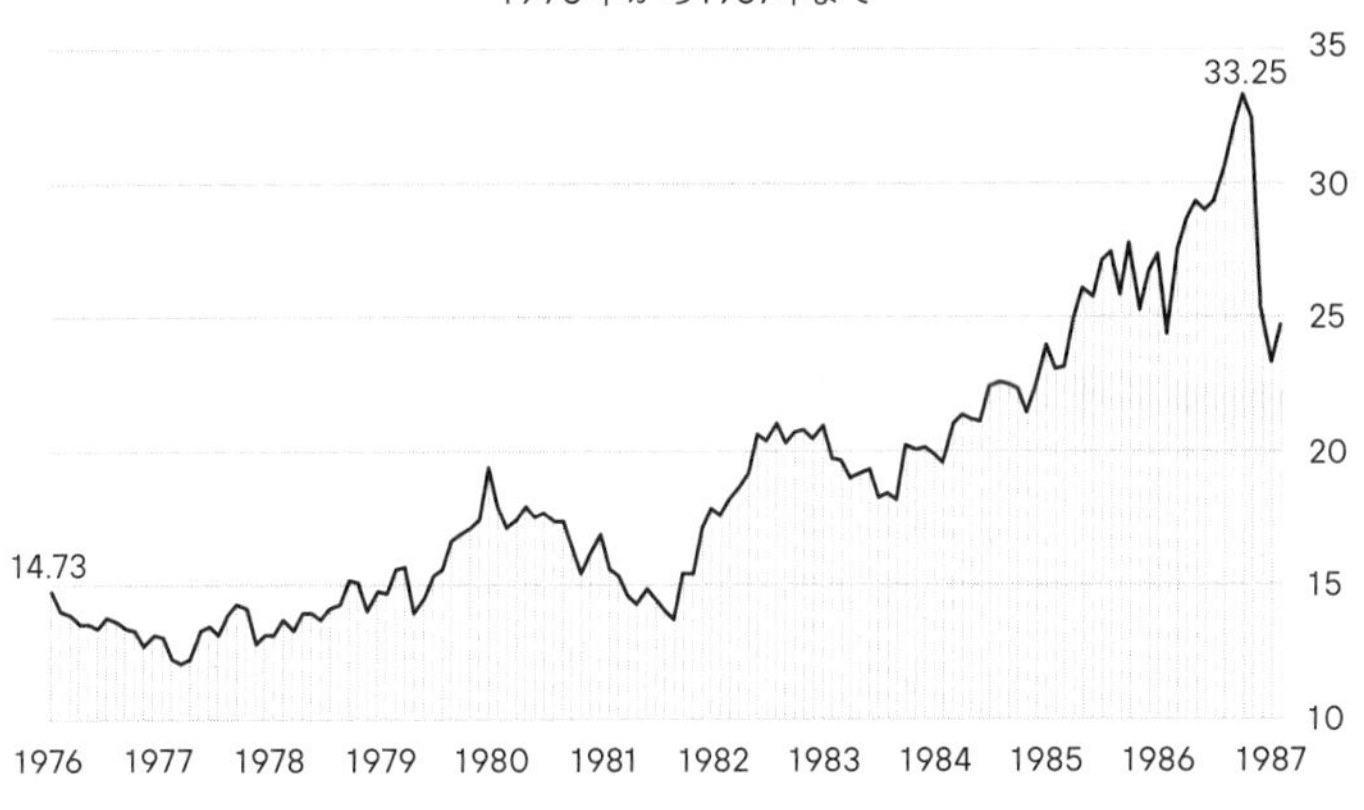

当時、オンラインで顧客と直接取引するというアイデアは完全にSF的なものだったが、充分な通信速度が備わるのは、それからまだ二十五年以上も先のことだった。」。

そして、ボーグル自身にも問題があった。控え目に言って、彼はバンガードの価値ある提案を金融のセールスマンたちに、彼らの利己的な観点に沿った効果的な説明をしていなかった。つまり、業界の他社は8・5パーセントも支払っているのに、ボーグルは彼らに販売手数料を一切払うつもりはないのだから、彼らがバンガードを顧客に勧めて何の得があるのか？

何の得もない。それに、ブローカーだって食べていかなければならない、だろう？

実際に彼らに何の得もない。少なくともボーグルによれば。彼がこのことをブローカーに説明するときによく、『ゴッドファーザーPART Ⅱ』のマイケル・コルレオーネの真似をした。

ネバダ州選出の上院議員ギーリーが、ラスベガスのカジノのライセンスと引き換えに賄賂を支払うようマイケルに圧をかけるシーンだ。それに対しマイケルは長く冷たい沈黙の後、こう答える。「あんたに払う金は——ゼロだ。ライセンスの手数料も払わない。許可はありがたくいただくが」これが、ボーグルがブローカーに手数料を払わないなら彼らはどうやって金を稼げばいいのかについてのブローカーの異議申し立てに対するボーグルの返答だった。

もちろん、ボーグルの頭の中では、この返答は明確だった。

「君たちの顧客に対する受託者責任は、業績の振るわない手数料の高い投資信託を勧めたいという利己的な欲求に勝る。だから何が問題なんだ？」

ウォール街の人々にとってこのメッセージが魅力のないものであったのと同時に、バンガードには彼らにもっとショックを与える要素があった。その構造だ。ウォール街をまさに今日まで困惑させている理由で、ボーグルは驚くほど利他的な構造を作り上げた。バンガードのインデックス・ファンドに投資する人は、バンガードの所有者になる。つまり、ボーグル自身はバンガードの過半数を保有しておらず、バンガードの投資家が保有していた。

今日まで、バンガードはこのような構造で運営されていて、バンガードのファンドに投資した者はバンガードの所有者になる。結果としてこの構造によりボーグルは個人的に５００億ドルも負担することになったが、彼は生涯、それについて後悔を口にしたことは一度たりともなかった。

実際、彼が亡くなる直前にジャーナリストから、彼自身が所有者として留まっていたならどれほどのお金を稼げていたかを含め、バンガードの構造について後悔はあるかと聞かれた。

ボーグルは誰にも真似できないユニークな言い回しですぐさま答えた。「今、私には8000万ドルの資産があるが、それは私がたとえ10回生まれ変わっても使いきれない額だ。だから、いったい誰がそんなことを気にする？」

ジャック・ボーグルの使命は、個人投資家の運動場を整備することであり、彼はその使命に亡くなる日まで力を注ぎ続けた。それでも、一九八〇年代の全般的な強気相場の間、バンガードを破綻させないようボーグルが奮闘した事実に変わりはない。

そして暗黒の月曜日（ブラックマンデー）が訪れる。

たった一日で突然一斉に、投資家による厳しい選別から投資信託を守ってきた繁栄の幻想が完全に打ち砕かれた。法外な手数料の影響をカモフラージュする猛烈な強気相場がなくなったことで、投資家は他の選択肢を見直す必要性に気付き始めた。

投資家が他の選択肢を見直すと、他のものよりもはるかに合理的なひとつの選択肢が浮かび上がった。バンガードの超低コストのS＆P500インデックス・ファンドだ。

証拠はずっと目の前にあったが、大暴落が起こって、個人投資家も機関投資家も突然理解した。ずっと隠されてきた秘密が暴露され、一九九〇年代を通じてS＆P500の価値が急上昇したことが、バンガードのやり方がいかに効率的であるかをさらに強調した。そういうわけで、当初は秩序立っていたアクティブ・ファンドからバンガードのインデックス・ファンドへの脱出は、出口を求める投資家たちの「殺到」へと様変わりした。

ここで、数ページ前の表をもう一度見てほしい。その表では一九七六年から一九八七年までのバンガードの覇気のない成長が示されている。

今度は、この表を現在の二〇二三年まで延長した。

バフェットが１００万ドルの賭けを二〇〇六年に宣言するまでに、バンガードの興隆は投資信託業界に地殻変動級の変化をもたらした。それは次の四つの変化だ。

① 手数料が50パーセント以上下がった（そして今日まで下がり続けている）。業界の最盛期だった一九七〇年代半ばの法外な価格と比べ、現在、手数料は80パーセント超下がっている。しかし、だからと言って、それらのアクティブ・ファンドに投資するべきだというわけではない。結局のところ、手数料が著しく下がったとは言え、パッシブなＳ＆Ｐ５００インデックス・ファンドと長期的なパフォーマンスを比較すると、当時と同じくらいポンコツである。

② 「打ち負かせないなら仲間に入れ」の典型例として、業界最大手の証券会社や投資信託会

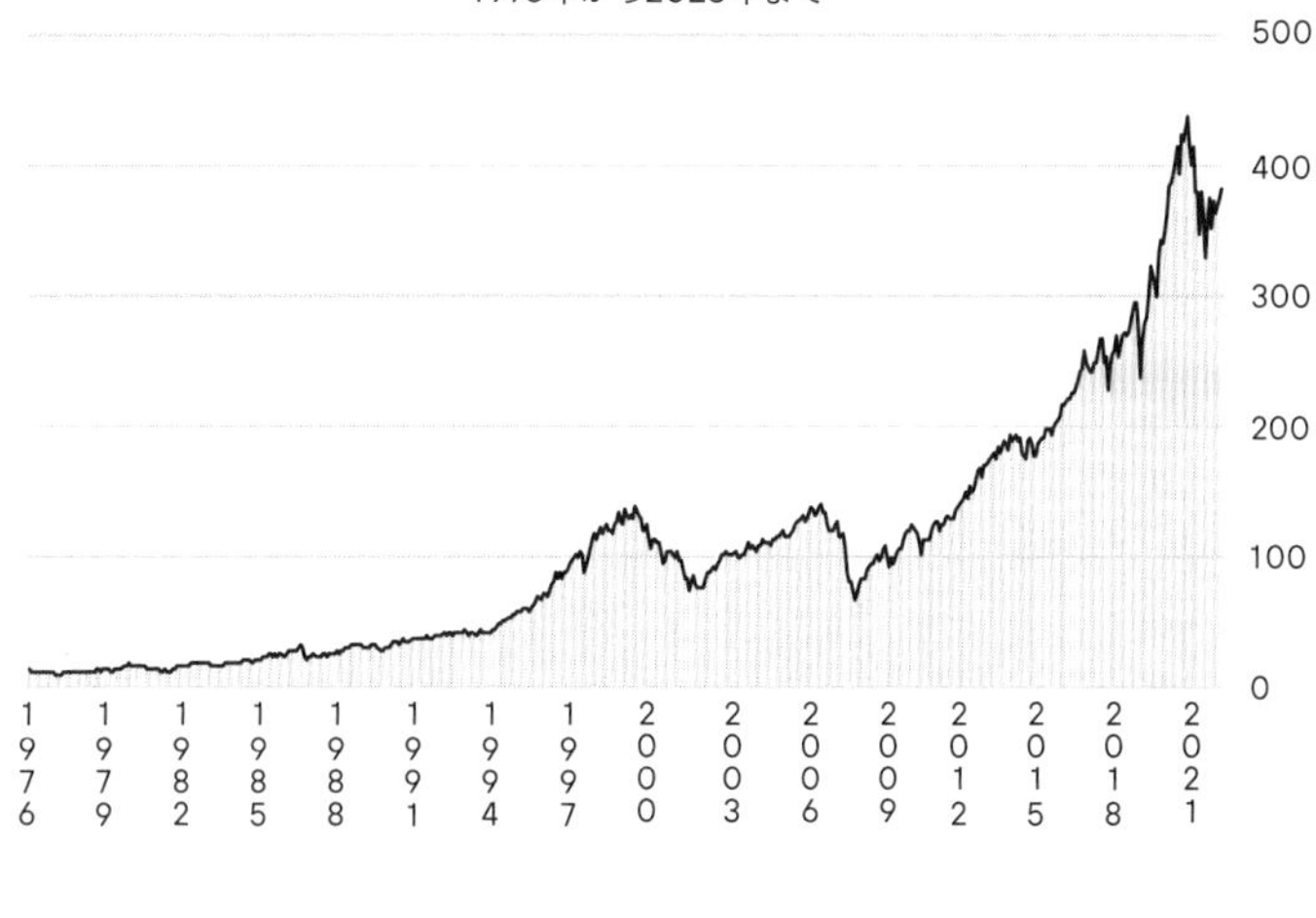

社がボーグルの作った時流に乗り、自社の低コストのS&P500インデックス・ファンドを提供し始めた。

③現代のインターネットが誕生し、バンガードの提案の価値が草の根レベルで野火のように広がった。投資家を阻む門番がいなくなったので、バンガードはすぐに、ブラックロックに次ぐ世界第2位の資産管理会社へと成長し、現在管理している資産は8兆ドルを超える。

④やられっぱなしではいられないウォール街は新たな、よりアグレッシブなファンドを捻り出すことになる。そこではエリート中のエリートの投資マネージャーが金融エコシステムの秘密の場所で超富裕層の顧客のためにせっせと働く。そこには、

S&P500を継続的に打ち負かせる能力がなぜか存在したが、すべての証拠はそれがまったく正反対であることを示している。

当然のことながら、これらのエリートのファンド・マネージャーたちはそのような素晴らしい偉業をどうして達成できたのか説明するよう求められたが、いかなる市場のリスクもヘッジできると強調するために彼らは皆口を揃えて「ヘッジ」と呼ぶ複雑な一連の戦略に関与しているということを除き、詳細について答えることを拒否した。

ウォール街はこの新しいジャンルを「ヘッジファンド」と名付け、それを中心にひとつの産業を素早く作り上げた。彼らは、ヒーローや悪役など等身大を超えたキャラクターを作り上げ、金融界のロック・スターのように大衆の想像力を掻き立てた。

ヘッジファンド業界は、ジャック・ボーグルと彼の斬新な発明品の手で壊滅状態にされた投資信託業界の焼け野原から飛び立つ不死鳥だった。普段は穏やかなポール・サミュエルソンでさえ、投資信託業界の傷口に塩を塗らずにはいられなかった。二〇〇五年に、投資信託マネージャーと業界のセールスマンたちで埋め尽くされた聴衆に向かって彼は「このボーグルの発明は、車輪、アルファベット、グーテンベルクの印刷機、そしてワインとチーズの発明と並ぶ」と語った。

聴衆の反応はどうだったか？

気まずい沈黙が支配していたが、まだPTSDから癒えない聴衆の腹の底から不快なうめき声がいくつか上がった。彼らはジャック・ボーグルのおかげで、多額の手数料が目の前で蒸発していくのを眺めるしかなかった。結局、バンガードが提案する独自の価値は、否定するには強力すぎて、彼らが心配したとおり、大衆の意識に入り込んだ途端に、投資家の大々的な脱出が始まった。

ヘッジファンド業界だけが無傷のままだったが、それも続かなかった。彼らはバフェットを怒らせ、バフェットは怒りの余り、彼らの業界に100万ドルの賭けを叩きつけた。

この賭けの代償は恐ろしいほど大きかった。

ヘッジファンドは、投資信託業界を根底から薙ぎ倒したバンガードのポピュリスト軍団の侵攻から逃げ出したウォール街のマッチョたちにとって最後の決戦の地だった。しかし、その謙虚な性格にもかかわらず最大のマッチョであるバフェットからは、ヘッジファンドも逃げることができなかった。彼は公開で挑戦状を叩きつけ、テッド・シーズはその餌に喜んで食いついた。その十年後、真実が明らかになる。

この賭けは二〇〇八年一月一日に始まった。

勝者は単なる自慢する権利をはるかに超えるものを手に入れることになる。

第10章

ゴールデントリオ

The Golden Trifecta

誰が賭けに勝ったか、もうあなたはご存じだろう。

もちろん、バフェットが大差で勝った。

実際、彼は、自信過剰のテッド・シーズの死体をあまりに強く蹴飛ばしたので、ヘッジファンド業界の法外な手数料と概して振るわない業績に関する自身の主張をさらに一層証明することになる二つの予期せぬ出来事が起こった。

まずひとつ目が、テッド・シーズがリングにタオルを投げ入れて負けを認めるまでに、十年もかからなかったことだ。七年目の終わりまでには、彼ははるかに引き離されていたため、賭けに勝つのが数学的に不可能になっていた。そのため、その後さらに三年間恥辱に塗れて暮らすよりも、二〇一四年末に威厳を持って身を引こうとした。テッドにとって残念なことに、そうはいかなかった。勝者が賞金を受け取るまで丸々十年間、賭けが続行された。

二つ目は、十年目の末までに、両者の結果の差が余りにも大きくなっていたので、手数料を差し引かないで、業績だけに基づいて比べたとしても、ヘッジファンドはＳ＆Ｐ５００になんと30パーセントの大差をつけられて打ちのめされた。

これは驚くべき事実を示している。

覚えているだろうか。この賭けをするバフェットの当初の目的は、ヘッジファンド・マネージャーがチャージしている法外な手数料と、それが継続的に市場に勝つことをいかに難しくしているかを知らしめることであった。ところが、ヘッジファンド・マネージャーが手数料をチャージしていなかったとしても市場に勝てないなら、話はまったく変わってくる。

そこに大きな差があることはおわかりだろうか？

しかし、結果は明らかだった。

その過程をもっと詳しく追っていこう。まず、一年目は信じ難いことに、テッド・シーズと彼の100個のヘッジファンドが勝った。驚くかもしれないが、歴史的観点からこの賭けを考えると、テッド・シーズの当初の勝利は完全に理に適っている。ここで話題にしているのは、この賭けが、二〇〇八年一月一日に始まったという事実だ。その年の九月にリーマン・ブラザーズが倒産し、世界金融危機の引き金が引かれた。

アメリカの住宅市場が風船のように破裂すると、世界中の株式市場で価値の暴落が起こった。どの国も免れることはできなかった。この大惨事を招いたアメリカも例外ではなく、その後この疫病を他の国に広めた。

実際のところ、まさにこれが第3章で「過去四十年間に彼らは、アイスランドを破産させ、ノルウェーを危機に陥れ、ギリシャを破壊し、ポーランドを荒らし……」と書いたときに示していたことだ。もちろん、ウォール街はこれらの国に銃口を突きつけてやったわけではない。毒を仕込んだ住宅ローンを数十億ドルも買うように勧めることで、それらをやりおおせた。それらの住宅ローンは大量破壊兵器となるようにレバレッジが掛けられていて、二〇〇八年第3四半期に時間差でそれらが溶けると同時にすべてが爆発した。

その結果はどうなったか？

二〇〇八年は株式市場にとって散々な年だったが、テッド・シーズのヘッジファンドにとっては絶好のチャンスだった。S&P500が価値を38・5パーセント失う一方で、ヘッジファンドはその名が示す強み——ヘッジ——を活かし、損失を著しく軽減させた。

その年、シーズのヘッジファンドの価値の減少は平均して24パーセントだったため、シーズはバフェットに14・5パーセントもリードしていた。

そして二年目がやってきた。

大恐慌からダウが回復するのに実際には二十五年もかからなかったのと同じように、S&P500は息を吹き返し始めた。ゆっくりと着実な上昇基調を取り戻し、あなたが決して忘れてはならない重要な教訓を見せつけた。

概して、弱気相場はそんなに長く続かない。

「弱気相場はゆっくりと長引く事象であるため、それから抜け出すのには、つらく長い時間が必要だ」というのはプロアマ問わず投資家全員が信じ込んでいる最大の誤解のひとつだ。

実際はその真逆だ。

弱気相場			強気相場		
開始日	終了日	継続月数	開始日	終了日	継続月数
1900年1月	1901年1月	12	1901年1月	1902年9月	20
1902年10月	1904年9月	23	1904年9月	1907年6月	33
1907年6月	1908年7月	12	1908年7月	1910年1月	18
1910年2月	1912年2月	24	1912年2月	1913年2月	12
1913年2月	1915年1月	22	1915年1月	1918年9月	43
1918年9月	1919年4月	6	1919年4月	1920年2月	9
1920年2月	1921年8月	17	1921年8月	1923年5月	21
1923年6月	1924年8月	14	1924年8月	1926年10月	26
1926年11月	1927年12月	13	1927年12月	1929年9月	21
1929年9月	1933年4月	43	1933年4月	1937年5月	49
1937年6月	1938年7月	13	1938年7月	1945年2月	79
1945年3月	1945年11月	8	1945年11月	1948年11月	36
1948年12月	1949年11月	11	1949年11月	1953年8月	45
1953年8月	1954年6月	9	1954年6月	1957年9月	39
1957年9月	1958年5月	7	1958年5月	1960年5月	23
1960年5月	1961年3月	9	1961年3月	1970年1月	105
1970年1月	1970年12月	10	1970年12月	1973年12月	36
1973年12月	1975年4月	15	1975年4月	1980年1月	57
1980年2月	1980年8月	6	1980年8月	1981年8月	12
1981年8月	1982年12月	15	1982年12月	1990年7月	91
1990年8月	1991年4月	8	1991年4月	2001年4月	119
2001年4月	2001年12月	8	2001年12月	2008年1月	72
2008年1月	2009年7月	17	2009年7月	2020年3月	127
2020年3月	2020年5月	1	2020年5月	2022年12月	30
弱気相場の平均継続期間（月）＝13			**強気相場の平均継続期間（月）＝47**		

株式市場の下降局面は大抵、鋭く厳しく、そして激しい苦痛を伴うが、ゆっくりと着実な上昇局面に比べると、それほど長続きしない。実際、一七九二年にスズカケ協定が締結されて以降、株式市場のゆっくりと着実な上昇は時計仕掛けのように規則正しく続いた。前ページの表で、私が意味するところがはっきりと読み取れるはずだ。

長期の傾向ははっきりしている。株式市場のゆっくり着実な上昇の歩みは、それよりずっと短い、厳しく鋭い下降によって中断されてきた。

これを念頭に置けば、その後の毎年の勝者がバフェットと彼の面白味のないバニラ味のインデックス・ファンドであったことにも驚かないだろう［唯一の例外は五年目で、その年は両者のリターンが約12・5パーセントの引き分けだった］。実際、十年目の終わりには、バンガード５００インデックス・ファンド・アドミラル・シェアーズのリターンはすべての手数料と費用控除後の総計で１２５・９パーセントであり、テッド・シーズのヘッジファンドのほうはたった36パーセントだった。

その差は89・9パーセントだった。

さらに、ヘッジファンドが生み出した利益のなんと60パーセントが手数料として、ヘッジファンド・マネージャーかテッド・シーズに支払われていた。つまり、テッド・シーズとファンド・マネージャーたちは、もし彼らが手数料を一切取らなかったとしても29・9パーセントも差をつけられて賭けに負けるようなひどい仕事しかしていないのに、数百万ドルもの報酬を得ていたのだ。その上、悪いことに、手数料は毎年末に徴収されたため、長期複利の効果を著しく低下させ、ファンドの成績をさらに一層悪化させた。例えば、その十年間にバンガードの年間複利収益率は平均で7・1パーセントだったのに対し、ヘッジファンドのほうはたった2・2パーセントだった。

わかり易く言えば、毎年バフェットのバンガードの口座は平均して7・1パーセントも増えていき、それによって翌年投資するお金が7・1パーセント余分に与えられる。このことは、リターンが増加したり、より高額な四半期配当を得られたりする可能性を増大させる。

バンガードとテッド・シーズのヘッジファンドとの間の大きな差は、次の三つの大きな力が互いに協力して途轍もない成果を生み出した結果である。

①　S&P500の高い平均ROI。
②　バンガードの極端に安い手数料。
③　長期複利のパワー。

これら三つの力を操れば、たとえ少額でも、時間をかければ巨大な資産に変えることができる。ここでカギとなるのは「時間」である。

ご存じのとおり、複利の魔法のような働きの最も重要な要素は、時間である。実際には魔法でも何でもなく、単なる基礎的な数学の問題だ。

複利の典型例として、昔からある思考実験が挙げられる。あなたは1ペニー持っていて、それを毎日2倍にすると三十日後には百万長者になる。私はこれを最初に聞いたとき、信じられなかったので、実際にペンを取り出して紙に計算したのを覚えている。

十日目まで来ると私は独り言を言った。「こんなのうまくいくわけない。もう3分の1の日数が過ぎたのに、まだたったの5ドルしかない。どうしたら100万ドルになるのか?」。そして二十日目まで来ると、うまくいかないという確信がさらに深まった。

「こんなのナンセンスだ! あとわずか十日しかないのに、まだやっと5000ドルだ。100万ドルに到達できるわけがない!」

そして信じられないことが起こった。二十日目から三十日目に向かう間に、数字が大きく跳ね上がり始めた。今でもそのとき私が見たものを忘れられない。それが次の表だ。

私は完全に圧倒された。

私はタネ明かしをしてやろうと、この計算を10回繰り返した。しかし、タネも仕掛けもなかっ

1日目	$0.01	11日目	$10.24	21日目	$10,485.76
2日目	$0.02	12日目	$20.48	22日目	$20,971.52
3日目	$0.04	13日目	$40.96	23日目	$41,943.04
4日目	$0.08	14日目	$81.92	24日目	$83,886.08
5日目	$0.16	15日目	$163.84	25日目	$167,772.16
6日目	$0.32	16日目	$327.68	26日目	$335,544.32
7日目	$0.64	17日目	$655.36	27日目	$671,088.64
8日目	$1.28	18日目	$1,310.72	28日目	$1,342,177.28
9日目	$2.56	19日目	$2,621.44	29日目	$2,684,354.56
10日目	$5.12	20日目	$5,242.88	30日目	$5,368,709.12

た。これが、たとえ少額でも数百万ドルに変えられる複利的成長との出会いだった。

ジワジワと時間をかけて上がるように見えて、あるとき突然、空高く急上昇する複利の奇妙な動き方に、あのアルバート・アインシュタインでさえ魅了され、世界の八番目の不思議と呼んだ。彼がこう言ったことはよく知られている。

「複利を理解する者は永遠にそれで稼ぎ、理解しない者は永遠にそれを払う」

彼は次の両方の意味で100パーセント正しい。

- 複利は信じられないほどパワフルである。
- 複利はあなたの有利にも働くが、不利にも働く。

例えば、クレジット・カード会社はなぜあれほど、あなたが月末に全額を支払わないようにさせたがるのか。実際、彼らはあなたが支払わないことを祈っている。

なぜか？　それは、未払いのカード残高の利息は日々、複利で増えていくからだ。

言い換えると、毎日、一日の終わりに、前日分の利息があなたの三十日以上前の未払残高に加わって少しずつ大きくなり、それにより次の日の利息も少しだけ上がる。このプロセスはこのように、ひっそりゆっくり始まる。しかしすぐに、一年前に靴下を買っただけなのに、カード会社からなぜこれほど多額の請求をされるのかと頭を掻きむしる羽目になる。

これがあの恐ろしい雪だるま式というやつである。山をゆっくり転がり落ちながら回転ごとに少しずつ雪を集め、雪だるまの大きさになり、回転によって大きくなった表面積が次の回転でさらに多くの雪を集める。最初のうちは大したことはない。最初は小さな雪玉から始まるので、その大きさに気付くまで、かなりの数の回転が必要である。しかしその後は、まるで突然のように、あまりにも大きくなるため、その通り道にあるものは（あなたを含めて）なんでも薙ぎ倒していく。

複利があなたの不利に動く場合に起こるのはこういうことだ。気付く間もなく一文無しになり、なぜあなたの財政が手に負えなくなったのか不思議に思いながら戸惑い困惑するばかりになる。しかし実際には、不思議なことは何もない。数学的に確実な長期複利の効果があなたに対して悪魔のように不利に作用しただけだ。

もちろん、アインシュタインも指摘していたとおり、複利を同じくらい簡単にあなたの有利にも作用させることができる。長期複利のパワーを充分に操り、小さな初期投資であっても巨大な資産に生まれ変わらせるための三つの重要な変数がある。

1　ポートフォリオの年間ROI

ポートフォリオの年間ROIと複利利率とのあいだには、直接の因果関係がある。具体的には、ROIの増加は複利利率の増加をもたらし、ROIの減少は複利利率の減少をもたらす。テッド・シーズの場合、彼の2・2パーセントの平均ROIは余りにも小さいため、複利の影響はほぼ完全に打ち消された。対して、バフェットの7・1パーセントの平均ROIは大きな長期複利の効果を生み出すのに充分だった。

2　投資期間

複利の期間が長ければ長いほど、その結果は大きなものとなる。充分長い期間が経てば、いわゆる「レイトステージ・スレッショルド」（末期閾値（しきいち））と呼ばれる域に到達する。そこは、あなたの投資が放物線を描いて上昇し始める地点だ。S&P500インデックス・ファンドでは、レイトステージ・スレッショルドは二十五年目あたりで始まり、その後劇的に増加する。例えば、たった1万ドルの投資が、三十年後には36万5000ドルになり、四十年後には120万ドルになる［これは、配当が再投資され、S&P500が過去百年の平均ROIである10・33パーセントを維持することを前提に計算している］。

3 追加拠出の実行

すでに複利の効果が出ている投資ポートフォリオに追加拠出を行うことは、燃え盛る火にガソリンを注ぐようなものだ。ウォール街の言い回しでは、既存のポジションに少額の投資を定期的に追加するプロセスを「ドルコスト平均法」と呼ぶ。このプロセスを、一年当たり平均10・33パーセントで継続的に複利で増えるS&P500インデックス・ファンドのような資産に適用すると、その影響は圧倒的なものと言っても過言ではない。先述の例を用いて、当初の1万ドルの投資に、毎月100ドル追加するだけで、三十年後には36万5000ドルではなく72万3000ドルになり、四十年後には120万ドルではなく240万ドルになる。ここに、いわゆる「ゴールデントリオ」の真のパワーがある。

● ゴールデントリオ

・S&P500の過去の平均リターンが年間10・33パーセントであること。
・長期複利のパワー。

・定期的に追加拠出を行う。

利益の大多数がレイトステージ・スレッショルドに発生するため、複利がその威力を充分に発揮するためにはかなりの期間が必要であることから、ごくわずかなお金しか投資できなくても複利の効果が本当に作用することを想像するのは容易ではないということを忘れてはならない。だから、このうまくいくことが証明された戦略を取る代わりに、最新の株の裏ワザを使って手っ取り早く金持ちになろうとしたり、レバレッジを効かせた投資にハマってすべてを失う羽目になったりしがちだ。これが、人々が生涯、経済的に困窮し、うまくいかない投資話に引っかかり続ける主な理由のひとつである。そしてその結果、そうでなければできたはずの方法で家族を養えず、最終的に退職して悠々自適の生活を送れないことになる。

しかし、誰もそうなるべきではない。

あなたは自分の未来の経済状況のコントロールを取り戻し、あなたとあなたの家族のためにより良い生活を確保できる。ジャック・ボーグルの発明――ノーロード、低コストのS&P500インデックス・ファンド――により、最も小口の投資家でさえも、アメリカで最も儲かっている500社の力の合計と組み合わさったゴールデントリオの止まらないパワーを操ることができ、そこからすべてが始まる。

実際、あなたがいずれかのS&P500インデックス・ファンドを購入した途端に、次の四つの信じられないことがすぐに起きる。

① 現在その指数を構成する500社の上場企業それぞれの持分を所有することになる。
② あなたのポートフォリオは、アメリカ経済を現在牽引しているすべての主要な業種にうまく分散されている。
③ S&P500を構成する企業のほとんどが世界中で事業を展開する多国籍企業であり、それらの企業の収益の30パーセントは海外で発生したものであるため、あなたのポートフォリオは世界的に分散している。
④ スタンダード&プアーズの3万2000人の従業員が、現在指数を構成しているすべての企業がそこに残るのに相応しいかをあなたに代わって調査している。

この非常に儲かる仕組みは、一体いくらかかるのか?

それは、あなたがどのインデックス・ファンドを選ぶかによるが、私が強くお勧めするバンガード500インデックス・ファンド・アドミラル・シェアーズを選ぶなら、年間の手数料は総投資額の0・04パーセントである。具体的には、1万ドルを投資するたびに、年間手数料は4ドルである。そう、たった4ドルだ。

こんなにうまい話が本当なわけないって？

そう思うのもごもっともだが、本当なのだ。

実際のところ、それ以上だ。

あなたが「指数を所有する」場合、あなたのコンピューター画面にたくさんの数字や文字が流れて消えるだけではない。あなたは、アメリカで最も利益を生み出す500社の分け前を（ほんのわずかではあれ）実際に受け取る権利を有する。それらは合計で数兆ドルになり、そこには数十億ドル相当の設備、在庫品、特許、版権、商標、そして原材料や製品を世界中に低コストで運搬するために確立されたサプライチェーンも含まれる。

そして、それらの企業が、ヘッドハンティングや求人活動によって何十年もかけて苦労して集めた莫大な「人材」も所有することになる。例えば現在、S&P500を構成する500社は合わせて3200万人超を150か国で雇用している。その多くは、数百万ドルはかかる高度な教育と専門的な研修を受けていて、彼らの経験を組み合わせたときの個人及びチームとしての計り知れない価値を考えると、入れ替えるのは不可能であるし、入れ替えることができるとしても何年もかかる。

来る日も来る日も、この地球規模の軍団があなたのためにせっせと働き、個々の従業員が、利益を上げ株主にとっての価値を増大させるように設計された潤滑油のよく利いた機械の部品となって、それが結果として会社の株価と配当の大きさに反映される。

しかし、それはまだ序章に過ぎない。この指数に反映される勤勉さと発想力に加え、S＆P５００の目玉とも言える特徴のひとつであり、この指数を過去百年にわたりこれほど信頼できる投資先にしたのは、構成企業が時と共に変化することである。

その仕組みを説明する。S＆P指数委員会は四半期に一度、次の二つの重要な事項を確認するために開催される。

- 現在指数を構成する５００社のそれぞれが、それが代表することになる業種にとって引き続き最善の選択であること。
- 全部で10個ある業種が、アメリカ経済の現在の構成に合わせて適正に割り当てられていること。

例えば、この指数が誕生した一九五七年には、その構成は工業分野に大きく偏っていた。当時、工業分野は５００社のうち４２５社で、ヘルスケア、金融、ＩＴは合わせてたった17社だった。現在はもちろん、指数の構成はまったく逆で、三大業種はＩＴ、金融、ヘルスケアで、かつて支配的だった工業関連は底辺に追いやられている。そしてその中間に、消費財企業（さらに一般消費財と生活必需品に分けられている）があり、それから順に、エネルギー、不動産、公益、素材が位置する。

わかり易く言えば、企業が経済的余裕を失い、その業種の中で精彩を欠くようになると、指数委員会は同じ業種のもっと輝いている企業と入れ替える。アメリカ最大の馬車の会社が今でも指数に含まれていたらおかしいのと同様に、アメリカが過去四十年かけて製造拠点を中国などに移転してしまった後にも、指数が工業に偏っていたらおかしいのだ。

要は、あなたがS&P500を買うと、アメリカ経済の全般的な成功に賭けることになり、それは経済の歴史上最も信頼できるもののひとつであると証明されている。

実際、いくつも失敗はあったが、アメリカ経済は極めて打たれ強く、世界を導く役目を担っている。週に一度しか公表していなかった一九二三年の指数誕生時までさかのぼったS&P500の長期の業績のグラフをあなた自身でプリントアウトしてみたらいい。そのグラフを壁にテープで貼り、数歩後ろに下がればすぐに、その一目瞭然の長期の傾向を理解できるだろう。上昇。

あなたの手間を省いて、その表を次ページに示そう。

ウォーレン・バフェットはバークシャー・ハサウェイ社の二〇一七年の株主への年次書簡で、

S&P500の推移

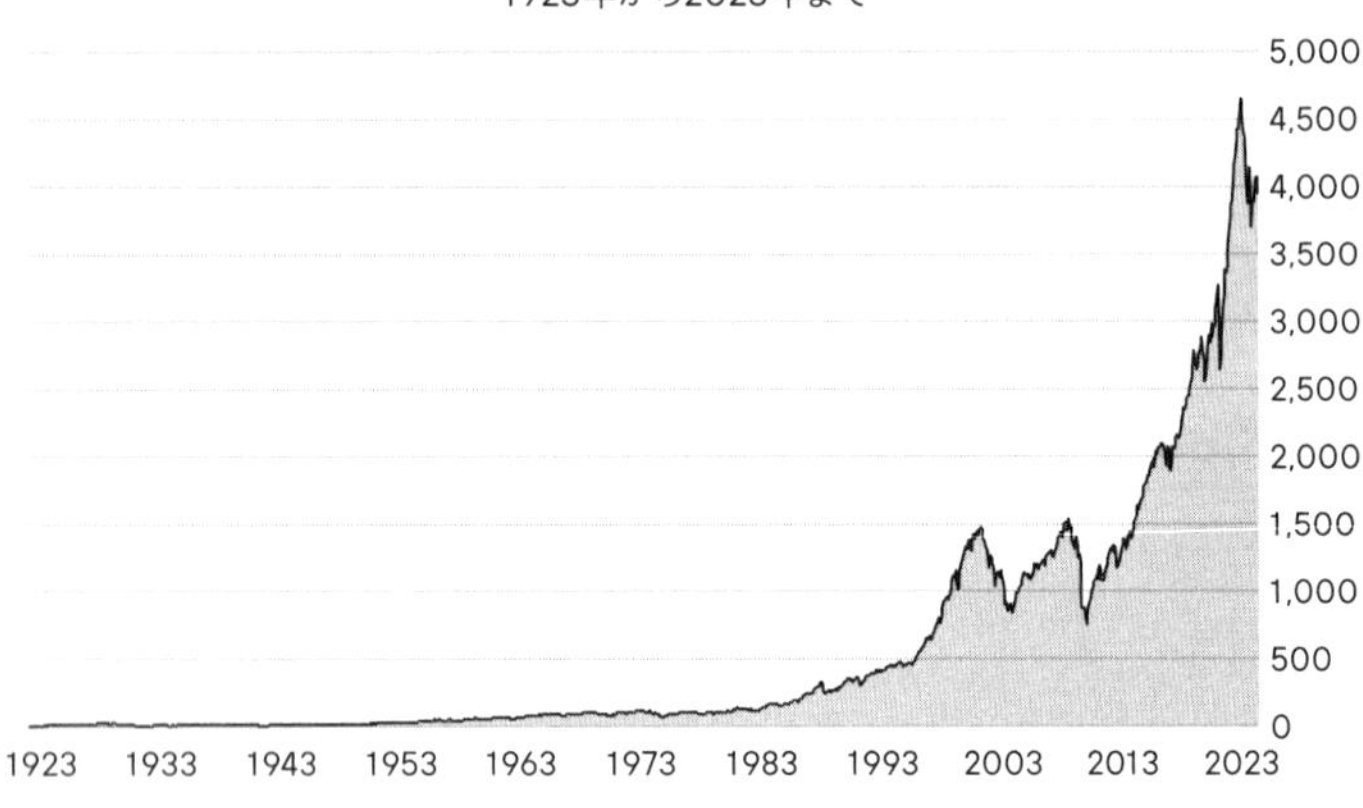

これらのことを完璧に要約した。テッド・シーズの降参に対し、バフェットは次のように書いたのだ。

> 長年のあいだ投資アドバイスをしょっちゅう求められ、それに答える過程で私は人間の行動について多くのことを学んできた。私が常に勧めてきたのは低コストのＳ＆Ｐ５００インデックス・ファンドだった。ささやかな財力しか持たない私の友人たちはいつも私の提言に従った。
>
> でも、桁外れの富豪や組織、年金ファンドなどは、いずれも私の同じアドバイスに従わなかった。その代わりに彼らは私のアドバイスに礼儀正しく礼を言って、高額な手数料を取るマネージャーの甘いささやきに飛びついたり、（多くの組織がそうであったが）コンサルタントと呼ばれる新

種の助っ人を探し出したりした。

　結局のところバフェットのアドバイスは、次の四つのシンプルな質問に要約される。

　これらは、すべての投資家が「専門家」に自分のお金を管理してもらう前に、自身に問うべき質問である。

①自分でお金を管理したら得られると合理的に予測できる年間ＲＯＩはいくつか
②「専門家」にお金を管理してもらった場合、年間ＲＯＩはどれだけ上がると予測できるか
③いわゆる「専門家」がアドバイスと引き換えに要求する金額はいくらか
④専門家の手数料を彼らが「謳う」ＲＯＩの増加分から差し引いてもまだ、彼らにお金を管理してもらうことが理に適っているか

　ここからひとつずつ質問に答えていこう。

①自分でお金を管理したら得られると合理的に予測できる年間ＲＯＩはいくつか

　すでに世界最大の投資ハックを知った今、Ｓ＆Ｐ５００が過去百年間に達成してきたような成績を引き続き達成するとあなたは合理的に期待できるだろう。つまり、あなたは平均ROIとしておよそ10・33パーセントを期待できる。

②**「専門家」にお金を管理してもらった場合、年間ROIはどれだけ上がると予測できるか**

ここに酔いをさますような統計値がある。いかなる年も、アクティブに運用されたファンドのうち自身が設定したベンチマークを上回ったのはたった25パーセントだけで、十年の期間で見るとベンチマークを上回るファンドがほとんどないだけでなく、奇跡的に達成できたファンドも個人投資家は利用できない。

③**いわゆる「専門家」がアドバイスと引き換えに要求する金額はいくらか**

先の答えを考慮すると、高すぎる。

④**専門家の手数料を彼らが「謳う」ROIの増加分から差し引いてもまだ、彼らにお金を管理してもらうことが理に適っているか**

絶対に理に適っていない。

おわかりいただけただろうか？

もう、おわかりいただけたはずだ。

この本をここまで読み進めたら、明確になっているはずだ。

しかし、読み始める前は、これほど明確ではなかっただろう。

結局、ウォール街手数料搾取マシーンが、アクティブ投資が最善の方法であると投資家を巧みに洗脳し、投資家はカモにされたままそこに居続け、おとなしい羊のようにゆっくりと毛を刈られ続けなければならなかった。

しかし、世界最大の投資ハックを知った今、ウォール街手数料搾取マシーンと彼らの利己的な大嘘に耳を傾けようなどと思うだろうか？　つまり、あなただけではなく、まともな頭を持った投資家なら、S&P500を追うノーロードのインデックス・ファンドにただお金を預けるだけで、あなた自身でずっと良い成果を上げられるのに、「専門家」にお金を払ってあなたのお金を管理してもらおうと思うはずがあろうか？

誰も思わないだろう。そしてあなたも思ってはならない！

繰り返すが、あなたがこの本を読む「前」は、「専門家」にお金を管理してもらうもっともな理由があったかもしれない。世界最大の投資ハックを知らなかったなら、おそらくとても悪いリターンしか得られていなかっただろう。

実際、過去三十年にわたって、S&P500の平均年間リターンは11・86パーセントだったのに対し、アクティブ投資はたった4・0パーセントだった。さらに次に示す表では、アクティブ投資が最もうまくいっていた年でさえ、低コストのS&P500インデックス・ファンドへの投資から得られる「パッシブ」のリターンには遠く及ばない。

長期複利のパワーを取り入れる場合、この7・86パーセントの上乗せ分は、人生を変えるほどの差を生み出し得る。レイトステージ・スレッショルドが発動するまで待つ忍耐力を持っていれば、その時点からポートフォリオの価値は急上昇し始める。

具体的には、年間ＲＯＩが平均11・86パーセントであれば、レイトステージ・スレッショルドに到達して指数関数的な成長を始めるのにちょうど二十二年かかる。別に、それまでの間に7・86パーセントの上乗せ分の便益を享受できないと言っているわけではない。私が言いたいのは、比較的少額のお金を莫大な財産に変えるためには、かなり長い時間がかかるということだ。何もせずにただ座っていれば、複利のパワーが金融の魔法を起こしあなたをお金持ちにしてくれる、という事実を信じて忍耐強く待たなければならない。

それには、ひとつだけ小さな問題がある。

人間は本質的に受動的（パッシブ）な生き物ではない。我々は、欲しい物を得て成果を改善するために環境と相互作用するように遺伝子にプログラムされた能動的（アクティブ）な動物である。この能動的であろうとする本能は我々のＤＮＡに組み込まれていて、過去六千年の間、うまく機能してきた。

実際、偉大な将軍ハンニバルが紀元前二一八年に言ったように「道は見つけるか、なければ作るものだ！」。当時彼は、ローマに奇襲を仕掛けるために象の背に乗ってアルプスを越えること

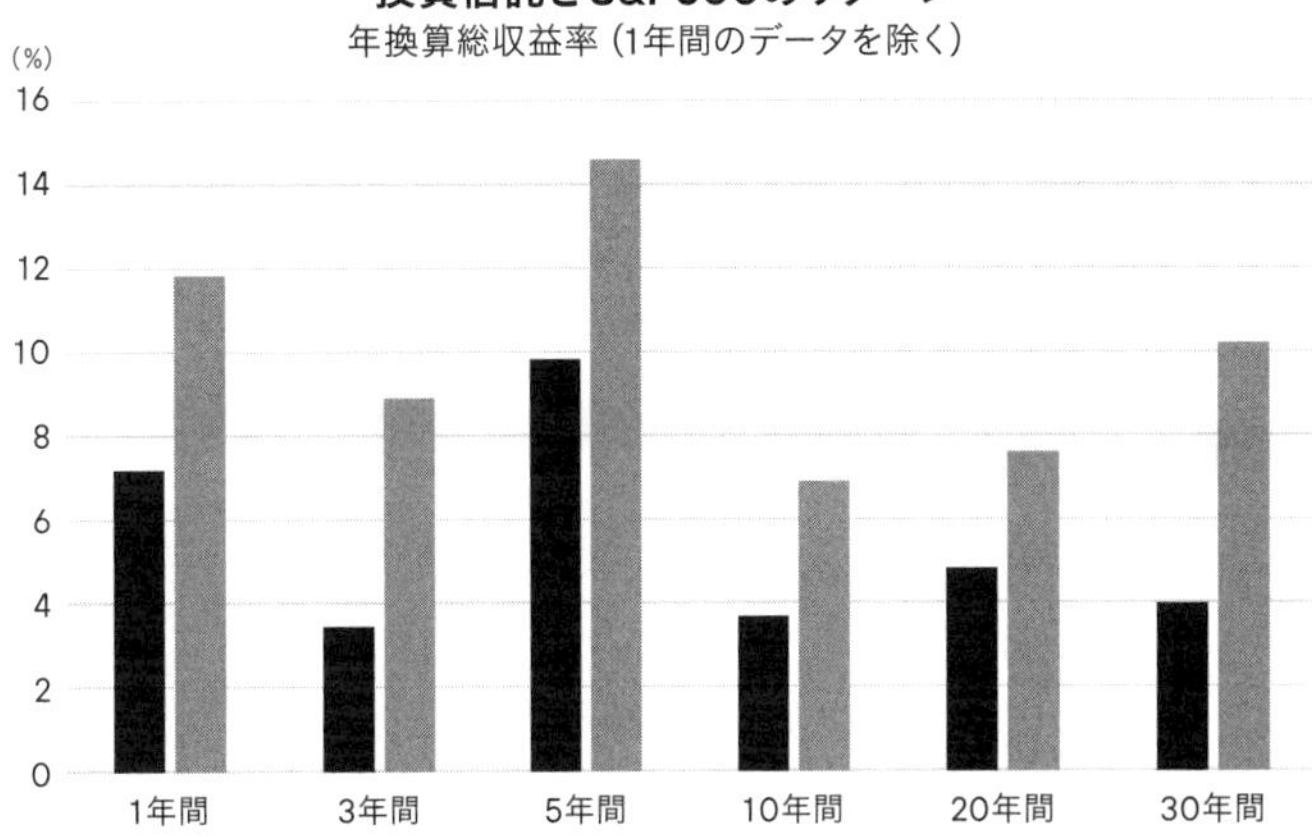

について言っていた。彼の軍事顧問はそれを不可能だと考えたが、彼は違った。行動に移す気がある限り、人類はどんな問題も解決する能力があると彼は知っていた。

現在、ハンニバルの名言は、目標を達成するために行動することの重要性を強調するものとして、モチベーションを高めるための演説の定番である。この前提に、私は心から同意するし、私自身のイベントでもそう教えている。しかし、他の場面では間違いのないこのルールには、ひとつだけ大きな例外がある。**「投資」**である。

投資に関してだけは、大胆な行動は大惨事に繋がる。

もちろん、アクティブ投資が絶対に良い結果を導かないと言いたいわけではない。時には、投資家がホームランを打ち、経済的な報酬と共にドーパミンが身体中を駆け巡る経験をすることもある。しかし残念ながら、彼らはその後二十年間ドーパミンを追い求め、その過程で、得た利益をすべてとさらにそれ以上を失うことになる。

つまり、こと投資に関しては、過度に行動的なのは正当化できないということだ。口座の開設、正しいインデックス・ファンドの選択、適切な節税対策、そしてその後の定期的な見直し（後述する）など、一定程度の活動が必要なのは当然だが、そういった基礎的なものを超えた活動は、リターンを悪化させるだけだ。

ポール・サミュエルソンはまさにこのポイントを、ノーベル賞を受賞した論文で証明した。それが前述の効率的市場仮説（ＥＭＨ）である。要は、ニューヨーク証券取引所やナスダック、そして世界中の他の主要な市場のような高度に発達した市場で取引される株式について、関連するすべての情報はすでに入手可能であり、したがって、個々の株式の価格に織り込み済みであるということだ。これにより、世界有数のやり手の投資家であっても、市場に打ち勝とうと個別の銘柄を選択することは極めて困難となる。大抵の場合、常に取引をしたり、資産を入れ替えたりするのは百害あって一利なしで、パッシブな低コストのインデックス・ファンドのほうが長期的にはずっと良い投資となる。

ここで当然、ある疑問がわいてくる。過度な活動はＲＯＩを引き下げるということが一点の曇りもなく証明されているのに、ウォール街はなぜまだ過度な活動を勧めるのか？

この答えは明白だ。彼らにより多くのお金をもたらすからだ。

ヘッジファンドの場合、彼らが過度に活動的であることの動機は明らかであり理解しやすい。彼ら自身の存在意義を正当化する必要があるからだ。結局のところ、もしヘッジファンド・マネージャーがS&P500を買ってその配当を再投資するだけで、2パーセントの管理手数料と20パーセントの業績報酬を取るなら、彼らは投資家にどう説明すればいいのだろうか？彼らは説明できないはずだ。きっと、火炙り（ひあぶ）りにされてしまうだろうから。

株式ブローカーの場合、動機は少し違ってくる。株式ブローカーが稼ぐための主な手段である過度な取引活動が手数料の増加に直結することが背景となっている。

これはチャーニング（過当売買）と呼ばれ、ブローカーの利益と顧客の利益が一致しないために発生する。大抵の場合どちらが結局は勝つか当ててみてほしい。

ブローカーだ。

はっきりさせておくが、すべてのファンド・マネージャーやブローカーが、利己的な動機から取引を行っていると言いたいわけではない。大抵のファンド・マネージャーやブローカーは、彼らが行うすべての売買は顧客にとって最善であり、結果的に平均を超えるリターンを得られると純粋に信じている。しかし結局それはすべて夢まぼろしに終わる。効率的市場仮説という数学的な現実から逃れられず、それによってどんなファンド・マネージャーも継続的に市場に勝つことが極めて稀となるからだ。

念のために言っておくと、パッシブ投資に移行する傾向は、すでに始まっている。過去二十年にわたって、信じられないほど高額の手数料と平均以下のリターンのアクティブ投資戦略から、平均的な長期リターンと信じられないほど低額の手数料のパッシブ投資への劇的な移行が行われている。

次の表はこの移行を明確に示している。

今現在、S&P500を構成する企業の発行済み株式のうちおよそ25パーセントがインデックス・ファンドによって所有されている(二〇〇〇年は3パーセントだった)。そして、現在はいくつもの選択肢がある。これもまたジャック・ボーグルが金融の伝道活動に絶え間なく情熱を注いだおかげで、ほぼすべての大手ファンド会社が自社ブランドの低コストのインデックス・ファンドを持っていて、S&P500だけでなく、その他の有名な指数に連動するものも揃っている。たとえば、バンガードやブラックロック、フィデリティ、チャールズ・シュワブといった巨大ファンド会社は、大型株から小型株、国債、新興市場、あらゆる一次産品市場、主要な経済セクター、その他すべてのものを追う何千種類ものインデックス・ファンドを用意している。概して、これらのファンドはその仕組みから次の二つのいずれかに分けられる。

パッシブ投資がアメリカ国内の投資信託の53.8%を占める

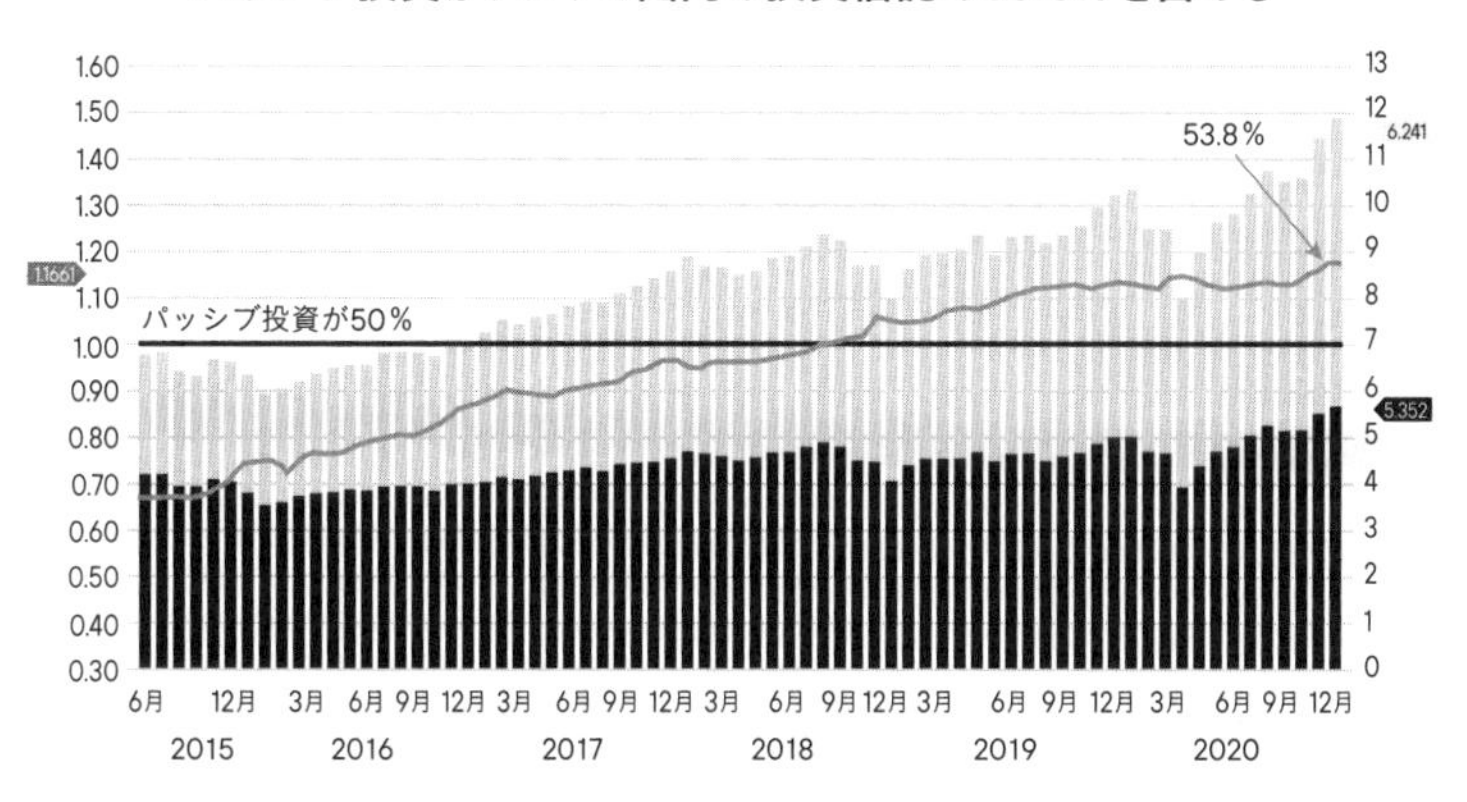

パッシブなアメリカ国内投資信託の資産運用残高（単位：兆ドル）――最終値は6兆2410億ドル（右軸）
アクティブなアメリカ国内投資信託の資産運用残高（単位：兆ドル）――最終値は5兆3520億ドル（右軸）
アクティブな国内投資信託に対するパッシブの比率――最終値は1.1661（左軸）

Source: Bloomberg Intelligence

●投資信託
●上場投資信託（ETF）

どちらも、一度の簡単な取引で、特定の資産クラスに含まれる様々な株を一瞬にして買うことができる、合同運用される株式であるという意味でよく似ている。

しかし、投資信託ではそれを発行する投資会社を通じてのみ売買できるが、ETFは証券取引所で取引でき、株式と同様に売買が可能である。

例えば、（投資信託とETFの両方を出している）バンガードの場合、バンガードが出す投資信託のうちのひとつの持分を買いたいなら、あなたが利用するブローカーがバンガードで働いていないとしても、その取

2024年にETFが投資信託を追い抜く

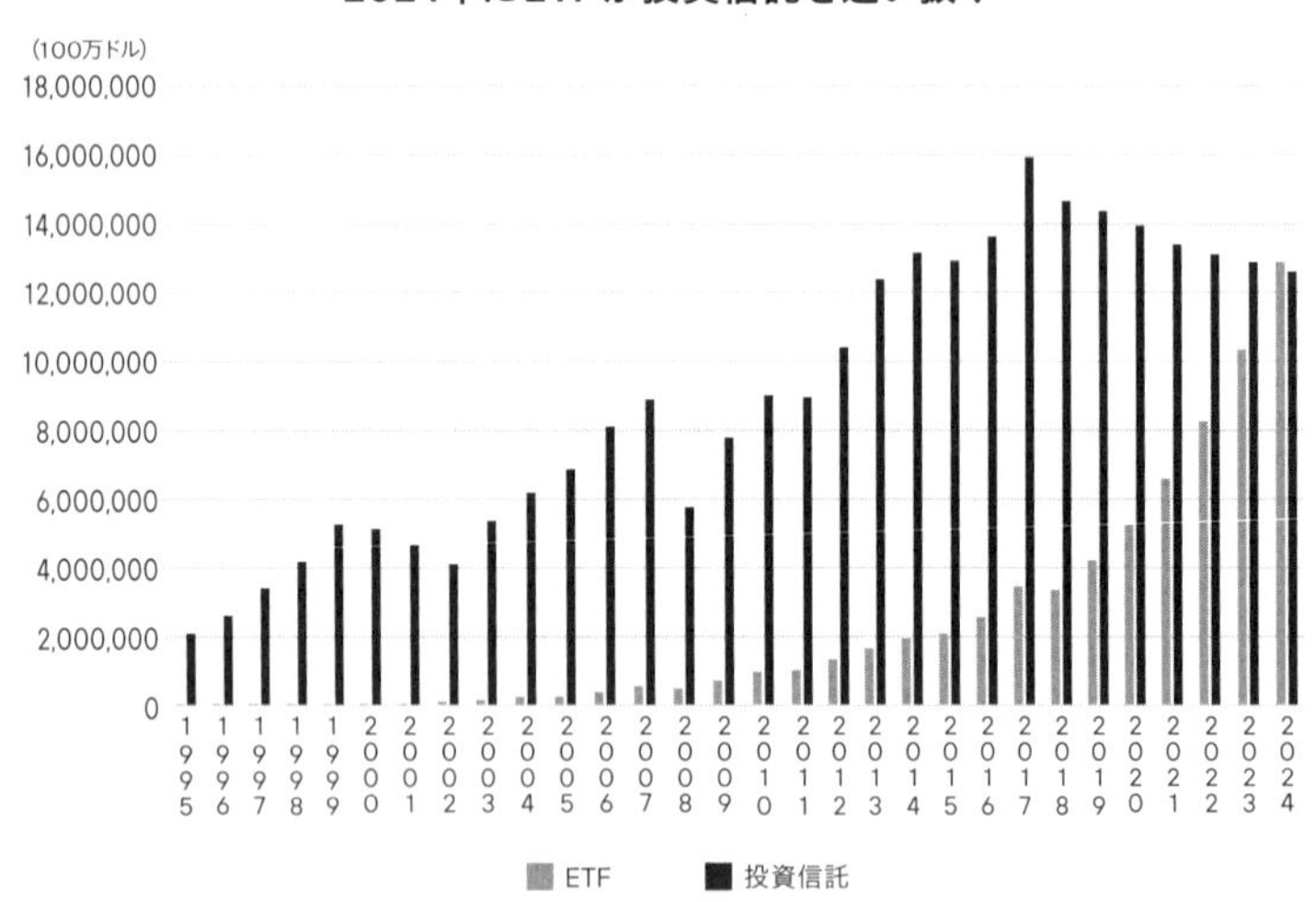

Source: ETF.com, ICI, FactSet

引は最終的にはバンガードの仲介サービスを通じて行わなければならない。その場合、あなたのブローカーはバンガードに出向き、あなたのために取引を実行する（そしてその過程であなたに手数料をチャージする可能性が高い）。反対に、バンガードが出すETFのうちのひとつの持分を買いたいなら、あなたのブローカーはバンガードで働いているか否かに関係なく、証券取引所に行って、取引を実行する。

さらに、ETFの持分は公開市場で取引されるため、その価格は取引日の間中ずっと変動し、市場が開いている限りいつでも売買できる。一方投資信託は、市場が閉まったあとにのみ売買でき、その基準価格（NAV）は、それを出している投資会社が個々に計算する。

いくつかの例外を除いて、あなたにとってどちらも同じくらい良いが、ＥＴＦは他の株式取引と同じように売買できるため、そのシンプルさから投資家の間で極めて人気が高い。実際、右の表が示すとおり、ＥＴＦの取引が始まった一九九三年以降、その成長は華々しかった。

最終的に、どちらの仕組みを選ぶにせよ、インデックス・ファンドを選ぶ際に検討しなければならない重要なポイントが四つある。

①経費率（エクスペンスレシオ）

すべてのＳ＆Ｐ５００インデックス・ファンドはパフォーマンスが同じであるため、ファンドのリターンの純額を決める主な要素はその経費となる。概して、インデックス・ファンドの経費率は極端に低く、実際のところほとんど無視できるくらいである。これは、手数料が、市場に勝とうとする高給取りのファンド・マネージャーに支払われるのではなく、ファンドの一般的なメンテナンスにのみ使われるからである。

②最低投資金額

これは、ファンドへの最初の投資とその後の追加投資の両方で重要となる。ゴールデントリオのパワーを最大限活用するために、長期にわたってポジションに追加し続ける必要があることを思い出してほしい。それには、最低投資金額があなたの予算内におさまるか確認する必要がある。

③ 扱われているその他の金融商品

Ｓ＆Ｐ５００インデックス・ファンドはあなたの投資ポートフォリオの大部分を占めることになるはずだが、１００パーセントであるべきではない。あなたの状況によっては、リターンを最大化しリスクをさらに減らすために他にも二つか三つ別の金融商品を保有したいと思うことになるだろう［滅多にないことだが、Ｓ＆Ｐ５００インデックス・ファンドが投資家のポートフォリオに合わないこともある。最も一般的なケースは、投資期間が極めて短期（一年以内）である場合だ。このことに関して第11章で詳しく説明する］。その点に関して、あなたのポートフォリオを仕上げるのに役立つ多様な金融商品を提供するファンド会社を選ぶと極めて有利である。

④ 実績

Ｓ＆Ｐ５００を追うすべてのインデックス・ファンドはその実績がほぼ同じであるはずだから、ここでの実績はファンドの開始日のことを指している。ファンドが公開されてから長く続いていれば、それだけ信頼性も高い。しかし、安定したファンド会社が提供する比較的新しいファンドも非常に安全な選択肢となる可能性がある。

二つの仕組みのうち、どちらがあなたに合っているか？

その答えは、あなたの投資目的による。

ゴールデントリオのパワーをフル活用するためには、以下の二つの理由で投資信託のほうがETFよりもやや勝る。

①投資信託では少額の持分を買えるため、この章ですでに説明した月次のドルコスト平均法（あなたの口座に毎月100ドル追加する方法）で投資しやすい。一方、ETFでは、最低限一株丸ごと（現在の平均価格は394ドル）買わなければならないため、少額を頻繁に拠出するには大きな障害となる。

②投資信託では、チェックボックスに印をつけるだけで、配当を自動的に再投資することができる。一方ETFでは配当を再投資するには、証券取引所でETFを追加で購入する必要がある。自動的に配当を再投資してくれるETFもあるが、少額の持分を買えないため一株丸ごと買うのに充分なお金がない（または、持分を買った後に中途半端な金額が余る）という先ほどと同じ問題にぶつかる可能性がある。

これらを念頭に、投資信託で行こうと決めたなら、ここに間違いない三つの素晴らしい選択肢を紹介する。

●バンガード500インデックス・ファンド・アドミラル・シェアーズ

低コストのインデックス・ファンドを提供するファンド会社として、バンガードが業界最古であり最大であるため、私はバンガードがやはり最高の選択肢だと思う。またバンガードはS&P500以外にも800を超える金融商品（そのほとんどが市場最低の経費率を誇る）を取り揃えていて、投資家が充分に分散された投資ポートフォリオを構築する際に必要なすべてを提供している。

証券コード：VFIAX
配当利回り：1・49パーセント
初期の最低投資金額：3000ドル
開始日：二〇〇〇年一一月
経費率：0・04パーセント
運用資産：6860億ドル
追加の最低投資金額：50ドル
ウェブサイト：www.vanguard.com

●フィデリティ500インデックス・ファンド

最低投資金額がなく、経費率がバンガードよりも低い、この超低コストなファンドはあらゆる面で優等生だ。バンガードと同様、フィデリティも、投資家がポートフォリオを分散させるのに役立つ多様な低コストの金融商品を豊富に取り揃えている。

証券コード：FXAIX　経費率：0・015パーセント
配当利回り：1・26パーセント　運用資産：3993億6000万ドル
最低投資金額：なし　開始日：一九八八年二月
ウェブサイト：www.fidelity.com

●シュワブS&P500インデックス・ファンド

フィデリティと同様に、経費率の低さと最低投資金額がないことで、シュワブも素晴らしい選択肢である。

証券コード：SWPPX　経費率：0・02パーセント
配当利回り：1・58パーセント　運用資産：583億8000万ドル
最低投資金額：なし　開始日：一九九七年五月
ウェブサイト：www.schwab.com

より活発に取引をする予定である場合、次の二つの理由からETFに投資したほうが良いかもしれない。
ETFは一日中取引されており、通常の株と同じくらい売買しやすい。一方で投資信託は一日に一度、市場が閉まった後で取引される。またその投資信託を発行した投資会社を通じて売買するのでない限り、手数料を支払わなければならない可能性が高い。
ETFは短期投資家にとって、節税効果がより高い傾向にある。そのため、短期と長期のいずれでも、税引後リターンが著しく高くなる可能性がある。

ETFで投資する場合、次の三つが間違いのない選択肢として特にお勧めだ。

●SPDR S&P500ETF

プロのトレーダーから「スパイダー」として知られるステート・ストリート社のSPDR ETFは市場で最も古く最も大きい。最も安い選択肢ではなくなったが、日々の取引量の多さにより、取引コストがどんどん安くなるため、アクティブな取引を行う予定があるなら、SPDRは最もコストの低い選択肢となり得る。

証券コード：SPY
経費率：0・095パーセント
配当利回り：1・6パーセント
運用資産：3670億ドル

最低投資金額：1株（現在394ドル）　開始日：一九九三年一月
ウェブサイト：www.ssga.com

●バンガードS&P500ETF

このETFには十年の歴史しかないが、バンガードが出したという事実だけで、素晴らしい選択肢となっている。流動性のニーズに応える充分な取引量と、業界最低の経費率から、このETFを第一の候補として検討するべきだ。

証券コード：VOO　経費率：0・03パーセント
配当利回り：1・6パーセント　運用資産：2650億ドル
最低投資金額：1株（現在394ドル）　開始日：二〇一〇年九月
ウェブサイト：www.vanguard.com

●iシェアーズ・コアS&P500ETF

iシェアーズは過去二十年間業界を牽引していただけでなく、世界最大の資産管理会社であるブラックロックによって所有されている。低い経費率と日々の取引量の多さからこのETFはもうひとつの素晴らしい選択肢となっている。

証券コード：IVV
経費率：0・03パーセント
配当利回り：1・6パーセント
運用資産：3010億ドル
最低投資金額：1株（現在394ドル）
開始日：二〇〇〇年五月
ウェブサイト：www.ishares.com

結局、ETFを選ぶにせよ伝統的な投資信託を選ぶにせよ、すべてに勝る共通点――一度の購入でアメリカ合衆国で最も利益を上げている500社の大企業をすぐさま保有できるということ――に比べればその差は比較的小さい。そしてS&Pの指数委員会はそれらの企業を鷹のように監視していて、輝きを失ったり、それが属する業種を代表するのに相応しくなくなったりすると、すぐに他の企業に入れ替える。これらが力強いワンツー・パンチとして働くことで、世界で並ぶもののない最高の投資であり続ける。

ただし、この戦略はパワフルで効果的であると証明されているが、重要な注意点がひとつだけある。それは、投資資産を100パーセントそれに注ぎ込んではならないということだ。長期のリターンを得る可能性を最大化し、その一方で短期と中期のリスクを最小化する、真に世界レベルの投資ポートフォリオを作り上げるためには、保有する資産をもっと多様化させることが必要となる。

次の章では、資産配分の基礎コースにあなたをお連れして、どうやってそれを達成するのかについてしっかり説明しよう。それから、フェルナンドとゴルディータの人生にも戻ろう。彼らのニーズに完全にマッチした世界レベルの投資ポートフォリオを作り上げる驚くほどシンプルな方法に我が愛する義弟と義妹を導く様子を、こっそり覗き見するのを楽しみにしていてほしい。

第11章 フェルナンドとゴルディータの逆襲

Fernando and Gordita Strike Back

信じられない！　と私は思った。

私の義弟フェルナンドはまだ魔法の手を持っていた。

しかし、今度は黒魔術ではなかった！

彼らの新しい住まいは前より大きく、居間はより広く、より高級な地域にあり、眺めはとんでもなく素晴らしく、そのすべては、義弟が市場のタイミングを計ろうとしてハマって行った短期投資の泥沼から戻ることができたことの何よりの証拠だ。彼にとって本当によかった、と私は思った。もちろん、ゴルディータにとっても。

午後八時を少し過ぎた頃で、私は彼らの新しいマンションの居間に座り、資産配分のプロセスに彼らを案内していた。彼のボロボロな投資ポートフォリオについて説明しようとしていたあの運命的な夜から一年ちょっと経ち、彼の金属加工の事業から得られる収入とゴルディータの不動産販売の手数料で、彼らはこの広々とした素敵なマンションを買うお金を貯めることができた。ブエノスアイレスの最も高級な地域に位置し、艶消しアルミニウムの51階建てのタワーの31階部分を占有していて、ラ・プラタ川の絶景が望める。クリスティーナと私が三十分余り前に到着したこの場所は本当に素晴らしかった。

私は世界最大の投資ハックについて――ジャック・ボーグルという男がいかにしてS＆P500を投資可能な金融商品に変え、それを噓みたいな低コストで個人投資家が利用できるよう

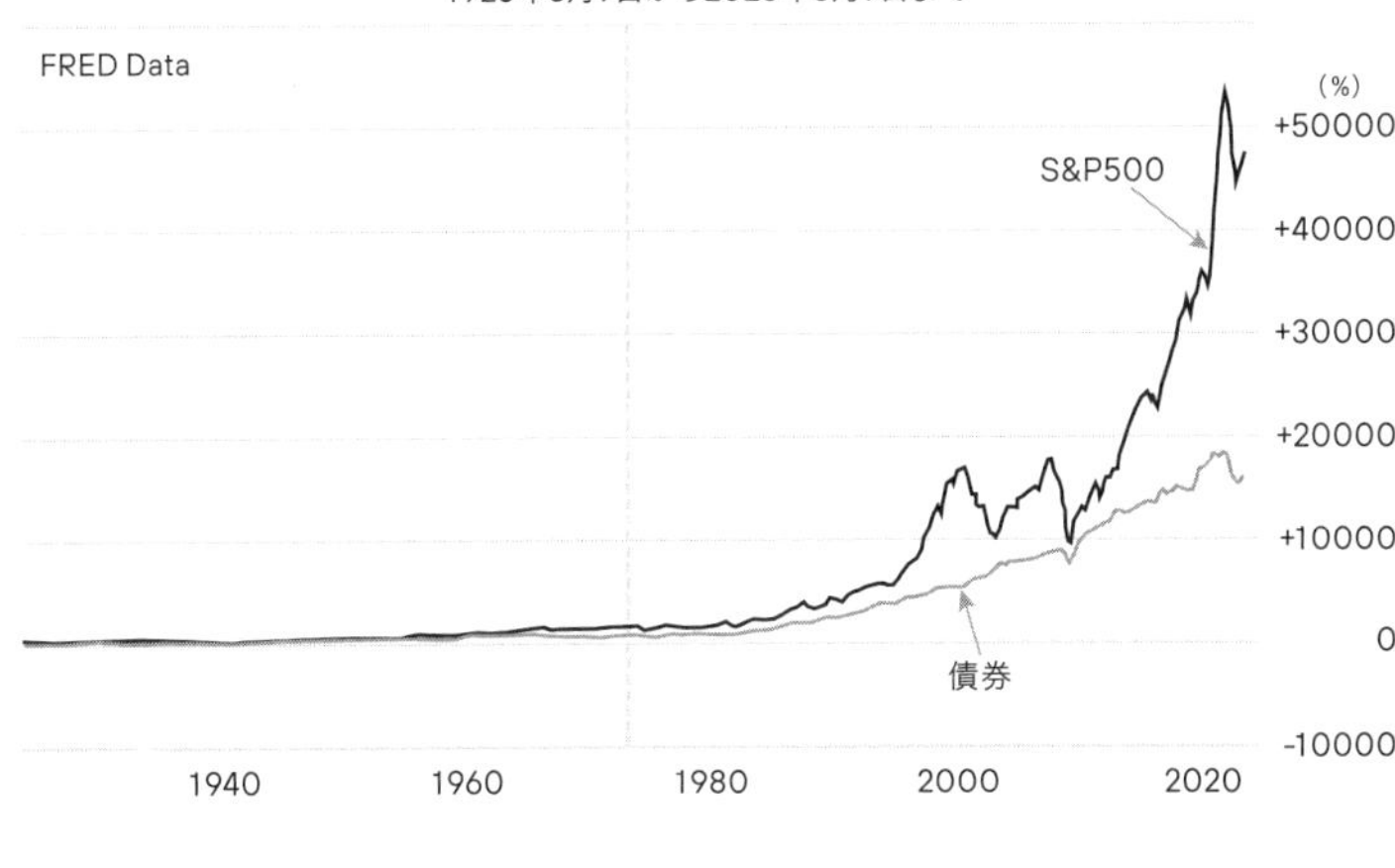

にすることで、投資信託業界の足をすくったか——説明したところだった。この投資に並ぶものはほとんどない、と。

この点を強調するために、私は彼らに上の表を見せた。これは、アメリカの債券市場のリターンをＳ＆Ｐ５００と過去百年にわたって比較したものである［この表は財政状態が良好で債務不履行のリスクが比較的少ない政府や自治体、企業が発行する投資適格債券を対象としている。品質の低い債券はジャンク債と呼ばれ、財政状態が比較的弱く債務不履行のリスクがずっと高い企業が発行したものである。この高いリスクを埋め合わせるため、ジャンク債は投資適格債券よりもずっと高い利息を支払わざるを得ない］。

結論は明確だった。

長期的には、アメリカ最大の５００社に投資することは、投資適格債券に投資するよりもずっと儲かる。リターンの差は一年当たり平均７・５パーセントを超える。私は愛しの通訳者を通じてフェルナンドとゴルディータに言った。「ちなみに、長期複利を考慮すると７・５パーセントは大きな差を生む。例えば、君たちのような年齢と収入レベルでは、退職する頃には虹の彼方に数千万ドルが待っているなんてことが簡単にできる」

クリスティーナは突然通訳をストップし「本当に?」と聞いた。

「もちろん本当さ！　必要なのは少しの忍耐……いや、大変な忍耐だ。大金を作るにはね。でも、10万ドルで始めて、毎月1万ドルずつ追加するなら（どちらも彼らの予算内におさまる）、三十年後には1300万ドルを超えるし、四十年後には4000万ドルを超える」

私の言ったことを彼女が理解できるようしばし間を置いた。

「もちろん、これはS&P500がこれまでの長期平均を今後も維持すると仮定した場合だ。だが、過去百年間達成してきたことを考えたら、それが続く可能性はかなり高いと思う」

「ひゃー、そうなの」とクリスティーナは感心して言った。「私たちもそれをやっているんでしょうね?」。そして彼女は肩をすくめて私が今言ったことを通訳し始めた。

間違いなく、彼女は見事に通訳した。なぜなら、十五秒後、フェルナンドはゴルディータに向かってスペイン語で言ったからだ。「それだ！　他のデタラメとはおさらばだ。前に進もう。俺たちの金は全部S&P500に突っ込むぞ」。そして彼はゴルディータに自信たっぷりの笑みを投げかけた。ゴルディータはそれを受けて「この目で見ないことには信じられないわ」とでも言いたげに目をグルグル回し、肩をすくめた。

皮肉なことに、フェルナンドがゴルディータにした約束を守り切るつもりかどうかはさておき、資産の100パーセントをS&P500インデックス・ファンドにつぎ込むと即決したことには、大きな問題が潜んでいる。つまり、それは一九五二年からポートフォリオ管理の黄金律である「現代投資理論（MPT）」と呼ばれるものに真っ向から反している。

ノーベル賞を受賞した経済学者ハリー・マーコウィッツが発案したMPTは、マーコウィッツがそれを提唱した途端に投資の世界を席巻した。

この理論は次の二つの核となる概念に基づく。

1　条件がすべて同じなら、投資家はいずれのレベルのリターンでも、晒されるリスクが最も低いポートフォリオを選ぶ。

2　ポートフォリオに含まれるいずれの資産に関連するリスクも、それ単独では計算できない。なぜなら、そのようなリスクは、ポートフォリオに含まれる他の資産によって著しい影響を受けるからである。

これら二つのポイントをひとつずつ見ていこう。

1 投資家はリターンのレベルが同じなら、晒されるリスクが最も低いポートフォリオを選ぶ

次のケースについてしばらく想像してみてほしい。

あなたは期待年間収益率が10パーセントの2種類の投資を提案された。それらのうちのひとつは変動性もリスクも高く、もうひとつは安全で安定している。

ここで簡単な質問をする。この二つのうち、あなたはどちらを選ぶか？

あなたは、何度聞かれても明らかに、安全で安定したほうを選ぶだろう。

その理由はさらに明らかだ。なぜなら、正気であれば、より高いリターンを期待できない場合、より高いリスクと変動性に晒されることを望む者はいないからだ。

これらの選択肢が与えられたら、いずれのレベルのリターンに対しても投資家は常にリスクが最小となる投資を選ぶ。

2 ポートフォリオに含まれるいずれの資産に関連するリスクも、それ単独では計算できない

なぜなら、そのようなリスクは、ポートフォリオに含まれる他の資産によって著しい影響を受けるからである。

このケースを「二都物語」をもじって「二つのポートフォリオ物語」と呼ぼう。

ひとつ目のポートフォリオには、リスクが同等の二つの資産クラスが50対50の比率で含まれていて、その二つの資産クラスは常に同時に同じ方向に動く。二つ目のポートフォリオにも、リスクが同等の二つの資産クラスが50対50の比率で含まれているが、その二つの資産クラスは同時に逆方向に動く傾向にある。

ここで簡単な質問をする。これらのポートフォリオのうち、どちらのほうがリスクが小さいか？　あなたは間違いなく、二つ目のポートフォリオと答えるだろう。

その理由はさらに明らかだ。二つ目のポートフォリオの二つの資産クラスは同時に逆方向に動く傾向にあるため、下向きに動く資産クラスから生じる損失は、上向きに動く資産クラスから生じる利益によって、少なくとも部分的に相殺されるからだ。

シンプルな話だ。

第2章でも触れたが、このような資産クラスをウォール街用語で互いに「逆相関」であると言う。その最も典型的な例が株式と債券である。例えば、株式市場が全体として上昇しているとき、債券市場は全体として下落する「傾向」にある。ここでは「傾向」という言葉が重要だ。言い換えると、二つの資産クラスは完全には逆相関ではない［資産の相関性の様々なレベルを示すために、アナリストは等級を用いる。この等級は＋１から－１までで表す。＋１の資産同士は常に同時に同じ方向に動き、－１の資産同士は常に同時に逆方向に動く］。たまに、それらは同時に同じ方向に動くことがある。例えば、二〇二二年に連邦準備制度理事会が、十年以上もゼロ近くに維持してきた金利を大きく上げ始めたときに、それが起こった。引っ張りすぎた輪ゴムのように、いつもは逆相関にあるこれらの資産は激しく弾けて、同時に同じ方向――つまり、下向き――に動き始め、無数の投資家に動揺を与えた。

しかし、この一瞬の出来事は例外であるとはっきり言っておく。

五年の期間で見ると、過去百年の間に五年にわたって株式市場と債券市場が同時に下落したことはない。一般的に言って、投資ポートフォリオのリスクを管理する際に、株式と債券は相性が良い。だから、資産を配分する際に最も用いられる二つの資産クラスが株式と債券である――譲渡性預金やマネー・マーケット・ファンド（MMF）のような現金及び現金同等物は遠く引き離された第3位に位置する――と聞いても驚かないはずだ［ここでの「現金」とはあなたのポケットに入っているような紙幣や硬貨ではなく、銀行口座で保有される現金及び現金同等物のことである］。また、ポートフォリオをさらに充実させるために用いることができる資産クラスは他にもある。ほんの数例を挙げると、不動産、コモディティ、暗号資産、未公開株式、美術品などである。

しかし何度も言うが、ここでの「主力選手」は株式と債券であり、それらは通常、うまく管理されているポートフォリオのおよそ90パーセントを占め、株式と債券の比率は、投資家ごとのリスクとリターンの嗜好によって決まる。

例えば、ポートフォリオのリスクを減らしたい（その代わりリターンの減少を受け入れる）投資家の場合、リスクとリターンが希望するレベルに達するまで債券に対する株式の割合を減らす。反対に、ポートフォリオの期待リターンを増やしたい（その代わりリスクの増加を受け入れる）投資家の場合、（リスクとリターンが希望するレベルに達するまで）債券に対する株式の割合を増やす。

これもまたシンプルな話だ。実際、ポートフォリオの株式と債券の比率を調整するだけで希望するリスクとリターンのレベルを達成することができるとするMPTは、そのシンプルさと適応力の高さから、投資家にとって非常に魅力的なものとなった。

これらのことを念頭に、私はフェルナンドに言った。「君の熱心さには感心するが、S&P500のリターンが長年にわたってどれほど良かったとしても、君の資産を100パーセントそこに注ぎ込むのは問題だ。君は資産にもう少し多様性を持たせたくなるはずだ。すべての卵をひとつのカゴに入れちゃいけないことについての諺を聞いたことがあるだろう？」

クリスティーナは通訳を止めて言った。「もちろん。スペインの格言よ。『ドン・キホーテ』に由来するのよ。スペイン語ではこう言うの。No pongas todos tus huevos en una canasta」

その瞬間、ゴルディータが割って入った。

「卵をひとつのカゴに入れるな？　それがどうしたの、ジョルディ？」

「素晴らしい！」と私は答えた。

「よし、君たちはみんなこの言い回しを知っているんだな！　こんなに的を射た言葉は他にないと俺は思う。何も投資のことだけを言っているわけじゃない。これは人生のすべてに当てはまる。例えば、ヴィットリオだ。ところでヴィットリオはどこに行った？」

「あなたの真後ろにいるわよ」とクリスティーナ。「自分のiPadで遊んでいるわ」

振り返ると、確かに彼はそこで床に座り、スペイン語のアニメを見ていた。彼が一音節も漏らさずにセリフを繰り返すのを私はしばらく眺めていた。2歳にしては素晴らしい成長ぶりだと思った。そしてみんなのほうに振り返って言った。

「いつかヴィットリオが大学に入る頃、君たちはひとつの学校だけに出願するわけじゃないだろう？　少なくとも1校には絶対に入れるようにたくさんの学校に願書を送るはずだ。簡単な理屈だよ。友情についても同じことが言える。人生でたったひとりしか親友がいないなんて嫌だろう？　なぜか。それは、何かの拍子でその友情にヒビが入ったら、つるむ相手が誰もいなくなってしまうからだ」

そしてクリスティーナの通訳が追いつくまでしばらく間を置いた。

数秒後、フェルナンドとゴルディータは二人ともうなずいた。クリスティーナも。素晴らしい、と私は思い、続けた。「いずれにせよ、これは重要なポイントだから、例はいくらでも挙げ続けられる。例えばモルモン教徒。彼らの中には三人や四人の妻を持つ者がいて、彼らはみんなそれに納得しているようだ。数億もの精子にたったひとつの卵子を追わせることの進化上の利点はさておき……」。モルモン教の一夫多妻制の生物学的利点についての私の考えを披露しようとしたところで、妻の表情が困惑から怒りへと変化していくのに気づいた。さらに悪いことに、私が止める間もなく、彼女は私の発言をゴルディータに復讐を込めて通訳し始めた。

数秒後、フェルナンドは大声で笑い始めた。しかしそれはすぐに止んだ。ゴルディータが怖い目で睨みつけたからだ。そして彼は私を見て肩をすくめた。

空気を和らげようと、私は仲裁人の口ぶりでクリスティーナに言った。

「君たち、焦点がずれているよ。俺が言いたかったのは、500社もの企業が含まれているという点でS&P500は充分に多様化されているけれども、それでも、株式だけで構成されているため、ひとつのカゴに入って全部が上がったり下がったりしがちだから、すべての卵をひとつのカゴに入れてはいけないいんだ！」

完璧だ！　と私は思った。ひとつの文に二つのカゴ。助かった。

「それが俺の言いたかったことだ！　君たちは文脈を無視して発言を切り取っただけだ」

「私たちは何も切り取ってないわ」とクリスティーナがきつく言い返した。「攻撃的だったのはあなたが要点の後で言ったことよ」。彼女はゴルディータの方を向いて、私が答える間もなく、自分が私に今言ったことを通訳し始めた。

「そのとおり！」とゴルディータは賛同した。「本当に攻撃的よ」

そして軽蔑を込めて真似してみせた。「卵をひとつのカゴに入れないで。お願いだから！」

「本当にそう！」とクリスティーナは同意した。「意味わかんない」

「はいはい、わかりましたよ。ゴルディータに俺が謝っているって伝えて。モルモン教のことは忘れて、資産配分の話に戻ろう」

クリスティーナはゴルディータに二言三言言うと、それによってゴルディータから1000語にも思えるような返答を引き出した（実際には20語程度かもしれないが、私にはまったくチンプンカンプンだった）。姉妹は熱のこもった議論に夢中になり、それは永遠に続きそうだった。最終的にクリスティーナは私を見て言った。「いいわ。ゴルディータはあなたを許すって」

私がゴルディータを見ると、彼女は満足そうな表情を浮かべていた。私たちは視線を交わし、彼女は一度うなずいた。

「よし」と私は笑顔で言った。「過ぎたことは忘れて、先に進もう」。それを合図に、私は数分かけてMPTの概念と、ポートフォリオの長期のリターンの可能性を上げながら短期のリスクを減らすために二つの逆相関にある資産クラスをどのように組み合わせるべきなのか説明した。

「S&P500インデックス・ファンドに全財産を突っ込むことは勧めないが、君たちの年齢と収入レベルから、ポートフォリオ全体の約80パーセントにするべきだ。残りの20パーセントは投資適格債券に投資したらいい」

私は間を置いて自分の言ったことを考えてみてから続けた。

「このことは、君たちが充分な生活費を現金で別にとっておいていることを前提にしている。六か月から十二か月分の生活費は別にとっておかなければならない。そうでないなら、その分を100パーセントから差し引き、残りを80対20に分ける」

「あなたが言う現金って、あの現金のこと？」とクリスティーナは聞いた。

「いや、紙幣や硬貨の現金じゃない」と私は答えた。

「アルゼンチン・ペソでは、特に違う。君たちの国のインフレ率は最近では年100パーセントくらいだろう。フェルナンドにどれくらいか聞いてみて」

クリスティーナはフェルナンドに言った。「フェル、最近のインフレ率は？」

フェルナンドは肩をすくめた。「150パーセント超くらいかな」

「ウヒャー」。私はつぶやいた。「狂ってる！　君たちはそれでどうやって生活しているんだ？　店では毎日メニュー表を書きかえているのかい？」

「一日3回ね」とゴルディータは答えた。「そう、これがアルゼンチンよ、ジョルディ。住宅ローンを組むことはできないのに、テレビを買うのに五年ローンで銀行が融資してくれる、世界で唯一の国。何もかも、あべこべなの」

なんとも興味深い、と私は思った。この国に住んでいてMPTに従って投資をしようとするのはかなり厄介だ。失業やその他の予期しない出来事により短期間貯蓄で食いつながなければならない場合を想定して、大体の目安として、六〜十二か月分の生活費を現金または現金同等物に配分しておくべきだ。養うべき家族がいない人は六か月分でおそらく充分だろう。しかし、家族がいるなら、十二か月分くらいまで余裕を持たせるべきだろう。いざとなったらポートフォリオの別の資産を切り崩せばいいのだから、それ以上となると安全に過ぎるだろう。

もちろんアメリカではこれは簡単にできる。銀行の選択肢が無数にあるし、インフレ率も比較的低いからだ。しかしアルゼンチンでは、銀行に預けようと紙幣をマットレスの下に隠そうと、インフレによって毎年あなたのお金の3分の2が消えてしまうのだ。言うまでもなく、これは良い選択肢ではない。

それを念頭に私は言った。

「そりゃひどいな！　それなら、君たちに一番適した場所はバンガードだと思う。オンラインで簡単に口座を開けるし、バンガードのMMFのひとつに預ければ、君たちのポートフォリオの現金部分を含むすべてがこの1か所で済んでしまう」

クリスティーナが追いつくまで私は一呼吸置いた。

「バンガードという名前をメモするようにゴルディータに言ってくれ。そこに口座を開いてもらいたい。彼らに買ってもらいたいインデックス・ファンドの名前は、バンガード500インデックス・ファンド・アドミラル・シェアーズ。証券コードはＶＦＩＡＸ。彼らに一番合うのはこれだ。いいかい？」

クリスティーナはうなずいて通訳し始めた。

数分後、ゴルディータは自分のiPhoneにものすごいスピードで打ち込み始めた。打ち終わるや否や彼女は言った。「続けて、ジョルディ」

「了解、ゴルディータ」。そしてクリスティーナに言った。

「彼らに次に買ってほしいのは、バンガード・トータル・ボンド・マーケット・インデックス・ファンド。これもアドミラル・シェアーズだ。普通のじゃなくて」

「なんでアドミラル・シェアーズなの？」とクリスティーナは聞いた。

「そっちのほうが手数料が少し低いんだ。つまり、余計に少しだけ、バンガードではなくてフェルナンドとゴルディータの懐に入るお金が多くなるということだ。バンガードの名誉のために言っておくと、彼らの金融商品はどれも手数料がバカみたいに安いけどね」

「アドミラル・シェアーズのほうが良いなら、なんでみんなそっちを買わないの？」とクリスティーナは聞いた。

「実に良い質問だ」と私は答えた。「なぜなら、それらが最低投資金額を設けているからだ。たった３０００ドルだが、それが障害になる人もいる」

「わかったわ」とクリスティーナは答えた。「彼らに説明させて」

クリスティーナが通訳する間、私は一年前の出来事……特にひとつの瞬間……を思い出していた。ゴルディータがフェルナンドを冷たい目で睨んでいたときのことだ。それは特に痛ましい記憶だった。当時、9万7000ドルの損失について全然気にしていないフェルナンドの態度にゴルディータが反応した。彼らが比較的若く、またかなり稼ぐ力を持っていたので、フェルナンドは、別に世界の終わりじゃないという気持ちだった。

今日ここに座っていて、少なくとも一定程度は、フェルナンドは自分が正しかったことを証明した。この素晴らしい新しいマンションはその何よりの証拠だ。しかし一方で、不自然に家具が少ないようにも見えた。それは、ゴルディータも正しかったことを証明している。つまり、9万7000ドルの損失は笑い飛ばせるようなものじゃなかったということだ。実際、私たちがここに到着したとき、彼女は家具が少ないことについて殊更面白おかしく説明した。

「私を真っ逆さまにして振っても、1ペニーも出てこないわよ!」

しかし明らかにそれは誇張だった。なにしろ、彼らが私を今夜ここに招いたのは、彼らの投資ポートフォリオを立て直すためだ。そこまで懐事情が悪いはずはなかろう、と私は思った。

「リターンに7・5パーセントの差があるなら、あなたが言っていたゴールデントリオとやらを損なうんじゃないかってフェルナンドは心配しているけど、どうなの?」

ふと我に返ると、クリスティーナが私に聞いているのに気付いた。しかしこの質問が、ゴールデントリオに関するということ以外は何もわからなかった。「どうなのって何が？」

「彼の心配がどうなのか、よ」とクリスティーナはせっつくように言った。「彼はゴールデントリオが気に入ったけど、債券がリターンを大きく引き下げるんじゃないかって心配しているの」

彼女は自分の言ったことについて考えるように一息ついてから付け加えた。「彼が言ってるのはそういうことだと思うわ。それって正しい？」

「実際のところ、正しいよ」と私は答えた。「まったくそのとおりだ」

実際、フェルナンドの懸念は正しいだけではなく、MPTについての最大の誤解のひとつを浮き彫りにしている。つまり、株価の下落に対するヘッジとして債券に資産の特定の割合を配分する場合、ポートフォリオの長期リターンをその分引き下げることになるという誤解だ。つまり、10・33パーセントというS&P500のリターン実績は、債券市場のリターン実績である4パーセントよりも著しく高いため、株価が下がったときに得られる防御のために債券に20パーセント配分することで、ポートフォリオの年間リターンが許容できないくらい下がってしまうのではないか？　と、うわべだけを見ていたら、そう考えても仕方がない。しかし、そうではない。

逆相関の資産クラスでヘッジをかけるため、非対称的に動くことで短期的には防御の恩恵を受ける。言い換えると、どのような債券の割合であっても、ポートフォリオの長期リターンに及ぼすマイナスの影響は、それによって得られる短期的な防御に比べると、微々たるものだ。

次の表を使い、債券割合の違いによって、最悪な年にポートフォリオに与える防御の大きさと、それぞれの債券割合が長期にわたってポートフォリオにかけるコストを示す。

債券の割合が20パーセントの場合、ポートフォリオの平均年間リターンはたった0・6パーセントしか下がらないが、最大年間損失は8パーセント超下がる。また、債券の割合が40パーセントの場合、ポートフォリオの平均年間リターンはたった1・3パーセントしか下がらないが、最大年間損失は16・5パーセント下がる。最後に、債券の割合が60パーセントの場合、ポートフォリオの平均年間リターンはたった2・2パーセントしか下がらないが、最大年間損失は25パーセントも下がる。

明らかに、これら三つのケースすべてで、平均年間リターンへの影響は、下落時にもたらされる短期の防御と比べてかなり少ない。

念のために言っておくが、私はポートフォリオに債券を無闇に組み込むようにと言っているわけではない。多すぎでも少なすぎでもなく適切な債券の割合で組み込むべきだ。

このことは、非常に重要な質問に行き着く。

あなたにとって適切な資産配分プランとは？

偉大なジャック・ボーグルによれば、一般的な経験則として年齢をガイドラインとして用い

株式と債券の割合ごとの最大年間損失
1926年から2012年まで

株式と債券の割合	最大年間損失	平均リターン
100%株式	-43.1%	10.0%
80%株式／20%債券	-34.9%	9.4%
60%株式／40%債券	-26.6%	8.7%
40%株式／60%債券	-18.4%	7.8%
20%株式／80%債券	-10.1%	6.7%
100%債券	-8.1%	5.5%

る。つまり、あなたが30歳なら、ポートフォリオの30パーセントを債券に配分するべきだ。もしあなたが40歳なら40パーセントに、60歳なら60パーセントになる。

しかし、もちろんこれは単なる叩き台にすぎない。適切な資産配分プランを見つけるために、あなたを含むすべての投資家が自身に問わなければならない四つの質問がある。

1 あなたの投資の目標は何か？
2 あなたの投資期間はどれくらいか？
3 あなたのリスク耐性はどれくらいか？
4 あなたの現在の経済状況はどうか？

ひとつずつ見ていこう。

1　あなたの投資の目標は何か？

あなたの投資の目標はほぼ確実に複数あるはずで、資産配分プランはそのことを正しく反映している必要がある。例えば、あなたの主な目標が退職後の蓄えだったとしても、新居の頭金や子供の大学の学費を払いたいかもしれない。もしかしたら、新しいビジネスを始めることに興味を持っていたり、新しいスポーツカーや世界旅行で自分にご褒美をあげたいかもしれない。

利他的なものから利己的なもの、堕落的なものまで、文字どおり無数の投資目標があるが、結局のところ、正解も何もない。あなたのお金なのだから、何でも好きなことに使う権利があなたにはある。しかし、目標の中には短期のものがあることは明確にしておくべきだ。債券は短期の投資により適しているため、資産配分プランを策定する際にはそれを考慮する必要がある。このことは次の質問に繋がる。

2　あなたの投資期間はどれくらいか？

この質問に正確に答えるためには、最初の質問の答えに戻り、あなたの個々の目標について予定日を定めることが必要だ。例えば、あなたの主な目標が退職後のための貯蓄であるなら、今から何年後に退職する予定なのか？

そして、2番目、3番目の目標についてはどうか？

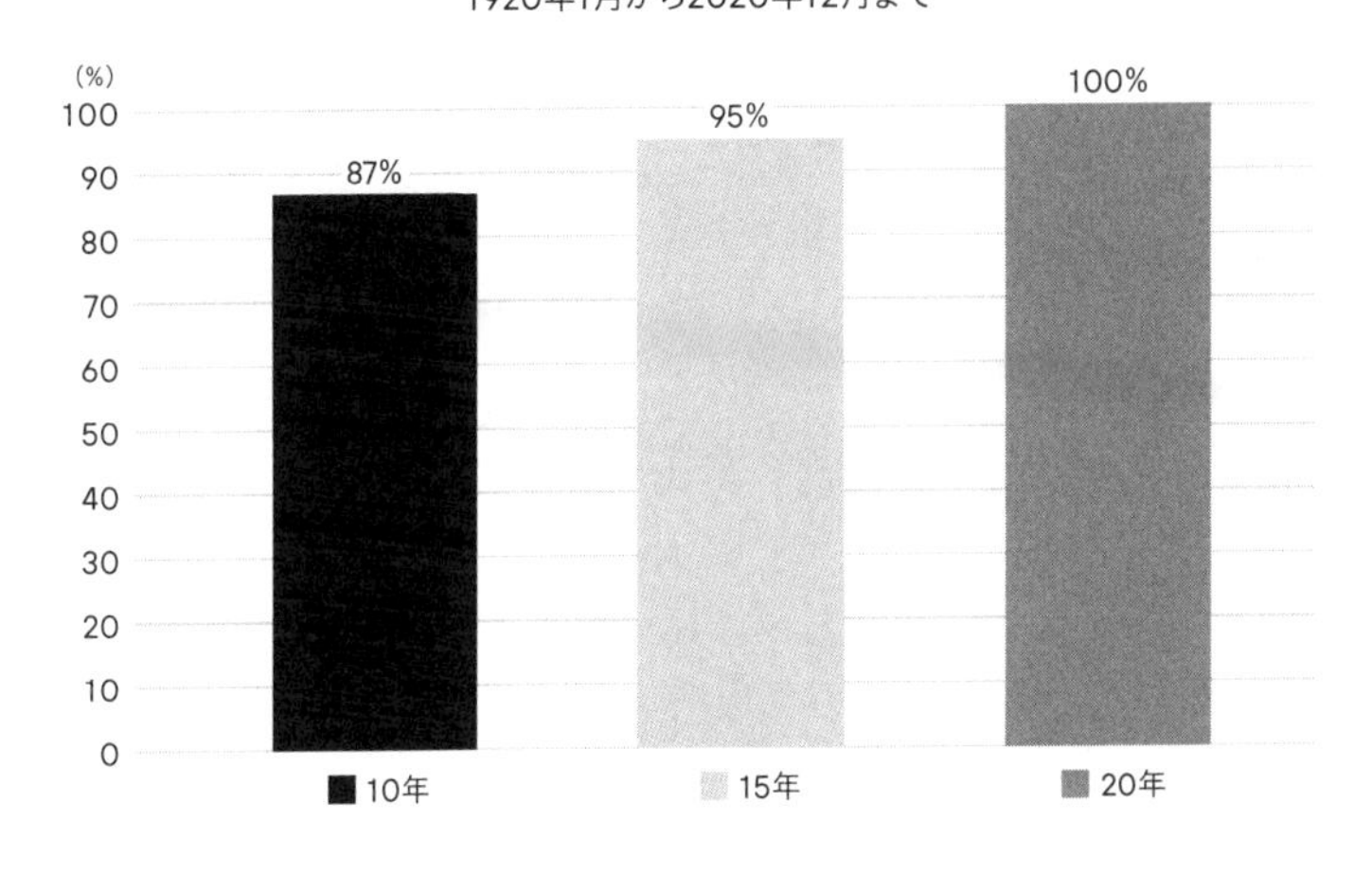

新居を買うつもりか？　子供の学費は？　新しいビジネスを始めるつもりは？

もしすべての目標が三〜五年未満なら、株式に対する債券の割合を増やすことを検討するべきだ。上の表をしばらく眺めてほしい。

これは、過去百年間におけるS&P500の時間軸ごとのパフォーマンスを示したものである。

ここでおさらいを含め、注目に値することがいくつかある。

ひとつ目は、一九二〇年から二〇二〇年までのいずれの二十年の期間をとっても、たとえ大恐慌の最悪な年がそこに含まれていたとしても、S&P500のリターンがマイナスとなることはなかった。一九二〇年から二〇二〇年までのいずれの十五年の期間をとっても、おおよそ同じことが言える。

しかし、期間が十年となるとどうか？　大抵の場合は、答えは同じだが、大恐慌を含む十年間のみ、S&P500は1パーセント下がった。もちろんそれは投資家が望んでいた結果ではなかったが、飛び降り自殺をしたくなるほど悪くもない。その上、そのような十年間は例外だった。その他の十年間では、S&P500はプラスのリターンを達成していて、十年間の平均リターンは11パーセント近い。

それでは、一年間ではどうだろう？

S&P500は常に上がってきたのだろうか？

いや、まったくそうではない。

最悪な年だった一九三一年、アメリカが大恐慌の渦に呑み込まれていくとともに、S&P500は48パーセントも価値を下げた。さらに悪いことに、一九二九年にすでに20パーセント、一九三〇年にさらに25パーセント下げていたので、その三年間の合計損失は90パーセントだった。そして念のために言うと、株式市場がこのように複数の年にわたって下落するのは、歴史上このときだけではない。同じことが、二〇〇〇年三月のITバブルの崩壊後にも起こった。ITに重点を置くナスダックは三年にわたり90パーセント下落し、S&P500は50パーセント下落した。

ITバブルの崩壊が起こる直前の数週間にあなたがすべての資金を株式に注ぎ込んでいたと想

像してみよう。あなたは二十四か月以内に娘の大学の学費を支払わなければならず、娘はハーバードに合格した。あなたは娘に何と言う？　「心配するな。コミュニティ・カレッジ［訳注：公立の短期大学］もなかなかいいぞ！」。さらに悪いことに——ちなみにこれは実話である——その年の予定納税を支払わずにそのお金を株式市場に注ぎ込むことにした友人が大勢いた。どうなったと思う？　そう、その年に株式市場が大暴落すると彼らは税金が支払えなくなり、険しい顔をした内国歳入庁の職員が自宅のドアをノックした。

こういうわけで、たとえ高品質な株式であろうと短期間の投資には向かないのだ。別に、それらを保有してはいけないというわけではない。債券や現金に充分な配分をしてバランスを取ることが必要なのだ。

3　あなたのリスク耐性はどれくらいか？

資産の配分に関して言えば、これは最も重要な質問と言える。なぜか？　それは、この質問に正しく答えなければ、次に市場が大暴落したときに、底値でパニック売りをしたい欲求を抑えるというつらい立場に置かれてしまうからだ。ここで「スリープ・テスト」が登場する（本当にそんなものがあるのだ！）。

スリープ・テストとは何か？

簡単に言うと、あなたのポートフォリオの資産配分で、市場がどんどん悪化していくとしたら、夜ぐっすり眠ることができるか、を問うテストだ。あなたの答えがノーなら、その資産配分プランはあなたに合っていないいため、変更を加える必要がある。

ではどのように？

他の条件を無視した場合、まずはポートフォリオ内の株式に対する債券の割合を増やすことから始めよう。そうしなければ、あなた自身の最悪の衝動に屈さざるを得なくなり、次回の弱気相場で、底値で株式を売る羽目になる。

私が大袈裟に言い立てていると思うなら、騙されたと思って、こんな苦境に立たされた自分を想像してみてほしい。あなたは、ITバブルが弾ける二週間前の二〇〇〇年三月に投資資本の100パーセントをナスダック総合株価指数に注ぎ込んでいたとする。なぜそんな馬鹿なことをした？　第一に、こんなことが起こるなんて知りようがなかったから。特にジム・クレイマーのようなピエロ野郎が終わりの見えない強気相場だからと、そうするように勧めたからだ。

そして今、あなたは大変な状況に陥った！　大惨事だ！　どうしようもない！

ひと月以内に、市場は大暴落し、そのまま真っ直ぐ落ち続ける。すぐにCNBCの経済評論家たちは以前と態度を変え、パーティーがどうして終わったのか言い立てる。それが恐ろしい弱気相場の始まりだ。さらに腹立たしいことに、ピエロ中のピエロのジム・クレイマーは、ひと月前に全額投資するように言ったのがまるで嘘のように態度をコロッと変え、先が見えない状況のため、あなたのような投資家はしばらく傍観していたほうがいいと言う。でもそれは不可能だ。この大馬鹿野郎のアドバイスを聞いて、あなたはすでに全額注ぎ込んでしまっているのだから！

あなたは一体どうすればいいのか？

最初のうちは強気でいられるかもしれない。だが事態はますます悪くなり、株式市場は下落し続ける。その年の末にはあなたの損失は22パーセントを超える。

あなたは呆気に取られている。あなたの資産状況はどん底で、精神的にも打ちのめされ、髪をかきむしっても終わりは見えない。でも、市場が「永遠に」下落し続けることはないのでは？

うーん、それは永遠の定義による。

数ページ前の表を思い出してほしい。

ほとんどの人にとって、株式市場における「永遠」の定義は、失ったお金が全財産に占める割合と反比例する。つまり、その割合が高ければ高いほど、「永遠」は短くなる。その結果、恐ろしいほどの弱気相場では、六か月を超える期間はほとんどの人にとって永遠に感じられる。そして、結局彼らは売ることになる。

私の言いたいことがおわかりいただけただろうか？

結局のところ、全財産を株式に突っ込んで、そのような大暴落にも怖気付かずに持ち堪えられるほどリスク耐性が高い投資家はほとんどいない。実際、ＩＴバブルの崩壊の数か月前に高騰していたナスダックに全財産を投じた親しい友人たちからたくさんの電話がかかってきたことを今でも覚えている。そしてひとり、またひとりと、底値ですべてを売り払っていった。みんな耐えきれずに自分自身にこのように言い訳し始めた。「ちくしょう！　このまま市場がさらに下落するのを眺めているより、まだわずかでも残っているうちに敗北を受け入れるほうがマシだ。こんな状況、耐えられない！」。こんなふうにして、彼らは底値でパニック売りをし、ほとんどすべてを失った。

対照的に、ポートフォリオのリスクをもっと適切に調整していた友人たちは、所有していた債券が衝撃を吸収してくれたため、それほどひどい打撃を受けなかった。（ＩＴバブルの崩壊時にはすべてのポートフォリオがそうだったように）彼らも紙の上では損をしていたが、彼らが被っていた損失ははるかに少なく、したがって、精神的にずっと制御しやすかった。だから彼らはその嵐を無事にやり過ごして、市場が上向くのを待つことができた。そして実際に市場は上向いた！　それには時間――ナスダックは五年、Ｓ＆Ｐ５００は三年――がかかったが、いつもどおり長期的には市場は上昇傾向にあった。

4　あなたの現在の経済状況はどうか？

この質問は様々な面であなたの資産配分プランに影響を及ぼす。例えば、かなりの年収――年収100万ドル以上くらい――がある場合、常に乱高下する株式に偏ったポートフォリオでも制御するのがかなり容易になる。結局、現在（紙の上で）被っているいかなる損失もすぐに埋め合わせることができるのなら、次の大暴落のときにパニック売りなどせず、長期的に道を踏み外さないことがずっと容易になる。

フェルナンドはある程度これに該当していた。将来の見通しが甘くても、夜はぐっすり寝ていられた。彼の年収をもってすれば、投資ポートフォリオがたとえゼロになっても彼の年収によりその被害から自身を守ることができると知っていた。お金を失うときには腹は立っただろうが、夜中ベッドの上で冷や汗をかきながらまんじりともせず、こんな独り言を言ったりはしなかった。「俺はこの先一体どうなってしまうのだろう？　家族を食わせることもできず、みんなで路頭に迷うことになるだろう。ヴィットリオのiPadまで取り上げられてしまうだろう！」

その代わり、彼は損失を冷静に受け止め、こんなふうに言うことができた。

「マジでムカつく！　今年は失った金を全部取り戻すためにより一層頑張って働かなきゃ。何しろ、ラ・プラタ川の絶景を見下ろす豪華な新しいマンションを買いたいんだから」

私の言いたいことをわかってくれただろうか？

反対に、カツカツの生活をしている人は、次に弱気相場が訪れると自分の持株をパニック売りする可能性が極めて高くなる。なぜなら、彼らが（紙の上で）被る損失は彼らにずっと大きな影響を及ぼすからだ。

あるいは、投資家が極端な富豪にまで上り詰めたら通常、彼らの目標はリターンを最大化することから、資産を守ることにシフトする。言い換えると、いくら儲かるかよりもいくら損するかが彼らの関心事となる。これは完全に筋が通っている。結局のところ、極端に大金持ちの投資家は、投資適格債券に全財産を投じて、それらの利子だけで世界の趨勢を気にすることなく生きていける。だからといって、ほとんどの富豪の投資家がそのようにしているというわけではない。実際のところ、彼らはそうしない。彼らのほとんどは、資産の保全を確実にするために株式より債券にやや重点を置くものの、バランスの取れたポートフォリオを選択する。

彼らと正反対の、もっとずっとありふれたケースとして、まだ社会に出て数年の、将来のある比較的若い投資家たちがいる。彼らの場合、職種や職場がどのような退職金を用意しているのかを考慮する必要がある。例えば、退職後のためにアグレッシブな４０１ｋなどの確定拠出年金を用意している大企業に勤めている場合、よりアグレッシブにポートフォリオを配分できる。反対に、自営業者やシリアルアントレプレナー［訳注：連続起業家。何度も新しい事業を立ち上げる起業家のこと］なら、自分自身の才覚以外に頼るものがないため、退職後の備えを考える際により保守的になるだろう。

要約すると、こういうことだ。MPTを支える概念を理解したら、あとはただ四つの質問に答えるだけで、完璧なポートフォリオを作り上げるのは朝飯前だと気づくだろう。

なぜか？

ポートフォリオの少なくとも90パーセントは次の二つの核となる資産で構成されるからだ。

① (すでにうんざりするほど説明してきた)低コストのS&P500インデックス・ファンド
② 低コストの投資適格債券ファンド(これについてはすぐに説明する)

ウォール街を彼らの土俵で倒すのは、こんなに簡単なのだ。

あなたがしなければならないのは、それを馬鹿みたいに複雑にしないことだけだ。

「退屈な債券」に話を戻し、いくつか補足しよう。

債券の基本的な働きとなぜ債券が株式より安全なのかについてはすでに説明したので、ここでは単刀直入に、債券という狡猾な金融商品の正体について容赦なく語らせてもらう。つまり、市場のタイミングを見計らって個別の株を選ぼうとするのが愚かであるように、債券で同じことをしようとするのはより一層愚かである。実際それは破滅への道である。これには次の三つの理由がある。

●債券はクソみたいに複雑だ。そのニュアンスを完全につかむためには何年も勉強しなければならないし、それだけ勉強しても、時限爆弾や罠がちりばめられているため、簡単に誤り、最後は大変な代償を払う羽目になる。こんな時限爆弾や罠を仕掛けるのは誰か？　もちろん、ウォール街手数料搾取マシーンだ。なぜそんなことをするのか？　あなたをハメるためだ！　だから、そんなことをさせてはならない。

●プロの債券トレーダーは、小銭を稼ぐためにあなたの目玉を喜んでくり貫きながら、夜は豪邸に帰って赤ちゃんみたいにぐっすり眠れるような、冷酷さで名高い連中だ。素人投資家が彼らに勝とうと思っても、泣きを見るに決まっている。そして彼らはあなたを泣かせるのが楽しくてしょうがないのだ。

●超低コストで入口も出口もノーロードの簡単に買える投資適格債券ファンドがたくさんある。専門家が作り上げた債券ポートフォリオを銀のお皿に載せてほとんど無償で世界トップのファンド会社が提供してくれる（それについてもジャック・ボーグルに感謝しよう！）のに、どうして個別の債券を選ぼうというのか？　そんなことはするべきじゃない。それならしないに限る！

例えば、バンガード・トータル・ボンド・マーケット・インデックス・ファンド・アドミラル・シェアーズ（VBTLX）は五年以上の投資期間の投資ポートフォリオにとって完璧な選択である。経費率が0・05パーセントのこのファンドは満期日までの平均年数が五年の投資適格のおよそ6000種類の債券を保有している。あなたのポートフォリオの投資期間が五年未満なら、バンガード・ショートターム・ボンド・インデックス・ファンド・アドミラル・シェアーズ（VBIRX）のほうが適しているだろう。ただし、ファンドの保有する債券の満期日までの平均年数が短いため平均年間リターンが33パーセント低い（VBTLXが2・95パーセントであるのに対し、VBIRXは2・19パーセント）。

バンガード以外の選択肢を探しているなら、SPDRポートフォリオ・アグリゲート・ボンドETF（SPAB）とシュワブUSアグリゲート・ボンドETF（SCHZ）が五年以上の投資期間には素晴らしい選択肢となる。投資期間が五年未満なら、SPDR短期社債ETF（SPSB）やiシェアーズ・コア一〜五年米ドル債券ETF（ISTB）がより適している。

念のため言っておくが、私が挙げたもの以外にも素晴らしい選択肢がある。これらは最も高く評価されているものの一部に過ぎないが、全部をリストアップしてあなたを飽きさせたくはない。Morningstar.comをチェックすれば、頭がくらくらするほどたくさんの選択肢が見つかるだろう。常に覚えておいてほしいことは、インデックス・ファンドで成功するカギは、経費率が超低額で入口も出口もノーロードのものを選ぶことだ。あなたが高評価の債券ファンドのリストから選んでいて、それがこれら二つの条件を満たす限り、ほとんど間違いないだろう。

もっと「難解」な債券――ハイイールド債券（別名ジャンク債）、非課税の地方債、非ドル建て債、インフレ連動債――について私が触れないことを不思議に思っているなら、その理由を示そう。

- あなたのポートフォリオに債券を含める目的はリスクをヘッジすることなのだから、リスクが高いジャンク債をポートフォリオに入れる理由があるだろうか？　実際、ジャンク債は高品質の債券よりも株式に近く、債券を買う目的にまったくそぐわない。だから私は、ジャンク債はプロの債券トレーダーに任せ、時間を無駄にするなとアドバイスする。
- 地方債は債券の中で最も節税効果が高い（地方債は連邦税、州税及び地方税が免除される）ため、地方債が適している場合もある。しかし、他のすべての投資と同じく、タダのものはない。非常に高い利回りを提供する地方自治体は、善意からそうするわけではない。必要に迫られてやっているだけだ。つまり、そのような地方自治体は破産またはそれに近い状態になる可能性がある。そうしたものに時間を費やすのはやめろと私はアドバイスする。

●非ドル建て債は元本と利息を外貨であなたに払い戻す。つまり、債券の信用度のほかに、通貨の切り下げという第二の心配事を抱えることになる。元本と利息を外貨で支払われるため、米ドルと比較してその通貨の価値が下がったらどうなるか？　あなたがその債券を最終的に現金化したときに通貨の価値の減少分が、受け取る利息の上乗せ分以上を侵食する可能性が高い。したがってまたしても私は、そのような目新しい異国の商品は避けろとアドバイスする。

●インフレ連動債（TIPS）は実際にかなり有利であり、一部の投資ポートフォリオにはとても適している。しかし、あなたのポートフォリオはおそらく違うだろう。実際これはすべてのポートフォリオに等しく適したものではない。つまり、あなたがかなりの大富豪になったら、債券の割当分にいくらかTIPSを含めることを検討してもいいだろう。それまでは、TIPSのことは気にしなくて良い。TIPSは、あなたが受け取る利息と（最終的には）元本の金額をそのときのインフレの状況に合わせて調整する仕組みになっている。長期的には、TIPSは他のインフレの影響を防御しないファンドと比べてリターンがほんのわずか高くなるが、それでもほんのわずかである。だから結局、あなたのポートフォリオが極端に大きなものでないのなら、それほど差はない。

要は、債券の選択肢はたくさんあるが、それらのほとんどは、検討に値しない。それらに関わって、疑うことを知らない哀れな人にそれらを買うように説得することで巨額の手数料を儲けるウォール街手数料搾取マシーンの幸運なメンバー以外は、誰も得をしない。言い換えると、KISSの法則——Keep it simple, stupid（シンプルにしとけよ、間抜け）——を守るのが一番だ。つまり「バカバカしいほどシンプルにしなければならない」ということだ。

こうも言える。

「聞け、愚か者よ！　意味もなく物事を複雑にするのをやめて、シンプルにしておかないか？」

いずれにせよ、債券ファンドを選ぶ際には、あなたの目標は物事をできるだけシンプルに保つこと、それだけだ。

これらすべてを考慮して、あなたにとって最適な配分プランはどのようなものだろうか？

その答えは——私はここで媚びるつもりはない——場合による。

例えば、あなたを騙そうとしない金融アドバイザーに聞いたら、最も一般的な資産配分は株に6割、債券に4割の割合だと教えてくれるだろう。

だがこれはまだ単なる叩き台だ。

そこから、ジャック・ボーグルの公式——債券のパーセンテージをあなたの年齢と等しくする——と、そして何より、四つの質問へのあなたの回答を考慮する。これらの要素を組み合わせて、そこに良識を適度に織り交ぜると、あなたの投資の目標、投資期間、リスク耐性、そして現在の経済状況に適した資産配分プランを策定するのはそう難しくないはずだ。

例えば、フェルナンドとゴルディータについて、私はどのようにして8対2の割合に到達したのか？

その答えは、一部は科学、一部はひらめき、そしてまた一部は勘である。

科学的な思考により、6対4の割合で始まり、彼らが比較的若く、また高収入であることを考慮して7対3に引き上げる。ひらめきによって、フェルナンドの平均以上のリスク耐性と、彼の気性を考えるとこれ以上の債券を保有していたらイライラして頭をかきむしるようになると個人的に思ったことから、株式の配分をさらに10パーセント増やした。そして勘によって、別に5パーセント確保し――つまり、株式と債券の合計から5パーセント減らし――それでフェルナンドが投機を続けられるようにアドバイスした。

この最後のアドバイスの理由はシンプルだ。

フェルナンドは投機が大好きだからだ！　彼はまったく向いていないにもかかわらず、投機を楽しんでいる。

だが、それの何が悪い？　人生は楽しまなきゃ、だろ？

それに、もし私がフェルナンドに、ちゃんとした投資ポートフォリオを維持することと投機を楽しむことは相容れないと言ったら、彼はおそらくその場では受け入れるだろうが、そのうちフラストレーションを溜め込んで、結局は投機を始めてしまうだろう。その上、一旦投機をしたら、さらに多くのお金を投機に配分し始めることになり、私が最初から資産配分プランに組み込んでおくよりも、悲惨な結末が約束された戦略を取るようになるだろう。

フェルナンドとの約束は次のとおりだ。

ポートフォリオの95パーセントが適切に配分される限り、残りの5パーセントで健全な投機に興じるのは、誰にとっても悪いことではない。フェルナンドの場合、「ベース・トレーディング」と呼ばれる短期の投資戦略(これについてはこの章で後ほど説明する)を彼に教えることで、彼の勝率を高めることができた。

だがまずは、次に示す表をざっと見てほしい。

これは、三つの異なるリスク耐性ごとに年代に合った資産配分プランを示している。個々のシナリオについて取り上げるには変数と微妙な差異が多すぎるので、これ以上細分化しても基本的には意味がない。

これらの例はあくまで叩き台であり、そこからあなたの年齢や四つの質問の答えに基づいてさらにあなたの配分プランをカスタマイズすればいい。

適切な資産配分プランを決めたとしても、それは永続的なものではないことを知っておいてほ

平均的な投資家	株式	債券
若者	80%	20%
中年	60%	40%
年金生活者	40%	60%
後期高齢者	20%	80%

保守的な投資家	株式	債券
若者	70%	30%
中年	50%	50%
年金生活者	30%	70%
後期高齢者	10%	90%

アグレッシブな投資家	株式	債券
若者	90%	10%
中年	70%	30%
年金生活者	50%	50%
後期高齢者	30%	70%

しい。時々見返して、それがまだ自分にとって適切か確かめるべきだ。もし適切でなくなっていたら、プランを調整することが必要となる。

ウォール街の言い回しで、投資ポートフォリオに含まれる資産の組み合わせの定期的な調整のプロセスはリバランスと呼ばれ、ウォール街では大抵のことがそうであるように、彼らはわざと複雑にして様々な手法に仰々しい名前を付け、一般人が圧倒されて「専門家」を雇わざるを得ないと考えるようになるほど多種類に細分化する。その「専門家」は結局のところ、ウォール街手数料搾取マシーンの一味なのだ。そして彼らはあなたを搾取する。

つまりこういうことだ。リバランスをするために誰かを雇う必要はない。

リバランスの黄金律はこれだ。「少なければ少ないほど良い」

それだけだ。

もちろん、ウォール街は「ダイナミックな資産配分」とか「戦術的資産配分」とか、それはもう様々な仰々しい名称であなたを説得しようとするだろう。

私からのアドバイスは、ポートフォリオをパッシブに運営すべきなのに、あなた自身がアクティブなファンド・マネージャーになってしまう罠を避けるため、あなたの資産配分プランを見直す頻度をできるだけ抑える（ただしまったくやらないわけではない）べきだ。ご理解いただけたかな？　まあまあ、落ち着いて！

四つの質問の答えを劇的に変えるような何か大きな出来事があなたの人生に起こらない限り、次に予定される定期的なリバランスの時期まで、ただ待てば良い。そのような出来事がなければ、少なくとも年に1回（ただし2回まで）、リバランスするべきだ。年に2回を超えると、やりすぎになる可能性があり、意図せずにアクティブ寄りになってしまうリスクを負う。

ただし、リバランスの時期が来たら、考えるべきことが二つある。

① あなたの現在の投資の目標、投資期間、リスク耐性、経済状況に基づいて、現在の資産配分プランが適切か？　その四つについてすべてイエスなら、何も変える必要はなく、そのままにしておけば良い。しかし、いずれかについてノーであれば、配分が適切になるまで株式と債券の割合を調整することが必要となるだろう。

② あなたが保有する資産クラスのひとつに発生した利益（または損失）により、現在の株式と債券の比率が当初の資産配分プランを反映しなくなるか？　例えば、S&P500が絶好調な年で、30パーセント上がったとする。そうしたらどうなるか？　そのことは、あなたのポートフォリオの株式と債券の比率に大きな影響を及ぼすだろう。あなたの当初の資産配分プランに基づいて株式に対する比重が大きければ特に。そうなったらどうすれば良いか？　一般的に、どうすれば良いか迷ったときは何もしないことをお勧めする。

なぜか？　何かを売買するたびに、手数料や税金がかかる可能性があるからだ。現在の投資の目標や投資期間、リスク耐性、経済状況に適さないほど資産配分が大きく逸脱していると思う場合を除き、私なら用心に用心を重ねて何もしないことを選ぶ。思い出してほしい。ここでの目標は、できるだけパッシブになり、時間に大きな仕事をしてもらうことだ。

さらに、ポートフォリオの長期リターンの変動性の90パーセントはそのポートフォリオの資産配分に起因すると学術的な研究で示されているが、株式と債券の間の5パーセントのシフトはほとんどまったく影響を及ぼさないことは留意する価値がある。実際、これにぴったりの大工の世界での古くからの言い回しがある。

「測るのは二度、切るのは一度」

言い換えると、最初に適切な資産配分プランを策定するのに充分時間をかけることだ。慌ててはいけない。正しい割合を定めるため、四つの質問に正直かつ率直に答える。そして、割合を決め、ポートフォリオの大部分を占めることになる二つの核となるインデックス・ファンドを選んだら、落ち着いて何もせずにいるだけで良い。割合が数パーセントずれたからといって慌てる必要はない。そんなことは、はなから予想されている当たり前のことだ。だから、ただ落ち着いて何もしないでいれば、すべてはうまくいく。くれぐれも、個別に株を選んで市場のタイミングを見計ろうとするような死のスパイラルに逆戻りしないように。

死といえば、健全な株式投機のワイルドな世界に案内する前に、人生のもうひとつの避けられない不愉快なテーマ——つまり、税金——について少しお話ししておこう。

税金についての私のアドバイスはシンプルだ。法律に触れない範囲で、納税額を減らすためにやれることはすべてやるべき。そのやり方については、複雑すぎてここでは説明できない。だが、それは戦略そのものが複雑だからではない。

実際、それは複雑ではなく、極めてシンプルだ。

複雑なのは、この本は多くの国で出版されているが、それぞれの国には、国民が少なくとも一定期間、できれば永久に納税を回避できる独自の税法や個人退職勘定［訳注：IRAと呼ばれる米国の個人年金積立制度］が設けられている。

そして間違いなく、税金の問題は非常に重要である。

つまり、あなたがポジションを保有する口座の種類は、あなたの税引後リターンに著しい影響を及ぼす。そしてそれは、長期の複利効果にさらに劇的な影響を及ぼすことになる。例えばアメリカにはＩＲＡや４０１ｋが、オーストラリアにはスーパーアニュエーション口座が、ドイツにはリースター年金が、イギリスには……複雑すぎて神にしか理解できない。

すなわち、ある国でうまくいく節税対策が、その他の国ではうまくいかない可能性があるということだ。だから、誰もが合衆国に住んでいて、ここで納税しているという「醜いアメリカ人」らしい思い込みを捨て、投資会計に関連するアメリカの税法についてこれから何ページも割いて、世界の残りの人々を置いてけぼりにするのはやめる。その代わりに読者全員に役立つことを祈って、汎用的なアドバイスをしよう。

① 課税口座と課税繰延口座のどちらで投資信託やETFを保有するかを決める際に、最も重要な検討事項は、あなたのポートフォリオの個々のファンドの相対的な節税効果である。これを突き詰めると、他のファンドに比べて著しく節税効果が低いファンドがあることがわかるだろう。それを念頭に、課税繰延口座には限度額があるだろうから（課税繰延口座の限度額に達していると仮定した場合）、高い税金を相殺するために節税効果が低いファンドを課税繰延口座で保有し、節税効果が高いファンドは通常の口座で保有するべきだ。

② 次の章で、腐敗したカジノにあなたを引き戻して破滅させようとする様々なグループについて紹介しようと思う。それらのグループのひとつがファイナンシャル・プランナーだ。そして認めたくないが、彼らはいくつかの特定の物事については実際にとても役立

つ。そのひとつがタックス・プランニングだ。だから、節税効果を最大化することに関してあなたの国の最新の税法を充分理解している自信がないなら、あなたの国の資格を有するファイナンシャル・プランナーに相談することをお勧めする――ただし、ウォール街手数料搾取マシーンの一味かもしれない者への対処に関する、次の章で示す安全プロトコルに従うことを前提に。

それでは、健全な投機について少しお話ししよう。

なぜそれが重要なのか？　いや、むしろそれはそもそも重要なのか？

その答えは、人による、だ。

例えば、フェルナンドを例に挙げて説明したとおり、誰かが投機を楽しんでいるなら、そのまま投機をさせておいたほうがいい。そうでなければ、いずれにせよ結局は投機をすることになる。それが人間の性（さが）だからだ。楽しいことをしたい誘惑に抵抗できる時間はそれほど長くはない。しかも、金融の崖から飛び降りるように促すウォール街手数料搾取マシーンからの巧妙なメッセージに常に晒されているのだから尚のことだ。

だから、個別の株式を選択するのが楽しいのなら、ベース・トレーディングとして知られる短期戦略を紹介することで、あなたの勝率を上げようと思う。手短に言えば、ベース・トレーディングとは、優良銘柄（Appleやグーグル、テスラ、フェイスブック［訳注：現メタ］など）を保有し、株価の動きに基づいて短期でそのごく一部を売買することである。

ここでの「目標」は、長短のいいとこ取りをするために、長期保有戦略のパワーを、短期の取引利益を生み出すことで、てこ入れすることにある。

わかり易く言えば、ベース・トレーディング戦略により、株価が上がったときに短期利益を確定することができる一方で、ベース・ポジションのうち売却していない残りの株式を通じて長期のリターンの可能性を維持することができる。逆に、その後、株価が元に戻ることを利用してベース・ポジションを再構築することができる。

例えば、Appleの株式（AAPL）を一株当たり100ドルで100株のベース・ポジションを持っていたとする。株価が一株当たり105ドルに上昇し、ポジションの20パーセント（つまり20株）を売却できたとする。その後、株価が戻るのを待って、元のベース・ポジションである100株に再構築するため、20株買い戻す。

これにより、あなたは三つのことを達成できる。

① 5パーセントの値上がり利益を確定する。
② 残りのベース・ポジションに対する下振れリスクを最小化する。

③ 将来の価格上昇を充分に活用する能力を維持する。

ベース・トレーディングの理屈は、株式を含むすべての取引可能な資産は、直線的に上昇したり下落したりしないという事実に支えられている。その資産が長期的にどちらの方向に進む傾向にあるとしても、いくつもの山や谷を描いて上下する。例えば、一株当たり100ドルから150ドルに上昇する株式のチャートを見れば、急な上昇とその後の短期の押し戻し――ウォール街の用語で「反発」という――がいくつも繰り返されているのがわかるだろう。そして反発の後には再び、もっと急な上昇が続き、そしてその後に再び短期の反発が来て、とこれが何度も繰り返される。時間の経過とともに、このような価格の乱高下は解消され、サポートライン（値幅の下限）とレジスタンスライン（値幅の上限）に挟まれた予測可能なパターンへと収斂（しゅうれん）され、短期トレーダーはそれを利用しようとする。

サポートラインとレジスタンスラインを識別する際に用いられる科学的理論、いやむしろ呪術と科学が混ざり合った理論を、ウォール街の言い回しで「テクニカル分析」と呼ぶ。これはバリュー投資の基礎として機能する「ファンダメンタル分析」の正反対に位置する。理論的には、これらの2種類の分析はあわせて使うと効力が非常に高まる。つまり、過小評価されている株式を見つけるために（企業の利益、資産、貸借対照表、キャッシュフロー、株価収益率を調べる）ファンダメンタル分析を用い、株式の値幅の下限で買うタイミングを計るためにテクニカル分析を用いる。

うーん……少なくともこれが背景となる理屈だ。

ウォーレン・バフェットのような人にこれを聞いたら、彼がこれまでに会ったどんなテクニカル・アナリストよりも目隠しをしてダーツを投げる猿のほうが、ずっと上手に株の値幅の下限を選ぶことができると答えるだろう。

だが、それはたった一人の意見じゃないか。彼がいつも正しいという事実は、ひとまず置いておこう。言うまでもなく、ここで話題になっているのはバリュー投資ではなく投機なんだから、あの賢人がどう考えようが、何の関係がある？

いずれにせよ、取引の値幅はこのように動く。

株価がレジスタンスラインに近づくと、短期トレーダーが利益を確定しようとするため、株価の押し戻しが起きる。反対に、この株価の押し戻しがサポートラインに近づくと、低価格で株を買い足す機会が生み出されるため、株価が再び上昇する、という流れが何度も何度も繰り返される。

簡単だろう？

言い換えると、ベース・トレーディング戦略によって、ファンダメンタル的に良好な企業の株式が日々晒されている継続的な売買の圧力を敏腕の短期トレーダーが利用できる。株価が上がると、短期の売却圧力が限界点、つまりレジスタンスラインまで増大し、その水準で、短期の売却圧力が短期の購入圧力を凌ぎ、株価が下落する。株価が充分に下がる――つまりレジスタンス水準に達する――と、売却がおさまり、購入圧力が高まり始め、最終的には売却圧力を超え、株価は再び上昇し始める。

簡単に言うとこんなところだ。さあ、準備は整った。

しかし、これを実際に試す前に知っておいてほしいのは、サポートラインやレジスタンスラインを判別できるようになるまでにかなりの時間と経験が必要だということだ。そして、あなたはこれらの短期の価格変動で生死が決まるプロと張り合っていこうというのだ。あなたがテクニカル分析の専門家になって、株式の値幅の上限と下限を察知する「能力」を身に付けることなどできないと言いたいのではない［テクニカル分析について書かれた本は数えきれないほどある。テクニカル分析の世界にどっぷりはまりたい人のために、アンドリュー・アジズ著『How to Day Trade for a Living: A Beginner's Guide to Trading Tools and Tactics, Money Management, Discipline and Trading Psychology』（『デイトレードの基本と原則――戦略、資金管理、規律、心理を学ぶための総合ガイドブック』、パンローリング株式会社）、ロルス・シュロットマンとモリッツ・クズバティンスキーの共著『Trading: Technical Analysis Masterclass』の2冊をお勧めしておこう。ただし、テクニカル分析は健全な投機のカテゴリーに該当し、あなたのポートフォリオの5パーセントの上限を超えないようにするべき点を忘れないでほしい］。実際、ベース・トレーディング戦略を使って大金を稼いだ友人がいるが、もちろん彼は三十年の株式市場歴があるプロのトレーダーだ。

そのことを念頭に、ベース・トレーディング戦略を上手に扱うための五つのステップを紹介する。

1 正しい株式を選ぶ。
2 最初のベース・ポジションを構築する。
3 短期の取引利益を確定するために株式を売却する。
4 ベース・ポジションを再構築するために株式を買い戻す。
5 この手順を何度も何度も繰り返す。

これらのステップをひとつずつ見ていこう。

1 正しい株式を選ぶ

ベース・ポジションを今後長期にわたって保有することになるため、ファンダメンタルズが強い企業を選ぶことが重要となる。その方法はたくさんあるが、最も簡単なのは、大企業についての報告書を発行する大手の独立系の調査会社を使うことだ。いくつか例を挙げると、Finviz、Koyfin、ザックス・リサーチ、シーキング・アルファなどだ。これらのどれを選んでも、購読料は比較的安く、無料お試し期間や返金保証も付いている。

あなたが探しているのは、Appleやグーグル、フェイスブック、テスラといった有名企業だ。

12か月のApple社の株価の変動（2021年）

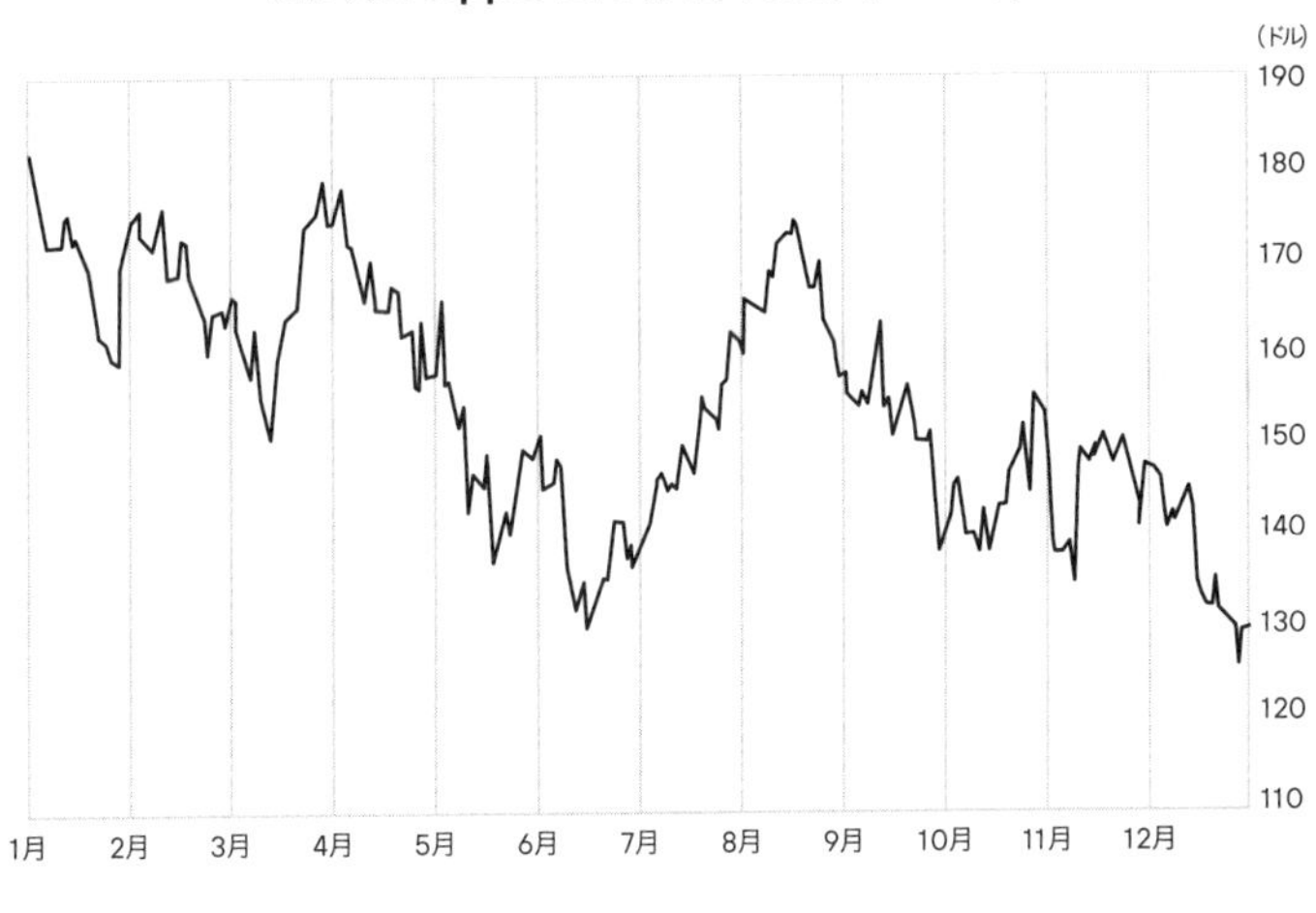

これらの企業はファンダメンタルズが強いだけではなく、それぞれの株価の日々の変動性が高いため、ベース・トレーディング戦略を実行する機会が充分に作られる。

この完璧な例がAppleだ。世界で最も価値の高い企業として、Appleの長期ファンダメンタルズはこれ以上なく強いし、機関投資家——特に常に売買を繰り返しているヘッジファンド——が株式の多くを所有しているため、株価の変動性が高い傾向にある。

長期的には上昇傾向にあることはさておき、上の表から、短期的には無数の山と谷があることに気づくだろう。個々の山と谷が、それぞれベース・トレードを実行するチャンスを表している。

60日間のApple社の株価の変動（2021年）

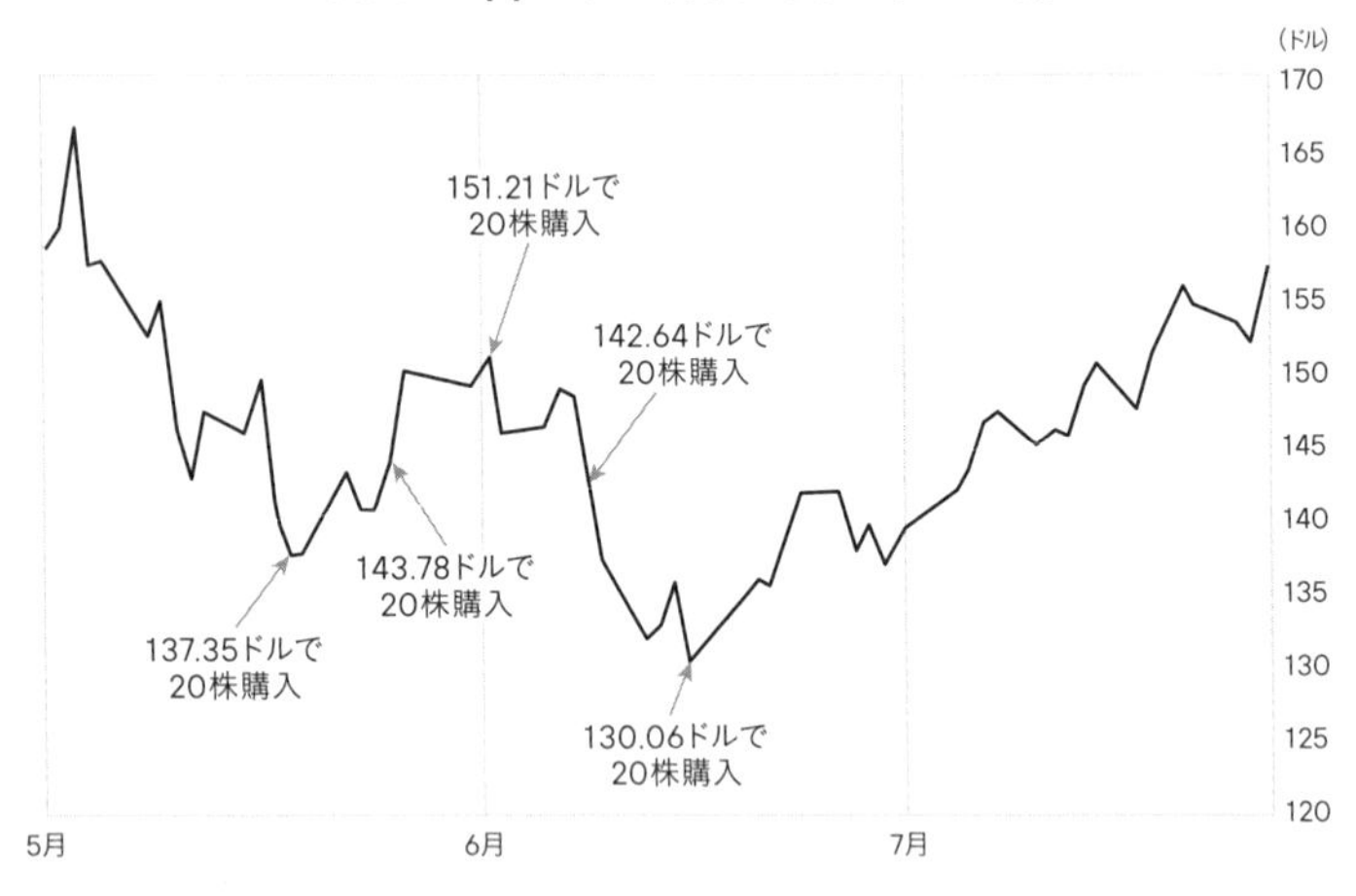

2　最初のベース・ポジションを構築する

ここでの成功のカギは、いっぺんにポジションを構築しようとしないことだ。そうではなく、コストベースの平均値を下げることを期待してドルコスト平均法を使い、少しずつ積み重ねていくべきだ。言い換えると、最初のベース・ポジションの購入を細かく分散させる——この場合、五週間分散させる——ことで、購入の判断からいわゆる人的要因を排除する。これにより、大抵の場合、より良いスタート地点をより安価で構築することができる。例えば、Apple社の100株をベース・ポジションとして構築したいとする。その正しいやり方は、100株に到達するまで一週間に20株を五週間かけて購入することである。上の表は、五週にわたってどのようにこれが行われるかを示している。

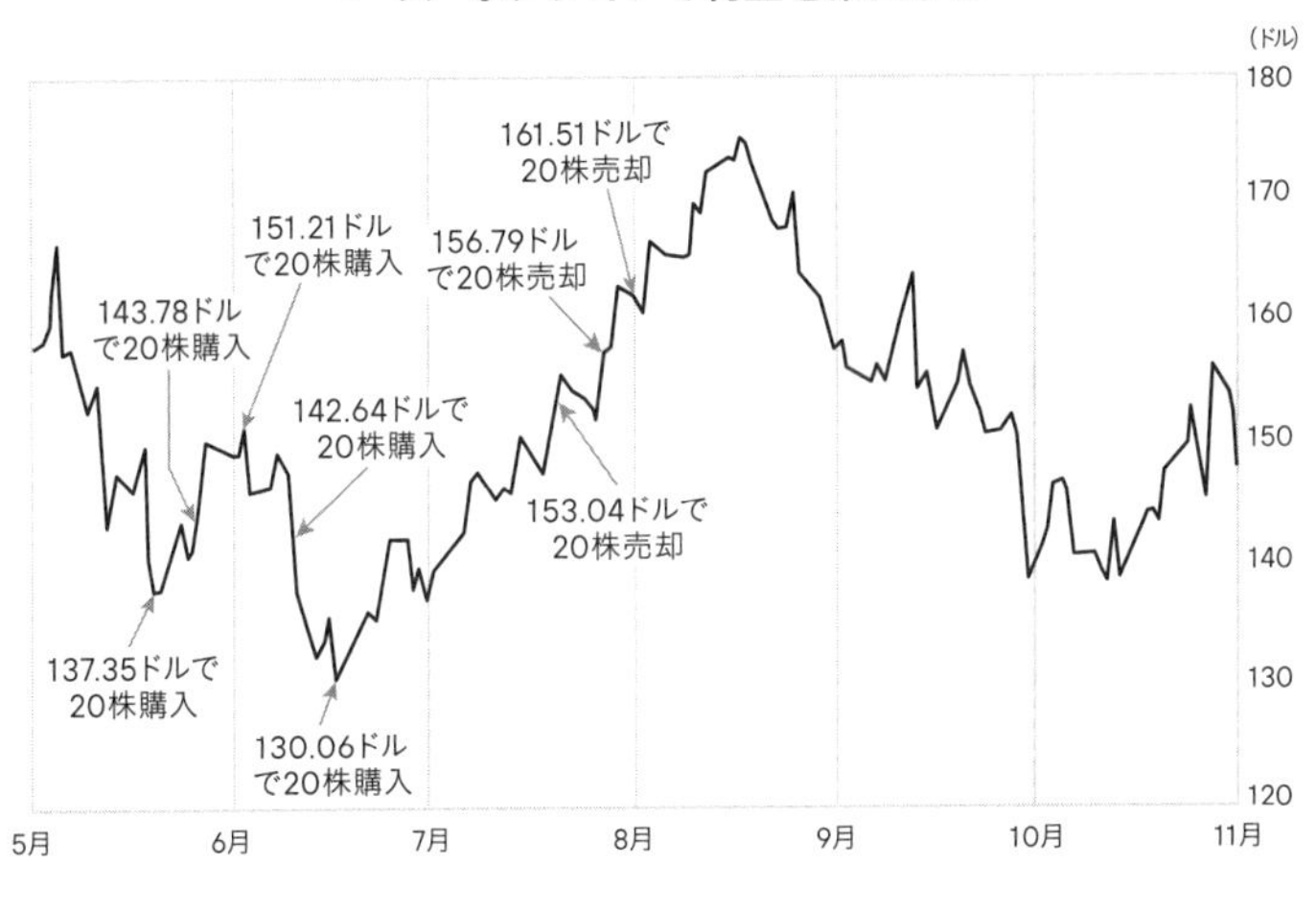

5回の購入が株価に関係なく各週の同じ曜日に行われていることに注目してほしい。このケースでは、Apple社の100株のコストベースの平均値は一株当たり141・01となる。あなたの投資ポートフォリオの5パーセントを超えない限り（これは投機だということをお忘れなく！）、Apple社の1000株であろうと、あなたのリスク耐性に合う株数を同じ戦略を使って積み上げることができる。

3 短期の取引利益を確定するために株式を売却する

ベース・ポジションを構築したら、株価が変動するときに、ポジションの何パーセントをいくらで売却するかを決める必要がある。経験則に従うと、およそ10パーセントの利益（利益を確定するポイントとしてキリの良い株価を用いる）が出る時点で保有株式の20パーセントを売却する。例えば、Appleの株価が150ドルに達したら、まず20株を売却し、その後株価が5ドル上がるごとに20株ずつ売却し続けるが、ベース・ポジションをすべて売り払わないように160ドルで止めておく。前ページの表で、最初の購入とその後の売却の両方のイメージを示した。売却は連続して高い価格で行われている（もちろん、株価がさらに上昇したときのために40株のベース・ポジションがまだ残っている）。

4　ベース・ポジションを再構築するために株式を買い戻す

このステップでは、ベース・ポジションが再構築されるまで、先のステップで売却したのと同じ株数を買い戻す。しかしその前に、株価の下落がなぜ起こっているのかを調べなければならない。例えば、その株式の通常の値動きのパターンの一部に該当するのか、それとも企業のファンダメンタルズにマイナスの影響を及ぼす何かが起こったのか？

前者なら、買い戻し戦略を適切なレベルで実行する。後者なら、企業のファンダメンタルズが良好となり、株価が新たな値幅で動くようになるまで待つべきだ。

どちらのケースであるかを判別するには、少し調査が必要となる。まずは、企業に関する最近のニュースをすべて確認する。そこには、ＳＥＣに提出される８－Ｋが含まれる（上場企業に重要な変化が生じた場合は8-Kの提出が義務付けられていることはすでに第6章で述べた）。さらに、株式を選択する際に参照した調査報告書に何らかのアップデートがされていないか確認する。それら二つの情報源から何も具体的な原因がわからない場合、その押し戻しが、株式の通常の値動きのパターンの一部である可能性が高く、ベース・ポジションを再構築するべきだろう。その際に、最初のベース・ポジションが再構築されるまで20株ずつ購入し続けるべきである。

反対に、何か具体的な原因が判明したら、その株式がこの重要な変化を反映した新たなサポート水準を再び確立するまで待ち、その後ベース・ポジションを再構築すれば良い。

5 この手順を何度も何度も繰り返す

この戦略を長期的に成功させるカギは、ホームランを狙ってフルスイングするのではなく、時間をかけてたくさんのヒットを積み重ねることだ。これを心に留めて、うまくいっているときに欲張りたい衝動――株価の上昇に対して取引金額を増やそうとしたり、売らずに置いておこうとしたり――に抗うことが必要となる。そのような衝動に負けることは、ベース・トレーディング戦略では死を意味する。その代わりに、株価の上昇局面でも下降局面でも、所定の取引金額を増やすことなく、あらかじめ決めた株価水準で道から逸れることなく取引を続けなければならない。ホームランを打つのはベース・ポジションの目標であり、短期取引の目標ではない。だからこそ、最初にファンダメンタルズが良好な企業を選んだのである。

要約すると、ベース・トレーディング戦略には次の四つの強みがある。

① 企業の株式の正常な価格変動を利用することで短期利益を増加させる。
② ベース・ポジションを保持することで、潜在的な長期の値上がり益を維持できる。
③ 短期取引利益を確定することで、ベース・ポジションが下落しているときに弱気相場による損失を減少させることができる。
④ 短期取引から得られる楽しさを経験でき、それによって、時間をかけてじっくりと富を築く残りのポートフォリオを我慢しやすくなる。

反対に、次の四つの弱点もある。

① 安く買って高く売るのを継続的に続けるのは極めて難しいと歴史的に証明されている。
② 継続的に売買することで短期のキャピタル・ゲイン（及びキャピタル・ロス）が発生するため、通常の長期保有戦略と比較してはるかに節税効果が低い。
③ 株式を売買するたびに手数料が発生し、それは徐々に利益の総額を侵食する。
④ 感情に流されるのは容易であり、そうなると、この戦略を成功させるのに必要な取引の

ルールを捨て去り、ホームランを狙ってフルスイングし始めることになる。

この戦略にはかなりメリットもあるが、いわゆる不利なカードを積まれている状態であることは決して忘れてはならない。取引手数料、税金、市場のタイミングを計ることに内在する難しさなどから、ベース・トレーディングは依然として健全な投機の範疇にあり、投資ポートフォリオ全体の5パーセントを超えてはならない。これは、あなたが他に投機的な投資を行っていないと仮定した場合であり、もし他にも行っているなら、総額が5パーセントを超えないように、すでにそれらに配分した金額を減らさなければならない。

これは万人に当てはまる。もしあなたがベース・トレーディングの「才能」があって、短期利益が転がり込んできたとしてもだ。市場に継続的に打ち勝とうとしても無駄だという事実を示す無数の学術的研究の成果とともに(そのうちの二つはノーベル賞を受賞した)、効率的市場仮説があなたの不利に強く働いていることを忘れてはいけない。

もし、取引が数か月うまくいって、自信がついて賭け金を増やしたいと思ったら、ノーベル賞を受賞した経済学者ポール・サミュエルソンの言葉をぜひ思い出してほしい。「市場平均に繰り返し打ち勝つ自信があるファンド・マネージャーはわずかにいるが、もしそのようなファンド・マネージャーが実際にいたとしても、そういう人たちは驚くほど表に出てこない」

私の言いたいことがおわかりいただけただろうか？

「今のところ」きっとおわかりだと思う。だが、人間の本性は時々おかしなことをしでかすものだ。特に、ウォール街手数料搾取マシーンがあなたの最悪な衝動に餌を与えるような身勝手なメッセージをずっとあなたに浴びせ続けているのだから。よって、警戒を緩めてはいけない。

端的に言えば、ウォール街手数料搾取マシーンは、あなたがこの本に書かれている戦略を使って自ら富を築こうとするのを、成功を祈りながらただ傍観するつもりはない。これまで何度、みんなを経済的に窮地に陥れたかに関係なく、より一層親切で上品で慈善的なウォール街、顧客のニーズを第一に考えていて、気候変動やダイバーシティなど道徳的っぽく聞こえるものなら何でも深く憂慮しているウォール街、という新しいイメージを定着させることに余念がない。このような偽善でできた脚光を浴びながら、腐敗したカジノ（そこでは奴らがルールを作り、オッズを管理し、すべてのゲームに勝つ）にあなたをおびき寄せるという年季の入った戦略を奴らはゆっくりと再開する。しかし、ここにもかすかだが希望の光がある。つまり、ウォール街手数料搾取マシーンがあなたに影響を及ぼそうとする「ステルス」的なやり口すべてをあなたに知らせたら、再び騙されないように身を守るのは簡単になる。

最終章となる次の章で、どのように身を守ればいいのか解説しよう。

第12章

ウォール街のヤバい奴ら

Meet the Fuckers

ウォール街手数料搾取マシーンがあなたに向かって投げつける身勝手なデタラメからあなた自身を守る最善の策は、次の3点を理解することだ。

- そのようなデタラメは、ウォール街手数料搾取マシーンのどこから出てくるのか?
- そのようなデタラメは、どのように善意を装って語られるのか?
- そのようなデタラメの暗く邪悪な目的は何か?

これらの三つの質問の答えを知ることは、デタラメに晒されることから生じるあらゆる危険に対して予防接種を受けるに等しい。ただし、最近のパンデミックで私たち全員が思い知ったように、個人の責任を軽減してくれるほど確実なワクチンはない。したがって、常に警戒を怠らずにいなければならない。

そのことを考慮しつつ、ウォール街手数料搾取マシーンがあなたを腐敗したカジノに引き摺り戻そうとするときに、あなたに近付く一見無害に見える五つの手段を挙げる。

1 ケーブルテレビの金融ニュースやプロパガンダ放送局

2 新聞と雑誌

3 ソーシャルメディアのインフルエンサー
4 株式ブローカー及びファイナンシャル・プランナー
5 投資セミナーの教祖

それではひとつずつ見ていこう。

1 ケーブルテレビの金融ニュースやプロパガンダ放送局

アメリカではＣＮＢＣとブルームバーグ・ニュースが二大巨頭であり、どちらもウォール街手数料搾取マシーンの一味だが、いささか種類が異なる。ブルームバーグは機関投資家やプロの投資家を主な対象としているのに対し、ＣＮＢＣはずっと世間知らずの個人投資家を主な対象としている。このため、ＣＮＢＣの番組は、ブルームバーグ・ニュースのように専門的で退屈ではなく、もっと楽しく退屈しないように、投資家の衝動につけ込むような作りになっていて、明らかに個人投資家にとってより有害なものとなっている。

したがって、自分自身を守るための第一歩は、ＣＮＢＣがどのように番組を作っているのかを正確に理解することだ。ＣＮＢＣの番組は一般的に次の三つのカテゴリーに区分される。

正真正銘の経済ニュース　このカテゴリーは、経済や政府、連邦準備制度理事会、上場企業、商品市場、不動産市場、住宅市場、暗号資産市場、その他主要な業種に関する重要なニュースで構成される。概して、これらは金融の知識がどのレベルの人にとっても必要な価値の高い情報であり、CNBCはそれをわかり易く伝える。

エンターテインメント　このカテゴリーは間違いなく、金融ニュースやいかなる種類のアドバイスの提供にも関係ない番組で構成される。例を挙げると、「シャーク・タンク」（私のお気に入り）、「アメリカン・グリード」（なんと『ウルフ・オブ・ウォールストリート』について取り上げた回がある）、「ザ・プロフィット」（私は退屈だと思う）、「ジェイ・レノズ・ガレージ」（私は好きだが、なぜCNBCでやっているのか理解に苦しむ）などだ。

インフォテインメント　その名が示すとおり、このカテゴリーは、正真正銘の経済ニュースと軽いエンターテインメントが交ざったもので構成されていて、専門家によるアドバイスの提供という形式で放送される。それらは、心の底から視聴者を教育して経済的に力を与えて守ろうとするスーズ・オーマンの番組のように、慈悲深く物静かなトーンで一般的な金融アドバイスを提供する番組から、「ファスト・マネー」のように、視聴者をわざと痛めつけようとは思っていないが（彼らの投資戦略を使えば金儲けできるチャンスがあると視聴者に思い込ませることで）うっかりなぶり殺しにする、本当に金融を熟知している正真正銘の専門家からの、途轍もなく複雑で中途半端な金融アドバイスを提供する番組、そして最下層には、CNBC随一の破壊者、ジム・クレイマーのアドバイスを垂れ流す戦車のような番組がある。見せ物小屋の客引きである彼の番組は、個人投資家にとってあまりにも有害で言葉にするのが難しいほどだが、やってみよう。

ジム・クレイマーはなぜ個人投資家にとって破壊者なのか？

まず、株式や債券、オプション、暗号資産、トークンなどあらゆる金融商品を買うべきか売るべきかについて彼は風向きが変わるように素早く意見を変える。実際、クレイマーが恥知らずなほど常にコロコロと意見を変えるので、ウォール街手数料搾取マシーンでさえ彼をイロモノ扱いしている。だが、金融市場に関する知識の面で、彼が自分で何を言っているのかわかっていないというわけではない。明らかに彼には膨大な知識がある。

しかし、正真正銘の株の銘柄選びの専門家か、投資の教祖かと聞かれたら？

冗談じゃない！

彼が弱気から強気に移行し、また弱気に戻るスピードと激しさが、年を重ねるごとに制御不能になっていき、とうとうクレイマーは株の銘柄選びの教祖の身も蓋もない風刺画のような存在になった。そのようなわけで、クレイマーのアドバイスに従うことから得られる唯一のことは、救貧シェルターへの片道切符の付いた重症の金融むち打ち症くらいだろう。

それでも、ジム・クレイマーの番組を「楽しむ」ことは別に悪いことじゃない。大袈裟で偉そうにがなり立てられるのがお好みなら、どうぞそのままお楽しみください！　ただし、クレイマーの狂気の渦（クレイマー自身は「クレメリカ」と名付けるだろう）に巻き込まれ、投資ポートフォリオに大きな損失が出ないように警戒を怠らないほうがいい。

それほどでなくても、ＣＮＢＣのニュースを聞くだけでも、あなたがそこに潜むかすかな危険を知らなければ面倒なことに巻き込まれる可能性がある。例えば、ニュース番組の司会者が経済や株式市場の最新の出来事や一般的な金融ニュースについて視聴者にお知らせするという至極真っ当な仕事をこなしながらも、それと同時にアメリカ有数のＣＥＯやトレーダー、ヘッジファンド界のエリート・マネージャーなどにインタビューもする。

そこから問題が始まる。


あなたがソファに座ってニュースを見ていると、お気に入りの司会者がトレーダーにインタビューを始める。十秒から十五秒聞いているうちに、その男が自分の専門分野を熟知している本物のプロフェッショナルだと思うようになり、彼のすべての言葉を聞き漏らさないようにしている自分に気づく。さらに数分経つと、このトレーダーは自身が過去六か月にわたって用いてきたオプション投資戦略について語り始め、彼は自慢するようなタイプではないが、それでたんまり儲けたことがそれとなく仄めかされる。そして彼は付け加える。「私が今の市場を見た限りでは、パーティーが終わるまでまだ四か月から六か月の猶予があると思います。私がこれまで市場で見たことがない、紙幣を印刷するのに近い状況です」

あなたはソファの上で飛び上がり、画面に釘付けになる。

「この男はどんな戦略を使ってそんなに金を稼いだんだ？」とあなたは思う。

彼がそれを言ってくれれば……それさえわかれば……そこで、ジャーン！　司会者はトレーダーに待ちに待った質問をする。「それでは、この戦略についてもう少しお伺いできますか？　きっと視聴者の方々はぜひ詳細を知りたいと思っているはずなので」

「ああ、もちろんですよ」とトレーダーは答え、喜んで、無数の専門家がすでに使っている、個人投資家には複雑すぎる戦略について教えてくれる。「実際、とてもシンプルなんです」と笑顔で答える。「私がやっているのは……」と、ストック・オプションに関するものは何でも本質的にリスクが高いため、この種の戦略は年季の入ったプロだけが使いこなせると視聴者に巧妙に印象付けるような曖昧な言葉で説明し始める［ストック・オプションとは、特定の株式をあらかじめ決められた価格（権利行使価格と呼ばれる）で売買する権利（義務ではない）を与える「金融契約」である。この本でストック・オプションについて扱っていないのは、ストック・オプションには手を出さないように強くお勧めするからだ。ごくわずかな例外を除き、ストック・オプションに手を出した個人投資家のほとんどは、結局すべてを失う羽目になる］。

それに対し、司会者は唇をすぼめてゆっくりとうなずく。「上出来だ、友よ。それこそがモラルというものだ」とでも言いたげに。そして司会者はカメラをまっすぐ見つめてあなた、つまり視聴者に直接語りかける。「もうおわかりですね。プロはこういうふうにやるんですよ！　大人が見ていないところで真似しちゃダメですよ」。司会者はあなたに「やれ！　今すぐやれ！　手遅れになる前に！」と言わんばかりの意味ありげなウィンクと笑顔を寄越す。

そしてあなたは、グーグルで検索したり、別の素人に電話をしたりして、今聞いたばかりの素晴らしいこの投資戦略をリバースエンジニアリング［訳注：既存の製品を分解・解析するなどして製品の構造を分析し、そこから仕組みや仕様などを解明すること］しようとする。もしかしたら、この専門家の本やオンラインコースや月次の定期購読サービスを買おうとするかもしれない。そしてグーグルでたっぷり検索すれば、このトレーダーからでなくても、よく似たことをやっている誰かから、この戦略についてきっと何かがわかるはずだと確信する。

実際、我が友ジム・クレイマーに少し話を戻すと、月１００ドルのバーゲン価格で彼のメールによるアドバイス・サービスを購読でき、さらに彼の直近の風向きを知らせてくれるリアルタイムのメール・アラートを受信する特権もついてくる（それらは受信箱に配信されるか、携帯のテキストメッセージで送信される）。（クレイマーに激しく揺さぶられるうちにあなたの資産が破壊される以外の）唯一の問題は、彼の上級プログラムに入会するよう促すクレメリカの販促メールがひっきりなしに送られてくるため受信箱がすぐに溢れ返ってしまうことだ。

人類のために試験中のワクチンを自分自身で実験する研究医のように、私は文字どおり「オプトイン」してみることにした。クレイマーのようなアグレッシブな人物が世間知らずな投資家(申込フォームにそのように書いた)をどのように言いくるめようとするのか知りたくなったからだ。それ以降、私は八週にわたって、風見鶏のようにパタパタ向きを変える見せ物小屋の客引きに、私の口座を吹き飛ばされる栄誉にあずかるための入会申込みを促す約5000通のメールを受け取った。

いかにも、私は少し大袈裟に書いた。実際には120通程度で、一日当たり2通くらいのペースで届いた。それでも、それが大手テレビ局に出演する著名と「思われている」金融の専門家によるものだと考えると、かなりアグレッシブなメール・キャンペーンであることは間違いない。つまり率直に言って、私がボッワナの新しい五つ星リゾートのタイムシェアの提案にオプトインしたとしたら多分こんな感じになるだろう。

それでも、クレイマーのために公平を期せば、彼がわざと人々に金を失わせようとする邪悪な人間だと言っているわけではない(彼はただ、それが信じられないほど上手なだけだ)。そして、CNBCがわざと視聴者にお金を失わせようとする違法な放送局だと言いたいのでもない(CNBCの番組に出ている人たちのアドバイスに従えば、結果としてそうなってしまうわけだが)。

私が言いたいのはこういうことだ。どちらも、お金を運用する最も効果的な方法は「アクティブ」な投資——つまり、買ったり売ったりスワップしたり、株式からオプションに買い換えたり、そしてまた株式に戻ったり、今度は石油に買い換え、お次は先物取引に手を出し、そしてまた株式に戻るといった短期の投資戦略に従うということ——であると、あなたを絶え間なく洗脳しようとしているシステムの一部なのだ。パッシブな長期投資がアクティブな短期投資よりもずっと優れた投資戦略であることは、歴史と数学が証明してきた。だが再び、ウォール街手数料搾取マシーンは二十四時間体制で、次の二つの重要なポイントをあなたに押し付けようとしている。

- 金融コミュニティの専門家たちはあなた自身よりも上手にあなたのお金を運用できる。
- もしあなたが自分でお金を管理するなら、最も効果的な方法は、アクティブ投資を通じて市場のタイミングを計ろうとすることだ。

このようなわけで、ウォール街手数料搾取マシーンが正常に機能するためには、世界中にたくさんのジム・クレイマー的な人物が絶対に不可欠なのだ。結局、個人投資家がこのような利己的な嘘を日々摂取するのをやめたら、彼らは短期投資の割合を劇的に減らすことになるだろうし、ウォール街は手数料を取れなくなり、それと共に大勢の顧客を失うだろう。

2　新聞と雑誌

「両刃の剣」を辞書で調べたら、金融界にゴミを撒き散らした高名な新聞や雑誌の巨大なコラージュが目に入るだろう。そしてその下には次のような注意書きが記載されている。

　娯楽のみを目的として読むこと。これらの出版物に含まれるいかなる記事も、より良い短期投資の判断やより利益の高い長期投資に役立つなどと勘違いしないこと。我々が報じるあらゆるポジティブなニュースは我々が報じるずっと前にすでに市場に織り込み済みであり、したがって価格が上がるよりも下がる可能性のほうが高いが、それについても定かではない。正反対のことが容易に起こる可能性もある。実際、我々が記事にしたどの株式がどうなるのか、我々には見当もつかない。

　共通の金融上の目標――あなたが必死に稼いだお金をあなたから引き剝がす――を持つ、ウォール街手数料搾取マシーンやその他の利己的な当事者のいずれかが直接埋め込んだ無数の記事を読んでいることに気付くためには、この点をきちんと理解することが重要である。

　これらの出版物もまたビジネスであり、利益が必ずしも編集上の意思決定を左右しないとしても、少なくとも影響は大いに受けている。そのため、あなたが記事を読む際には、利益相反や偏向報道を見分けることができるように、どのような金銭的なインセンティブが関わっているか常に考慮する必要がある。

一般的に、出版には三つの主要な収益化戦略があり、そのどれもが、利益相反につながる可能性がある。

店頭販売価格　現在のデジタル社会ではどんどん少なくなってきているが、紙ベースの雑誌や新聞は今でも世界中のスタンドや販売店で売られていて、それらの売上は表紙に何を載せるかに極端に左右される。そのため雑誌の場合、「急上昇しそうな7銘柄」とか「去年市場に65パーセント差で勝った私たちが選んだ9銘柄」、「二〇二二年のためのとっておきの最新投資戦略ベスト5」といった目につきやすい見出しが躍ることになる。

年間購読契約の販売　これにより、紙ベースの雑誌や新聞が自宅や会社、様々な職場に毎週あるいは毎月、送られることになる。さらに、紙ベースのほとんどすべての雑誌はデジタル版も出していて、読むためには年間購読料が課される。

広告収入　金融サービス業界は広告に莫大な金額を投じていて、その結果、深刻な利益相反が生じる可能性がある。特に業界専門の雑誌では顕著である。例えば、ヘッジファンド業界の専門誌は、ヘッジファンドの手数料がいかに馬鹿高いかや、読者が単にＳ＆Ｐ５００をバンガードなどのノーロードの投資信託を通じて買えばずっと儲けられることについての記事は載せないだろう。もしそうした記事を載せたら、主な広告主――ヘッジファンド自身やヘッジファンドを勧めることで金を稼ぐウォール街手数料搾取マシーンの様々なメンバー――はすぐさま逃げ出すだろし、読者も同様だ。自分が売っているサービスを積極的に貶（けな）す雑誌に広告を載せたい者などいるはずがあろうか？　そしてまた、読者を騙していると主張している業種を専門とする雑誌に支払い続けようという購読者などいるはずがあろうか？

はっきりさせておきたいのは、このことがヘッジファンドを扱う雑誌に限らないということだ。同じことは、すべての業界専門誌に言える。読者に疎外感を与え、広告主を批判するような記事を継続的に載せようという雑誌はひとつもない。その代わりに、広告主を満足させ読者に買い続けさせるように、それぞれの業種をできるだけ良く見せるように努力する。

これほどの不信感がありながらも、それでも私は、少なくともひとつは金融関係の出版物（できれば、特定の業種の専門誌ではないもの）を定期的に読むことを強くお勧めする。たとえ、経済や最新のビジネスのトレンドについていくため、そして次回の夕食会の席で世間知らずの愚か者と思われないためだけだとしても。ただ、読む間は常に警戒を怠らないように、そしてすでに述べた警告を忘れないように。さもなくば、「二〇二三年のためのとっておきの最新投資戦略ベスト

5」のような記事を利用すれば実際に金儲けができると思い込む羽目になりかねない。ただ、利己的な雑誌にそう書かれているからという、それだけの理由で！

3 山師（別名ソーシャルメディアの金融インフルエンサー）の復讐

最初に悪いニュースからお伝えしよう。

ソーシャルメディアにおいては詐欺師や山師は糞に群がるハエのようなものだ。フェイスブックやインスタグラム、TikTok、YouTubeのようなネット上のプラットフォームには、私がこれまで金融市場で過ごした年月で聞いたこともない――お気づきのことと思うが、私はそのような戯言（ざれごと）は散々聞いてきたはずなのに――ような途方もない主張をする「金融インフルエンサー」があちこちに跋扈（ばっこ）している。

だがしかし、彼ら「金融インフルエンサー」の口から飛び出すクソは、バカバカしさの点で新たな次元に到達している。そのため、私の一番嫌いな暇つぶし（確かに結局は暇がつぶれる）は、最新のクズ株やクズコイン、為替取引詐欺を約束する世界レベルの愚か者を見つけるまでソーシャルメディアのプラットフォームをスクロールすることだ。まったく何の意味もなさないことを自信たっぷりに語り、その過程で証券法違反を10個以上重ねているのを見つけるのはなかなか愉快だ。そして美味しい部分はいつも最後にとってある。インフルエンサーは最後をみんな同じセリフで締めるのだ。
「もし俺が君なら、間違いなく急上昇する四つの素晴らしいトークンを今すぐに買う。それからこの投稿にいいねをして、俺をフォローするのを忘れずに。それからお友達にもこの投稿をシェアしてね！」。そして私はいつも下の概要欄を読んで含み笑いを浮かべる。「ここで提供される金融アドバイスは実際には金融アドバイスではありません」（証券詐欺の法廷で判事にこの台詞をそのまま伝えればいい！）

私がこれらの動画を見ることから不合理な悦びを見出す理由を言葉にするのは難しい。だが、いわゆる金融インフルエンサーたちが逮捕され、彼らのマグショット［訳注：逮捕直後に警察が撮影する容疑者の写真］が流出して彼らの驚いた表情を見るのが待ちきれないということと関係している。

それはさておき、良いニュースは、ほんの少し訓練するだけで、これらの山師を遠くからでも見分けられるようになり、彼らの戯言から簡単に身を守ることができることだ。私なら、このような詐欺師たちを丸ごとひとつのバケツに突っ込んで、そこに次の警告ラベルを貼る。
「これらの情報を真剣に受け取ってはいけません。娯楽目的でのみ使用可能」

そのようにして、彼らの早口で喋る口から飛び出すすべての言葉は、あなたからお金を引き剝がすための包括的な計画の一部だと充分に理解した上でなら、ソーシャルメディアの詐欺師たちの言うことを好きなだけ聞いても身の安全を守ることができる。

4 株式ブローカーとその他の様々な吸血鬼たち

この多様な一団（その構成員のほとんどは吸血ヒルである）を形容するのに一番適した言葉は、ウォーレン・バフェットがヘッジファンド業界を称した簡単なひと言、つまり「不必要」だ。しかしそうは言っても、この一団を構成する「全員」を一括りにするのはフェアではない。これらの「専門家」の一部――特にファイナンシャル・プランナー――は実際に心からあなたのためを思っている場合もあり、金融分野の世話役として大いに役立つ可能性がある。言い換えると、ファイナンシャル・プランナーの役割は、短期投資戦略を通じて市場をいかに打ち負かすかについてアドバイスすることではなく、ＩＲＡや４０１ｋといった非課税の口座を開設するような補助的な金融サービスを提供したり、タックス・プランニングや遺産相続計画などを手伝ったり、保険の補償額が適切に維持されるようにしたりすることだ。

だから、ファイナンシャル・プランナーを雇うと決めたら、利己的な嘘からあなたを守る最善の方法は、あなたのファイナンシャル・プランナー（または株式ブローカー）がウォール街手数料搾取マシーンの一味であり、あなたを金融界の挽肉工場に誘（いざな）おうとしていることを示す兆候について熟知しておくことである。

兆候その1：勧誘の電話を受ける、またはオプトインするよう誘い込まれる

率直に言うと、悪いことは言わないから、勧誘の電話を掛けてきたり、（グーグル検索で出てきたか、ソーシャルメディアのプラットフォームをスクロールしているときにクリックしてしまったかに関係なく）オンライン広告に誘われて申込フォームに書き込んだ直後に電話を掛けてきたりするようなファイナンシャル・プランナーや株式ブローカーとは絶対に取引してはならない。もっと具体的に言うと、その後に次の四つのプロセスが続くオンライン広告は（特に、四つ目に該当するときは）、ほとんど確実に詐欺である。

- あなたの最初のクリックで、ランディング・ページに誘導される。
- 個人情報の入力と、メールやテキストメッセージ、電話などの受信の許可を求められる（これは業界用語で「オプトイン」と呼ばれる）。
- 巧妙に書かれたアグレッシブなメールやテキストメッセージが大量に届けられ、そのどれもが様々な金融トピックについての関心を刺激するように仕組まれている。
- 電話やビデオ通話、対面での面談に持ち込んだところでこの四つのプロセスはクライマックスを迎え、そこでは、もし彼らのところで口座を開設したら、一切のリスクなしでS&P500をはるかに凌ぐ年間リターンを得られると説得しようとする。

もしあなたがこれらの状況に陥ったら、その場から一目散に逃げ、決して振り返らないでほしい。すべてのルールには例外があると彼らは言うが、この件に関して例外はない。あなたが勧誘の電話を受けたり、巧妙に書かれたメールを大量に受け取ったりしたときに、そのいわゆる金融の専門家が心からあなたのためを思っていて他意はない確率は限りなく低いため、リスクを冒す価値はない。

正真正銘のファイナンシャル・プランナーを見つけられる可能性が最も高いのは（株式ブローカーを見つける必要があるとは思えない）、昔から知っていて信用できる人物か、正直さと誠実さに定評のある親しい友人から勧められた人物を雇うことである。

兆候その２：頻繁に売買させる

これは簡単だ。ブローカーやファイナンシャル・プランナーがポジションの短期的な売買や市場のタイミングを見計らった取引をするよう説得してきたら、一目散に逃げ、決して振り返ってはならない。ここまで読んでくださったあなたならすでにご存じのとおり、この方法で儲けることはほぼ不可能なだけでなく、今あなたが取引しようとしているのは、あなたの財布から余分な手数料をいただこうとするブローカーであることを示す兆候でもある。

さらに一歩進めると、投機的な投資のために取っておいた少額のお金で短期投資をしようとする場合、最も不要なのは、あなたにアドバイスをして手数料をチャージする株式ブローカーを雇うことだ。手数料を支払わないとしても、そして短期の利益があなたと完全に相反する誰かがいなくても、そのような投資でお金を儲けるのはすでに充分難しいのだ。

兆候その3：これは当社のとっておきの商品です

これは「常に」悪いわけではないが、「大抵は」悪い兆候だ。説明させてほしい。

ここで話題にしているのは、金融サービス会社が、ライバル会社の類似の商品があるのにそれをあなたに示さずに自社商品に導く行為だ。この状況に陥ったら、あなたにとって最も有利な取引でない可能性が極めて高い。あなたが競合する商品を見せてほしいと言ったとき、なぜそれで時間を無駄にする必要がないかを説明する陳腐なセールストークが返ってきたら、なおさらだ。この完璧な例は、次のような巧妙に書かれたメールを送り付けるあなたの地元の銀行だ。

親愛なる預金者のみなさま

この度、あなたがプレミア普通預金口座に継続的に多額の残高を維持されていることを確認いたしました。しかしこちらの口座では昨今の比較的低金利の環境下ではわずかなリターンしか得られません。そのため、今回あなたは特別に選ばれ、私どもの専門的訓練を受けた金融アドバイザーによる無料相談を受ける権利を得ました。どうぞ下のリンクをクリックしてご予約ください。

いつもあなたのためを思っている銀行家より

表面上は、銀行は心からあなたのためを思ってくれているように見える。しかし、地方銀行から寄せられるこのような親切に心を温かくする前に、あなたが考慮しなければならない重要なポイントが二つある。

● 銀行があなたにメールを送った唯一の理由は、あなたのお金を低金利の普通預金口座からもっと適切な長期投資に移させるために何かしなければ、ライバル会社が出し抜いてあなたの預金を奪われることになるとコンピューターのアルゴリズムが彼らに知らせたからだ。

● 一旦あなたを電話口に呼び出せば、最も低コストの金融商品ではなく、競合商品よりも手数料も年間経費率もずっと高い自社商品を提案する。

なぜそんなことをするのか？　その答えはシンプルだ。ブローカーやファイナンシャル・プランナーは大抵、自社の金融商品を販売すると、ずっと高い手数料を受け取れる。彼らに「より低い」手数料しか払わない他の会社の類似商品があるのに、彼らに高い手数料を払う商品を勧めるならば、連邦証券法の重大な違反となり得る。このようなことが始終行われていると思わないなら、あなたは純朴すぎると言わざるを得ない。あなたの地元の銀行があなたに何か提案しようと連絡してくるたびに、常に悪意があると言いたいわけではない。だが、彼らが何かを提案してくるときに、自社の商品だけを提示するなら、他の競合する商品について質問し、それらを並べて特徴と利点を比較することを忘れてはいけない。

繰り返すが、もし銀行や証券会社の自社商品があなたに一番適しているなら、それを買うことが悪いのではない。そのような場合は、両者にとってウィンウィンで丸く収まる。しかし金融のプロは自社の金融商品だけではなくライバル会社の商品も提示することが法律で義務付けられている。だから、忘れずに尋ねよう！

兆候その4：浴室に行って電気を消せ

この件については目論見書に関する章でも触れたが、この手法は様々な形で行われているため、繰り返す価値がある。

私がここで取り上げたいのは、いわゆる「小さな活字」を読む必要がないとあなたを説得しようとするブローカーやファイナンシャル・プランナーだ。そのような小さな活字は、目論見書全般、金融関係のウェブサイトの下の方にある注意書き、顧客契約の利用規約、その他のあらゆる財務開示文書で登場する。

ブローカーが「浴室に行って電気を消し、その書類を暗闇で読め」などと言って書類を読まないようにあなたを説得しようとしたり、小さな活字を重要じゃないと言ったりしたら、それを合図に一目散に逃げ、後ろを振り返ってはならない。ただし、何らかの理由で立ち去りたくない場合(例えば、提案された取引をあなたが気に入っていて、うまくいくと思う場合)、小さな活字を「含め」その書類全体をくまなく読まなければならない。

その書類が目論見書のときは、すべての重要なセクション(これについては176ページから一通り説明している)に目を通さなければならない。

さらに、次に示す赤信号には充分な注意が必要だ。

●企業の内部関係者に対するアーリーエグジット条項……この種の条項は、内部関係者が企業が成功を収める前に株式を売却することを認め、株主に貧乏くじを引かせるものである。内部関係者は、企業がすでに充分なレベルの成功を収めていない限り、最低二年間は留め置かれるべきだ。

●過度な手数料……1000万ドルに満たない資金調達では、その調達自体のために流出する金額が、調達される資金の総額の6〜8パーセントを超えないことを確認するべきだ。

●内部関係者間の自己取引……目論見書の特定取引のセクションには特に注意を払うべきだ。自己取引や関連当事者との取引に関連する汚いことは、大抵ここに書かれている。

最後に、あなたが今検討している投資が将来の潜在的な公募に関連する場合、企業が上場する際にあなたの持分を売却する権利があることを確認することを忘れないように。もしあなたの持分にそのような制限や抑制が設けられている場合、企業の内部関係者に対する制限期間よりも長くないか確認するべきだ。

金融の世界のことになると、悪魔が細部に宿ることをお忘れなく。

兆候その5：会社の名前がエアロタイン・インターナショナルである

私がインベスターズ・センターで最初の勧誘電話をする『ウルフ・オブ・ウォールストリート』の名シーンを覚えておいでだろうか？　あいさつもそこそこに、見込み客に放った最初の言葉は「数週間前、ウチの会社に資料請求の葉書を送ってくれましたね。ほんの少しのリスクで大化けする可能性が高いペニー株についての。ご記憶ありますか？」。

それに見込み客が肯定すると、私は言う。

「よかった！　今日お電話したのは他でもなく、ジョン、私のところにたった今届いた情報なんですが、この六か月で最大の掘り出し物があるんです。もし六十秒いただけたら、それについてお話ししたいんですけど。一分だけ、お時間ありますか？」

そしてまた相手が肯定し、私はさらに続ける。

「会社の名前はエアロタイン・インターナショナル。中西部の最新鋭のハイテク企業で」――そこで扉の上に「AEROTYNE INT.」の看板がかかった古ぼけた木造の小屋の写真が挿入される――「次世代のレーダー探知機の特許の承認がもうすぐおりそうなんです。軍事用にも民間用にも莫大な需要が見込まれる……」。そんな感じで、スコセッシ監督の素晴らしい腕のおかげで、台詞で説明されなくても、観客はこの取引がどんなものか正確に理解する。

しかし実際には、エアロタインは顧客が投資したいような会社じゃないと知らせるために古ぼけた木造の小屋の写真を見せる必要はなかった。古い言い回しにあるとおり、うまい話には裏がある。話が株式市場のことになると「絶対に」と付け加えることができる。

株式市場にはタダ飯はない、それだけの話だ。これまでもなかったし、これからもない。私はこの件に関して、まず第2章で、金利と株価の逆相関の関係と、それがリスクオンとリスクオフの二つのメンタリティをどのように生み出すかについて説明したときを皮切りに、ここまで何度も触れてきた。記憶を呼び戻すために言うと、リスクオフとは低いリターンと引き換えに資本の安全を優先するということであり、リスクオンとは資本の安全性が低下するのと引き換えに高いリターンを優先するということだ。そこで私が触れなかったことは、高いリターンをもたらすリスクオフのメンタリティだ。なぜなら、そんなものはどこにも存在しないからだ。

その理由は、市場がそれを、少なくとも長期にわたっては認めないからだ。市場が極めて得意なのは、このような価格の非効率性をなくすことである。したがって、莫大なリターンをリスクなしで提供する素晴らしい投資があれば、プロのトレーダーがすぐに飛び込んできて、その安売りされている資産を買い始め、価格の上昇を引き起こし、その結果、非効率性は消える。

そういうわけで、一部のプロのトレーダーがすぐさま買い占めるため、このような絶好のチャンスはせいぜい束の間しかもたない。そのようなトレーダーは「リスク裁定取引業者」と呼ばれ、価格の非効率性で金儲けをしようとコンピューターの前に一日中座り続けていて、かなり良い仕事をする。だから、びっくりするほど高いリターンをわずかなリスクで提供できると言う者は、大嘘つきか何らかのポンジスキーム［訳注：投資詐欺の一種で、出資を募り、運用益を出資者に配当金などで還元すると語りながら、実際には運用を行わずに後から参加した出資者から集めたお金を「配当金」と偽って配る手法］をやっているかのどちらかで、いずれにしてもあなたは全財産を失うことになる。

兆候その６：私の名前はバーナード・マドフ、あなたを助けにやってきました

ポンジスキームの話が出たついでに、バーナード・マドフについて少し触れさせてほしい。彼の有名なポンジスキームがあれだけうまくいったのは、彼がびっくりするほど「高い」リターンを投資家に約束したからではなく、彼がびっくりするほど「一貫性のある」リターンを約束したからだ。

リターンは平均するとひと月当たり１パーセントを少し超える程度だった。年間リターンが12パーセントというのは――Ｓ＆Ｐ５００の長期平均をわずかに上回るため――すでに赤信号ものだが、リターンに一貫性があるということ自体が、巨大な赤信号であり、プロなら気付くべきだった。しかし、誰も気付かなかった。

なぜか？　なぜ彼らは赤信号をすべて無視したのか？

貪欲だったせいであることは確かだ。しかし、他にもっとずっと深い原因があった。つまり、うますぎる話を信じたいという人間の欲望だ。

この欲望の起源は、サンタ・クロースが嘘だと裏付ける知性が芽生えたずっと後になっても、その存在を信じたいと願う子供時代に遡る。そのときに埋め込まれた欲望は、今もまだ私たちの深層心理に残っている。

しかし何より、この裕福な人たちを金融的な愚行に追い込んだのは、「仲間に入りたい」という欲望だ。排他的なゴルフクラブや内輪だけのパーティーなどが牛耳る世界では、仲間外れにされたくないという欲望が余りにも強いため、よっぽど自信のある人でなければ判断が曇ってしまう。言い換えると、こういうことだ。

私は社会に出てからずっと金融と投資の世界で過ごしてきて、あらゆる奇妙な投資スキームをたくさん見たり聞いたりしてきた。そして、私があなたに請け合えることがひとつあるとすれば、ある投資が嘘みたいに素晴らしく見える場合、それは確実に嘘であるということだ。ただそれだけの単純な話だ。

その投資の裏にいる人物がどれほど天才と称しているか、彼らが変人やオタク、サヴァン症候群に見えるかは関係ない。S&P500よりも高いリターンを三、四か月以上長く生み出している斬新な投資戦略があるとあなたに近付いてくる人は誰でも――それが金先物取引であれ、国際通貨裁定取引であれ、高利回りの譲渡性預金であれ、入手困難なコンサートのチケットであれ、安売り店に転売される商品であれ、法的和解や保険の支払いであれ――99・99パーセントの確率で、その人物がポンジスキームをやっていて、遅かれ早かれ（多分早いだろう）すべて崩壊し、関与した投資家全員がすべての投資額を失うだろう。

兆候その7：すべての卵をひとつのカゴに入れる

うまく分散されたポートフォリオの対極に位置するのが、投資ポートフォリオの大部分を単一の株式に投資する、偏った株式ポジションである。

良い面としては、その株式が大当たりだったら、ポートフォリオの成績は極端に良くなる。だが悪い面としては、その株式が大外れだったら、ポートフォリオは散々な状況になり回復の見込みがなくなる。

偏ったポジションを維持しないように私は常にアドバイスするが、偏ったポジションが自身が確信的に組み立てた結果である場合と、ブローカーがそうするようにアドバイスした結果である場合とではまったく話が別だ。実際、ブローカーやファイナンシャル・プランナーが試験のために勉強しているときに最初に習うことのひとつが、偏った株式ポジションを組み立てるよう顧客にアドバイスするのは倫理に反するということだ。

実際、クリスティーナとゴルディータが私に痛烈に思い知らせたように、婚姻を例外として、すべての卵をひとつのカゴに入れることは絶対にやめたほうがいい。だから、誰かがあなたに、ポートフォリオをひとつのポジションに突っ込むようアドバイスしたら、それが株式であれ、オプションであれ、暗号資産であれ、トークンであれ、何であれ、その人物が心からあなたのためを思ってくれているわけではない兆候であり、あなたは一目散に逃げ出すべきだ。

5　セミナーやオンライン上のウェビナーで見かける投資の教祖

この十五年間の大部分をセミナーの全国ツアーで過ごしてきた私は確信を持って言える。壇上で喋ったり、ウェビナー［訳注：オンラインで行われるセミナー］を開いて、その講演の最後に、家から一日一時間やれば大富豪になれる、秘密のアルゴリズムを使った魔法のような投資システムをあなたに売りつけようとする「投資の教祖」を見かけたら、彼らが売っているシステムは常に必ず完全なクソであり、ここでいう完全なクソとは、100パーセント混じりっけなしの見事なまでのでっかいウンコであって、確実に全財産を失う結果となる。

さらに笑えることに、この自称「教祖」は大抵、自分がいかに世界レベルのトレーダーであるか、そして毎年平均して75パーセント以上のリターン率を誇るこのアルゴリズムを使って何年にもわたって何億ドルとは言わないまでも何千万ドルも稼いできたと豪語する。もしそれが本当なら、私は投資セミナー教祖氏にひとつ聞いてみたい。

あなたの言っていることにちょっとでも真実が含まれているなら、ウォール街の大手ヘッジファンドは喜んであなたの投資システムを少なくとも10億ドルであなたから買おうとするだろうに、なぜたった2000ドルぽっちで売ろうとして時間を無駄にしているのか？

教祖さん、もし疑っているなら、ヘッジファンドの最大手5社のどれでも、私が事務所に案内したら、デューテリジェンスをひととおり行ってから、その場で小切手を書いてもらえるはずだ。さらに、彼らはあなたに自家用ジェットやハンプトンの海辺の別荘、そしてゴッホやピカソの絵画を数枚おまけに買ってくれるだろう。

つまり、こういうことだ。その概念すべてが明らかに馬鹿げている。

実際、私は何年も世界中のステージを講演して回ってきたが、ちょっとでも効果のある短期投資の商品を販売する「投資の教祖」に一度もお目にかかったことがない。株式であれ、為替であれ、暗号資産であれ、先物取引であれ、オプションであれ、金であれ、何を投資対象とするかは関係ない。結果的に、次の二つのどちらかが起こる。

- システムのアルゴリズムに技術的な問題が発生し、投資家に負ける投資を勧めるようになる。その結果、投資家は完全にすっからかんになるか、投資家が充分なお金を失ったためそのシステムをやめる。
- 投資家は情緒不安定に陥り、システムの言うことを聞くのをやめ、お金を全部失うまで法外なリスクを取り始める。これは通常ひとつ目のシナリオが始まった後、投資家がシステムのせいで失ったお金を取り戻そうとして起こる。

再度要約すると、こういうことだ。自宅でネット上のウェビナーを見ているのか、広大な会議場で開催されるセミナーに参加しているのか、どちらにせよ、投資の教祖的な人が、家で寝巻き姿のまま一日一時間取引するだけで大富豪になれる魔法の投資ソフトウェアを勧め始めたら、それがどれほど素晴らしく感じたとしても、絶賛する愛用者の声を紹介するビデオをどれだけたくさん見せられたとしても、サンタ・クロースをまだ信じていたいという気持ちがどれほど強かったとしても、その場から一目散に逃げ出し、決して振り返ってはならない。

絶対に、繰り返すが絶対に、講演者が当初のオファーにさらに七つのプログラムをおまけにつけたスライドを見せた後に会議室の後方に走っていって魔法の投資ソフトを申し込んではいけない。講演者はこんなことを言うだろう。

「全部ひっくるめたセットのお値段は3万ドルを超える」。そこでスライド上に巨大な赤のバツ印が突如浮かび上がる。「が、もしこの部屋の後方の私のスタッフたちがいるテーブルのところに今すぐ走っていったら、この通常3万ドルのシステムが２０３７ドルであなたのものだ！ 3回払いなら1回あたりたったの６７９ドル！」

「一度に指導できる人数は限られているので」と講演者は続ける。「この破格のお値段は12人にしか提供できない。この部屋の後方に先に着いた順に早い者勝ちだ。はい、今から！ 早く早く、今すぐ走って。12番目より後に申し込む人は3万ドル払わなきゃならない」

そしてちょっと考えてから、付け加える。

「何もあなた方に3万ドル払わせたいわけじゃない。ただ、行動を起こす人にご褒美を与えたいだけだ。だから、行動を起こす者たち！　今すぐ行け！　残り時間はあとわずか……」

聴衆が走り出す中、講演者は甲高い声で叫び続ける。なぜなら、最後のひとりが席から立ち上がって後ろのテーブルまで走っていかないと気が済まないからだ。

結果、申し込もうとする人が12人でも15人でも200人でも関係ない。この「限定数」はでっちあげだからだ。講演者は両手を宙に上げ、優しく微笑んで言う。

「なんと、すごい反響だ！　ここまでとは想像していなかった！　よし、スタッフのみんな、全員に同じ値段で提供してくれ。今日は太っ腹な気分だ。みんな、それでいいよな？」

するとみんなは手を叩いて教祖の寛大さに喝采を上げる。なんとも悲しい光景だ。

これらの魔法の投資システムがこれまで投資家に継続的なリターンをもたらしたことは一度も（つまり、一九六〇年代初頭のごくわずかな例外を除いてセミナー業界の歴史上ただの一度も）ない。わかり易く言えば、彼らはとんでもなくヤバい奴らで、投資した金を全部失わずに済んだらラッキーだと思わなければならない。

だが、さらにもっと悪いことはほかにもある。

このような教祖があなたの血をゆっくり吸い尽くすわかり易い方法――手数料、チケット代、指導料――のほかに、彼らの儲けのほとんどは、「Bブック」と呼ばれる秘密の取引口座を作ることで稼いでいると言ったら、どう思うだろう。これは実際に、投資ソフトウェアを売る「教祖」たちが利用する究極の卑劣なやり口だ。

端的に言うと、「Bブック」とは、失敗することが明らかであるため非常に短期間のうちに顧客がすべてを失うことが「保証されている」ような短期投資戦略を取っている顧客のためにオンライン投資プラットフォームが作る、別個の取引口座である。それを承知した上で、顧客の取引を通常どおり取引所を通じて行う代わりに、プラットフォーム自身が取引所として振る舞うこととし、取引を内部で(すなわちBブック上で)計上する。そうすることで、彼らは顧客と正反対に賭けることになる。

言い換えると、投資システムをあなたに売った人と、あなたの投資を実行するオンラインのプラットフォームをあなたに売った人はどちらも、あなたの結果がどれほどひどいものとなるか前もって知っていて、あなたの取引を実行するためにBブックを用意することで両者が合意している。つまり、プラットフォームはスポーツ賭博のノミ屋のようなことをしているに等しく、あなたは毎シーズンの終わりに必ず破産する堕落したギャンブラーのようなものだ。

ところで、あなたがおそらく「Bブック」を作られていると知る方法は、申し込みの手続きで特定のオンライン取引プラットフォームに口座を開くことを要求されるかどうかだ。もしそれが要求されれば、そこでBブックが発動する。

実際、オンラインのプラットフォームは、偽の教祖から紹介された顧客のためだけにBブックを開いているわけではない。彼らは、高度な人工知能プログラムを駆使して顧客の活動を常に監視し、Bブックに誘導可能な堕落したギャンブラーを探している。確かに、顧客に無謀な投資を勧めていないなら、倫理的な問題は何もない。もちろん、彼らは顧客にこんなメールを送ることもできる。

「あなたのトレーダーとしての腕はあまりにひどいので、あなたの取引を取引所で行っておらず、私たちはあなたと反対に賭けていることをご理解ください。こうすれば、あなたがすべてのお金を失っても、そのお金は他の誰かではなく私たちの懐に直接入ります」

だが、プラットフォームはそのような通知をする法的な義務も道義的な義務も負っていないし、彼らは顧客がすべてのお金を失うと本当に「確信」しているわけではなく、単に強く強く疑っているだけだ。

いずれにせよ、私がここで言いたいのは、プラットフォームが無謀なトレーダーを見つけて、彼らをBブックに誘導しようとすることと、プラットフォームが、絶対にうまくいかない投資システムの顧客をプラットフォームに差し出すセミナーの教祖と共謀することは、まったく別の話だということだ。さらに、大抵の場合、セミナーの教祖はプラットフォームに対して、これらの顧客がお金を失うとあからさまに保証したりはしない。その代わりに、セミナーの教祖が顧客紹介契約書のチェックボックスに印をつけるだけで、プラットフォームはBブックを選択するという暗黙の了解が出来上がっている。

どちらにしても、結果は同じだ。秘密のBブック口座で保証された巨額の利益のおかげで、最初にその顧客にシステムを売った教祖は、かなりの額の手数料を取引ごとに受け取るだけではなく、実際には魔法が効いていない教祖のシステムに従ったせいで顧客が失うお金の50パーセントを受け取り続ける。

確かに教祖の言うとおり、このシステムは魔法のようだ。

お金を煙のように消し去ってしまう。

ここまで、いろいろなヤバい奴らを紹介してきたが、ここで少し、これまでのまとめと、どの形態のヤバさにも適用できる包括的な話をしよう。

まず、ヤバい奴らはみんな同じではなく、一部の奴らは他の奴らよりもさらにずっとヤバい。あなたがお宝情報を見つけ出そうとしているときにウォール街手数料搾取マシーンが、最新の経済ニュースや一般的なビジネス界の傾向、ノーロードのインデックス・ファンドについての誰かの発言といった形であなたに向かって投げつける大量の大嘘を上手にすり抜けるために、最終的にはこの本であなたが学んできたことに加え、常識と判断力が必要となる。

だがそれでも、ヤバい奴らが徒党を組み、不意をついてどこを攻撃してくるかわからないので、奴らがどんなに合法らしく見えたとしても、常に警戒を緩めてはならない。

忘れないでほしいのは、オンラインやオフライン、書面や口頭など、奴らはあらゆるコミュニケーション手段を用いて絶え間なく攻撃を仕掛けてくるということだ。しかしどんな手段を用いるにせよ、奴らの動機と目的は常に変わらず、奴らはあなたが苦労して稼いだお金をあなたから引き剝がしたがっていて、魔法の投資戦略によってS＆P５００の長期平均をはるかに上回る莫大なリターンを約束しながら、リスクが少ない、またはまったくないと豪語する。

しかし、繰り返すが、ウォール街にタダ飯はない。

今までもなかったし、これからも絶対にない。

良いニュースは、ジャック・ボーグルと彼の人生を懸けた貢献のおかげで、このようなデタラメに引っかかる必要が単純にないということだ。すでに述べた低コストの投資信託やＥＴＦを提供する高品質な業者のもとで口座を開設するだけで、あとはスタンダード＆プアーズの善人たちや時間にあなたのための重労働をしてもらえば良い。

そうしない理由などない。個別の株式を選んで市場のタイミングを見計ろうとすることは、限りなく無駄に近い行為だと、時間もノーベル賞を受賞した何人もの経済学者も証明している。だから、そんなことはするな。絶対に！

自分を苦しめたいなら、代わりにヘルガのハウスオブペインに行けばいい。そこのほうがずっと楽しいだろうし、ずっと安くつく。これが私からあなたへ贈れる最善のアドバイスだ。あなたが引退する頃に、大きな財産があなたを待っていたら、きっと私に感謝してくれるだろう。

謝辞

誰よりもまず、義弟のフェルナンドと義妹のゴルディータに感謝したい。彼らの物語がなければ、この本を1章も書き終えることはできなかっただろう。ゴルディータ、君は最高だし、私が君をどれだけ愛し尊敬しているか、わかっているだろう！　また、著作権エージェントのジャン・ミラーとギャラリー・ブックス／サイモン&シュスター社の素晴らしい編集チームに数えきれないほどの感謝を。いつもどおりあなた方のご指導にとても感謝している。

ベース・トレーディング戦略についてのわかり易い説明を手助けしてくれたマイク・ピコッツィにたくさんの感謝を。君は素晴らしい友であり、どえらいトレーダーだ。調査とすべてのグラフを作ってくれたネゲデ・ヨブ・テッセマ（またの名をアブ）にも大きな感謝を。君のおかげで私は数えきれないほどの時間が節約できた。素晴らしい友人のジェームズ・パッカー、イリヤ・ポジンそしてアラン・リプスキーにもたくさんの感謝を。君たちはこの本の最初の100ページの最初の読者であり、君たちの貴重なフィードバックは役に立ったどころじゃない。

そして最後に、数えきれない感謝を私の素晴らしい家族である私の母、妻、そして素晴らしい子供たちへ。去年のみんなの忍耐と理解には、感謝してもしきれない。みんな、愛してるよ。

ブックデザイン　三森健太（JUNGLE）
装　画　東海林巨樹
DTP・図版　エヴリ・シンク

ジョーダン・ベルフォート（Jordan Belfort）
50社を超える上場企業のコンサルタントを務め、「ニューヨーク・タイムズ」「ウォールストリート・ジャーナル」「ロサンゼルス・タイムズ」「タイムズ（ロンドン）」「フォーブス」「ローリングストーン」など、世界の主要な新聞や雑誌のほとんどすべてに記事が掲載されている。世界的ベストセラーとなった2冊の回顧録、“The Wolf of Wall Street”, “Catching the Wolf of Wall Street”は40カ国以上で出版され、18カ国語に翻訳されている。

久保田敦子（くぼた　あつこ）
企業で長年翻訳業務に従事し、翻訳者として独立。主にビジネスやエンターテインメント分野で英語翻訳を手掛ける。都内在住。

ウォールストリート伝説のブローカーが弟に教えた
負けない投資術

2024年２月17日　初版発行

著／ジョーダン・ベルフォート
訳／久保田 敦子
発行者／山下 直久
発行／株式会社KADOKAWA
〒102-8177　東京都千代田区富士見2-13-3
電話 0570-002-301（ナビダイヤル）

印刷所／大日本印刷株式会社
製本所／大日本印刷株式会社

●お問い合わせ
https://www.kadokawa.co.jp/（「お問い合わせ」へお進みください）
※内容によっては、お答えできない場合があります。
※サポートは日本国内のみとさせていただきます。
※Japanese text only

定価はカバーに表示してあります。

ISBN 978-4-04-606719-7　C0033